POR QUE FOUCAULT?

P832   Por que Foucault? : novas diretrizes para a pesquisa educacional / Michael A. Peters, Tina Besley (orgs) ; Fabian Kessl ; tradução Vinicius Figueira Duarte. – Porto Alegre : Artmed, 2008.
248 p. ; 23 cm.

ISBN 978-85-363-1406-8

1. Filosofia da educação. I. Peters, Michael A. II. Besley, Tina, A. C. III. Fabian Kessl

CDU 1:37

Catalogação na publicação: Mônica Ballejo Canto – CRB 10/1023.

POR QUE FOUCAULT?
NOVAS DIRETRIZES PARA A PESQUISA EDUCACIONAL

Michael A. Peters
Tina Besley
e colaboradores

Tradução:
Vinicius Figueira Duarte

Consultoria, supervisão e revisão técnica desta edição:
Maria Carolina dos Santos Rocha
Professora e Doutora em Filosofia Contemporânea
pela ESA/Paris e UFRGS/Brasil.
Mestre em Sociologia pela Escola de Altos Estudos
em Ciências Sociais (EHESS)/Paris.

2008

Obra originalmente publicada sob o título *Why Foucault?: New Directions in Educational Research*
ISBN 978-0-8204-7890-6

© 2007 Peter Lang Publishing, Inc., New York.
Published by arrangement with Peter Lang Publishing, Inc.

Capa: *Gustavo Macri*

Preparação do original: *Maria Rita Quintella*

Supervisão editorial: *Mônica Ballejo Canto e Carla Rosa Araujo*

Editoração eletrônica: *Luciane Delani*

Reservados todos os direitos de publicação, em língua portuguesa, à
ARTMED® EDITORA S.A.
Av. Jerônimo de Ornelas, 670 - Santana
90040-340 Porto Alegre RS
Fone (51) 3027-7000 Fax (51) 3027-7070

É proibida a duplicação ou reprodução deste volume, no todo ou em parte, sob quaisquer formas ou por quaisquer meios (eletrônico, mecânico, gravação, fotocópia, distribuição na Web e outros), sem permissão expressa da Editora.

SÃO PAULO
Av. Angélica, 1091 - Higienópolis
01227-100 São Paulo SP
Fone (11) 3665-1100 Fax (11) 3667-1333

SAC 0800 703-3444

IMPRESSO NO BRASIL
PRINTED IN BRAZIL

AUTORES

Michael A. Peters (org.) Professor de Educação da Illinois University, Urbana-Champaign. Professor adjunto da University of Glasgow.

Tina Besley (org.) Professora do Departamento de Psicologia e Orientação Educacional da California State University, San Bernardino.

Fabian Kessl. Conferencista da área de Ciência Educacional (Trabalho Social) da University of Bielefeld, Alemanha. É membro do Co-Ordinating Office of Social Work & Society - Online Journal for Social Work & Social Policy.

James D. Marshall. Professor-pesquisador da University of North Carolina, em Chapel Hill, Estados Unidos. Professor emérito da University of Auckland, Nova Zelândia.

James Wong. Ph.D. em Filosofia pela University of Toronto. Professor da Wilfrid Laurier University, Canadá.

Jan Masschelein. Professor de Filosofia da Educação da Catholic University of Leuven, Bélgica.

Ludwig A. Pongratz. Professor de Pedagogia Geral e Educação de adultos da Darmstadt Technical University, Alemanha.

Maarten Simons. Pesquisador, com pós-doutorado, no Centro de Política Educacional e Inovação da Catholic University of Leuven, Bélgica.

Mark Olssen. Professor de Teoria Política e Política Educacional no Departamento de Estudos Políticos, Internacionais e de Políticas de Ação da University of Surrey.

Robert A. Doherty. Conferencista do Departamento de Estudos Educacionais da University of Glasgow, Escócia.

Susanne Maria Weber. Professora do Departamento de Estudos Sociais da Fulda University of Applied Sciences, Alemanha.

Susanne Maurer. Professora de Educação e Pedagogia Social da University de Marburg, Alemanha.

Thomas Coelen. Professor de Pedagogia Social da University of Rostock. Professor de Filosofia e chefe de um instituto de avaliações em Hamburgo, Alemanha.

PREFÁCIO

Todas as obras acadêmicas exigem o esforço de muitas pessoas, pesquisadores, acadêmicos e escritores, editores, organizadores, revisores, programadores e de todos aqueles que os apóiam e aconselham ao longo do processo. Não se reconhece com muita freqüência o quanto as reuniões de artigos por parte de um organizador são um trabalho coletivo no sentido verdadeiro, isto é, de que se trata de uma orquestração das diferentes atividades de muitas pessoas. Esse aspecto coletivo passa, em geral, despercebido quando a ênfase está no autor ou no organizador como *indivíduo*, sem que se leve em consideração o trabalho dos outros. Foucault foi claro sobre tais assuntos quando se reportava à questão do "autor-função", e via o conjunto de práticas autorais como um aspecto da modernidade que em parte sustentou a esfera pública. Em outra – se bem que diferente – maneira a função-autor tem sido regulada e produzida pela lei e, em particular, de acordo com o modelo de propriedade da produção acadêmica que começou com a lei de direitos autorais com o Estatuto de Anne em 1710, que foi a primeira lei de direito autoral no mundo, embora os estudiosos também mencionem o Estatuto Veneziano de 1474 como a primeira lei de patentes e o Estatuto dos Monopólios de 1623, aprovado sob o reinado de James I, na Inglaterra. Esse foi o começo da concessão de "cartas patente" (em oposição às "cartas seladas") que concediam monopólios a determinadas pessoas ou a quem tivesse condição de pagar. Era um sistema sujeito ao uso excessivo, e James I foi forçado a revogar todos os monopólios anteriores, declarando que as patentes deveriam ser usadas apenas para "projetos de novas invenções". O Estatuto de Anne intitulava-se "Uma lei para o estímulo da aprendizagem, dando posse das cópias dos livros impressos aos autores ou compradores de tais cópias, durante a época mencionada". O estatuto, cujo nome faz referência à rainha Anne, foi uma resposta ao controle dos livreiros (*stationers*, que mais tarde se tornariam editores) sobre o que se escrevia, a quem a Coroa havia designado para destruir livros considerados sediciosos ou heréticos. O estatuto refere-se à "produção de novas manufaturas... [por] inventores" e concedia aos autores e inventores, e não aos impressores, um período de 14 anos de propriedade exclusiva com o direito de renová-lo por igual período. Essa cláusula continua a ser o fundamento para a lei das patentes na Nova Zelândia e na Austrália e é também a base para lei de direitos autorais norte-americana engastada na Constituição. Isso mudou bastante com a *World Wide Web*, que tornou fácil para qualquer pessoa publicar textos, imagens e músicas.

A produção de obras acadêmicas também foi marcada pela ideologia burguesa, que celebra o autor/escritor individual que teve início com o Romantismo alemão e que, desde então, se desenvolveu ao redor do culto do indivíduo, "originalidade" e "gênio". Roland Barthes, em seu famoso ensaio "A morte do autor", que influenciou fortemente Foucault, enfatizava a observação de Marx, segundo a qual é a história que faz o homem e não o contrário, como Hegel supunha. Barthes destacou que o autor não existe antes ou fora da linguagem; é a escrita que faz o autor. Com base nisso, Barthes critica a tendência da crítica em fazer com que o leitor entenda o texto fazendo referência às intenções do autor ou aos aspectos da identidade do autor, usando a biografia como pedra de toque para o significado textual. A noção do autor nas obras acadêmicas é diferente da literatura como um todo e precisa ser desemaranhada e desconstruída, assim como as obras dos acadêmicos – incluindo a reunião de textos por um organizador, livros de autoria única, artigos acadêmicos e todos os gêneros que fazem a panóplia do mundo das publicações acadêmicas.

Com estas breves observações, prestamos nosso reconhecimento e agradecemos aos editores, Joe Kincheloe e Shirley Steinberg, por seu apoio à realização desta obra. Também somos gratos ao editor Chris Myers, da Peter Lang, Nova York, por seu incentivo e apoio. Reconhecemos a boa vontade e o caráter acadêmico de todos os que escreveram os capítulos deste trabalho internacional. Nosso agradecimento a Casey George, que está em processo de doutoramento na University of Illinois, em Urbana-Champagne, por encarregar-se da árdua tarefa de formatar o manuscrito. Finalmente, uma palavra a todos os alunos, especialmente nas universidades de Glasgow e de Auckland (e também na Alemanha, Taiwan, México e China), que nos ajudaram a aprimorar o que conhecíamos e a pensar mais profundamente sobre Foucault, pensador que é o mais enérgico e enigmático talismã de nossa época.

SUMÁRIO

Prefácio vii

1 Introdução: Por que Foucault? novas
  diretrizes para a pesquisa educacional 11
  Michael A. Peters e Tina Besley

2 Michel Foucault: pesquisa educacional
  como problematização 25
  James D. Marshall

3 Liberdade e disciplina: transformações
  na punição pedagógica 40
  Ludwig A. Pongratz

4 Pedagogia e cuidado de si
  nas relações mestre-aluno na Antigüidade 54
  Thomas Coelen

5 Foucault, o falar a verdade e as tecnologias
  do eu: as práticas confessionais do eu e das escolas 65
  Tina Besley

6 Paradoxo de capacidade e poder: ontologia
  crítica e o modelo de desenvolvimento da infância 81
  James Wong

7 Assistência social como "governo": uma perspectiva
  analítica do poder 100
  Fabian Kessl

8 O "intra-empreendedor" e a "mãe": estratégias de "fomento"
  e "desenvolvimento" do empreendedor de si no
  desenvolvimento organizacional e na ação afirmativa 110
  Susanne Maria Weber

9 Pensando a governamentalidade "a partir de baixo": o trabalho social e os movimentos sociais como atores (coletivos) em ordens movíveis/móveis 134

Susanne Maurer

10 Somente o amor pela verdade pode nos salvar: falar a verdade na universidade (mundial)? 147

Maarten Simons e Jan Masschelein

11 Foucault: A ética da autocriação e o futuro da educação 171

Kenneth Wain

12 Pesquisa educacional: os "jogos da verdade" e a ética da subjetividade 189

Michael A. Peters

13 Uma política educacional criticamente formativa: Foucault, discurso e governamentalidade 201

Robert A. Doherty

14 Invocando a democracia: a concepção de Foucault (com *insights* retirados de Hobbes) 213

Mark Olssen

Índice 237

Capítulo 1

Introdução: Por que Foucault? novas diretrizes para a pesquisa educacional

Michael A. Peters e Tina Besley

POR QUE LER FOUCAULT HOJE?[1]

Por que ler Foucault hoje? Por que estudá-lo, afinal? O Foucault que lemos hoje é institucionalmente castrado, velho e decrépito? E fomos nós que o fizemos assim? Depois de 20 anos, domesticamos e domamos sua política, institucionalizamo-lo e, finalmente, fechamos seu caixão, categorizando seu trabalho de uma vez por todas? No *reader response criticism*, em que a principal ênfase está no leitor e no processo de leitura, e não no autor e no texto, aceita-se que o leitor – a audiência – não é passivo(a), mas constrói o texto e o escritor. A "morte" de Foucault – como a morte de Deus, o que nos faz recordar o homem louco de Nietzsche – é um feito realizado pelo crente, pelo leitor: "Foucault está morto, e nós o matamos", poderíamos assim parafrasear Nietzsche. Terry Eagleton (2003), talvez o mais hábil crítico literário marxista do Reino Unido, escreveu um livro intitulado *After theory* ("Depois da teoria"). Com "depois", Eagleton quer dizer que aquela explosão de interesse pelos estudos culturais que ocorreu nos anos de 1970 *já não existe mais*. Os estudos culturais alimentados pelo trabalho dos filósofos franceses contemporâneos foram além de sua fase pós-estruturalista: Foucault, Lyotard, Deleuze e Derrida estão mortos. Habermas, embora freqüentemente hostil ao pensamento pós-estruturalista, em especial no início da década de 1980, é um dos últimos intelectuais remanescentes da época. Esses filósofos foram marcados pelos acontecimentos trágicos e pelas enormes perdas humanas da Segunda Guerra e pelos acontecimentos políticos do ambiente do pós-guerra. Esses gigantes desenharam os grandes quadros filosóficos, e a nós restou colori-los. A questão torna-se ainda mais premente – por que ler Foucault "*depois* da teoria"?[2]

Mas então a questão é muito melodramática. E também teimosa. Por que o fato de "nós" lermos Foucault hoje é diferente do por que "nós" o lemos há 20 anos (se tanto).[3] É bom ressaltar que a questão da *recepção* é fundamental aqui e que a recepção de Foucault é uma questão hermenêutica na filosofia da leitura e na sociologia do conhecimento e da cultura. A recepção de Foucault é muito diferente em distintos contextos nacionais e culturais, especialmente quando ele é lido por audiências e gerações diferentes e, com freqüência, por razões diferentes. Podemos entender um pouco da dinâmica e das complexidades culturais por meio do exame da recepção de Foucault no mundo de língua inglesa.

A recepção de Foucault no mundo de língua inglesa tem sido tão variada quanto irregular, como tem sido a do movimento "pós-estruturalista" em termos mais amplos. "Pós-estruturalismo", como um americanismo que tende a obscurecer as freqüentemente profundas diferenças e estilos individuais de pensadores agrupados sob o termo, foi no início mais prontamente recebido em departamentos de literatura do que nos departamentos de filosofia. Na verdade, enquanto estes foram particularmente hostis, aqueles foram mais do que hospitaleiros. Muito do cânone pós-estruturalista lidava com o ato da literatura e desenvolveu formas de crítica que não eram facilmente contidas nos limites disciplinares, transbordando em direção à filosofia, à literatura e aos estudos culturais. Os filósofos analíticos, em particular, acharam difícil lidar com a questão do estilo; eles não estavam felizes com os novos métodos – desconstrução, semanálise (Kristeva) e genealogia – questionando se eram suficientemente "filosóficos" e rigorosos. Ainda assim, enquanto os filósofos discutiam e se envolviam em disputas por demarcação de terreno, o trabalho dos pensadores da primeira geração pós-estruturalista tornou-se mais assimilado pela estrutura das humanidades e das ciências sociais. Enquanto o pensamento pós-estruturalista era moldado pelos campos emergentes dos estudos culturais e da filmografia, era igualmente atacado pelos marxistas tradicionais, pelos neomarxistas e, especialmente, no início, pelos teóricos críticos de estilo próprio.

A questão da recepção de Foucault precisa ser escrita para determinados países, locais e disciplinas. As experiências americana e britânica, por exemplo, são bastante diferentes, como são a de outros países. Colin Gordon (1996) assinala que a "recepção britânica da obra de Foucault tem sido difícil e incerta" (p. 253), mas não deixa de observar a maneira pela qual "Foucault chamou a atenção para um elemento do pensamento crítico dos criadores escoceses da economia política" (p. 255) e atribuiu importância particular à idéia de sociedade civil de Fergusson (uma questão sobre a qual os teóricos escoceses contemporâneos ainda não se debruçaram). Gordon também começa a dar relevância a mais detalhes em um relato das diferenças entre Foucault e os historiadores britânicos, especialmente aqueles que vêem o marxismo como a ciência da história. Como ele diz, a marca intelectual da esquerda britânica é o modo pelo qual a história social substitui a sociologia histórica como veículo para os intelectuais gramscianos "orgânicos" viverem suas vidas como parte da tarefa existencial de recriar elementos democráticos de uma cultura comum.[4] Talvez hoje sejamos mais sensíveis às valências do contexto cultural e menos propensos a ostentar nossos comprometimentos ideológicos como "verdades". Os ásperos antagonismos da esquerda que caracterizaram os anos de 1980 parecem ter cedido espaço a uma maior sofisticação e criatividade teóricas; talvez, mesmo como preparação para lidar com o que poderia ter parecido uma heresia há apenas uma década. Esse antagonismo foi evidente, por exemplo, nas infindáveis discussões sobre a teoria do estado. De um lado, Foucault, como Gordon (1996) aponta, "inclinou-se a ridicularizar o que ele chamou de uma tendência em direção a uma (...) 'fobia-estatal'" (p. 263), e, de outro, ofendeu os moralistas, desacreditando o vínculo social, lendo-o, em vez disso, como um campo para a aplicação de técnicas governamentais. A fobia estatal, talvez um resultado da experiência do Socialismo Nacionalista, como Foucault (2004) aponta em *Naissance de la biopolitique*, é uma característica particular da geração do pós-guerra.

A questão da recepção alemã da obra de Foucault (e do próprio Foucault) é também bastante complexa: a questão de por que foi sempre adiada tem muito a ver com a falta de interpenetração das tradições filosóficas, com antipatias intelectuais e ao caráter defensivo de ambos os lados (francês e alemão), além da polêmica intervenção de Habermas quando aceitou o prêmio Adorno da cidade de Frankfurt em 1980. Seu discurso de aceitação do prêmio estabeleceu os lados do debate em termos de uma modernidade exaustiva contra a pós-modernidade, indicando que ele sustentava a tese de que a modernidade era um "projeto incompleto", chamando os pós-estruturalistas franceses de "neoconservadores" e os aproximando dos conservadores de República de Weimar.

Outro título para este capítulo poderia ser "Relativizando Foucault aos Contextos em que é Utilizado". Sugerimos isso porque, no campo da educação, os pesquisadores e teóricos o deformam: eles o usam ou usam elementos de seu pensamento; abusam do autor de várias maneiras; desfazem-no e o refazem; distorcem e enviesam suas palavras e a ele próprio; às vezes liquefazem-no; espremem-no para que passe em espaços bem pequenos; em geral apelam a Foucault, começando com uma citação, para, depois, apenas para fazer algo bem convencional e mundano, contra seu intento original.

Foucault é como se fosse um "Senhor Elástico", o pensador original *portemanteau*. Podemos escolher aspectos de seu pensamento ou influências presentes no seu pensamento para demonstrar uma proposição, elucidar um ponto, examinar um argumento ou enfeitar nossas próprias intuições teóricas. Foucault quase estimula essa apropriação fragmentária, não-sistemática e poética de sua obra. Ele falava de sua própria "abordagem de caixa de ferramentas" em relação a Nietzsche e a Heidegger e do uso que deles fazia para seus próprios fins. Então, não é de surpreender que Foucault possa inspirar aquilo a que nos referimos como uma teoria construtivista da interpretação, a qual enfatiza os contextos políticos do *uso*. Ainda assim, *não* se trata de que possamos fazer qualquer coisa dele e de sua obra. Mesmo não havendo *uma* leitura correta e verdadeira, há interpretações de Foucault que são de fato más, erradas e distorcidas. É isso que se chama de princípio da *assimetria interpretativa*, que abre o trabalho do autor (o texto, o contexto e o intertexto) a múltiplas interpretações, enquanto, ao mesmo tempo, protege o futuro contra o fechamento e oferece um horizonte aberto de interpretações. Foucault é, como ele mesmo diz de Nietzsche, Freud e Marx, uma *figura da discursividade* (Foucault, 1998a). Que um texto estimule e permita novas interpretações é um sinal de sua riqueza, profundidade e complexidade.

QUEM, O QUE E POR QUE FOUCAULT?

As questões "quem ou o que é Foucault?" têm sido mais freqüentemente feitas do que "por que Foucault?". James Faubion, por exemplo, começa sua introdução à nova coletânea da obra de Foucault (Faubion, 1998) exatamente com aquela questão, a que assim responde: "As possibilidades parecem infinitas: estruturalista, idealista, neoconservador, pós-estruturalista, anti-humanista, irracionalista, radicalmente relativista, teórico do poder, missionário da transgressão, esteta, homem à beira da morte, santo, ou, se nada servir, 'pós-moderno'" (p. xiii).

Esses rótulos, preparados para responder a "quem" ou "o que" é Foucault não são, é claro, necessária e mutuamente contraditórios, mas não são categorias ou descrições que Foucault teria aplicado a si mesmo. E Foucault era bastante impaciente e cáustico em relação àqueles que atribuíam a ele posições que não defendia ou àqueles que oferecessem descrições dele que não se encaixavam. Lembremo-nos de seu prefácio à edição inglesa de *The order of things* (1973)* em que escreveu: "Na França, certos 'comentadores'

---
* N. de T.: Publicado em língua portuguesa sob o título: *As palavras e as coisas*: uma arqueologia das ciências humanas. São Paulo: Martins Fontes, 1981. Atualmente em sua 10ª edição, 2007.

imbecis continuam a me rotular como 'estruturalista'. Não tenho conseguido colocar nas suas mentezinhas que não usei nenhum dos métodos, conceitos ou termos-chave que caracterizam a análise estrutural" (p. xiv).

Ele prosseguiu, reconhecendo "certas similaridades" entre sua própria obra e aquela dos estruturalistas (identificáveis apenas retrospectivamente) e sugeriu – em concordância com a problemática do estruturalismo que enfatizava o inconsciente e um descentramento do autor – que seria estranho para ele alegar que sua obra fosse "independente das condições e regras que em grande parte desconheça" (p. xiv). Em outro texto, negou que soubesse o que o termo "pós-moderno" significava – ou mesmo o termo "modernidade" – (Foucault, 1998b, p. 448), embora reconhecesse que o estruturalismo tivesse um determinado significado, ainda que apenas retrospectivamente. Na mesma entrevista, ainda observaria: "Nunca fui freudiano, nunca fui marxista e nunca fui estruturalista" (p. 437).

Em outro comentário autobiográfico, Foucault (1984) procede negativamente, observando como os outros o classificaram e divertindo-se consideravelmente ao lançar calúnias a essas descrições:

> Acho que fui colocado em muitas casas do tabuleiro político, uma depois da outra e às vezes simultaneamente: como anarquista, esquerdista, marxista ostensivo ou disfarçado, niilista, antimarxista explícito ou secreto, tecnocrata a serviço do gaullismo, como um novo liberal etc. Um professor americano reclamou que um cripto-marxista como eu tivesse sido convidado para visitar os Estados Unidos, e eu fui denunciado pela imprensa da Europa Oriental por ser cúmplice dos dissidentes. Nenhuma dessas descrições é importante por si mesma; consideradas em conjunto, por outro lado, elas significam algo. E devo admitir que gosto do que significam (p. 383-384).

Certa vez, Foucault observou, em passagem que viria a ficar famosa, que "O vir a ser do 'autor' constitui o momento privilegiado da individualização da história das idéias, do conhecimento, da literatura, da filosofia e das ciências" (Foucault, 1998c, p. 205). Tal frase é duplamente paradoxal quando aplicada ao próprio Foucault, pois o chamado "desaparecimento ou morte do autor" significativamente não é algo que se aplique a ele, tanto como erudito que durante sua vida produtiva iniciou novas inquirições e abordagens ou como nome para um corpo ou *corpus* de trabalho que se conecta com movimentos contemporâneos e vai além deles. Nem está tal frase apta para a consideração de Foucault e de seu papel na "teoria" contemporânea quando os processos de reificação e canonização tanto do homem quanto de sua obra começaram mesmo antes de sua morte, em 1984. Ainda assim, Foucault estava bastante ciente do tropo nietzschiano de uma "estética da existência" e dos modos pelos quais podemos ou devemos refazer-nos a nós mesmos –

princípios de autoconstituição que são ao mesmo tempo, éticos e políticos e que prontamente se aplicam ao intelectual público, ao escritor e ao teórico.

Foucault constantemente remodela sua posição, e seu pensamento muda e evolui. Na verdade, ele estava sempre reformulando o que via como seu próprio projeto. Dreyfus e Rabinow (1982), em seu estudo sobre a obra de Foucault, propõem quatro estágios: um estágio heideggeriano (tipificado pelo estudo da loucura e da razão), um estágio arqueológico ou quase-estruturalista (caracterizado pela *The archaeology of knowledge** e *The order of things*), um estágio genealógico e, finalmente, um estágio ético. A mudança do estágio arqueológico para o genealógico nos escritos de Foucault está bem-representado em *Discipline and punish***, uma obra que tem relevância direta para e teoria educacional. Como *The history of sexuality: the will to knowledge****, *Discipline and punish* exibe uma virada genealógica nietzschiana concentrada sobre os estudos da *vontade de conhecimento* entendida como algo que reflete tanto as práticas discursivas quanto as não-discursivas (i. e., institucionais) e, em particular, as complexas relações entre poder, conhecimento e corpo. Em *Discipline and punish*, Foucault está centrado no corpo como objeto de certas tecnologias disciplinares de poder, e examina a genealogia das formas de punição e do desenvolvimento da moderna instituição penal, discutindo, por sua vez, a tortura (começando com o terrível relato de Damien, o regicida), a punição (com ecos claros da famosa lista de Nietzsche na *Genealogy*, 1956, p. 213), a disciplina e a prisão.

No início dos anos 1980, Denis Huisman pediu a François Ewald que reeditasse a entrada relativa a Foucault para a nova edição do *Dictionnaire des Philosophes*. Segundo observa o tradutor Robert Hurley em uma nota de rodapé para o texto intitulado "Foucault", "o texto submetido a Huisman foi escrito quase que inteiramente pelo próprio Foucault, e assinado anonimamente como 'Maurice Florence'" (p. 459). Foucault (1998d) começa a escrever o verbete sobre si próprio com as seguintes palavras: "No que diz respeito ao quanto Foucault se insere na tradição filosófica, essa tradição é a tradição *crítica* de Kant, e seu projeto poderia ser chamado de *Uma história crítica do pensamento* (p. 459). Mais tarde, ele define uma história crítica do pensamento como uma análise das condições sob as quais certas relações do sujeito para com o objeto são formadas ou modificadas, na medida em que tais relações constituem um conhecimento [*savoir*] possível... Em poucas palavras, é uma questão de determinar seu modo de "subjetivação"... e

---

* N. de T.: Publicado em língua portuguesa sob o título: *A arqueologia do saber*. Rio de Janeiro: Forense-Universitária, 1977. Atualmente em sua 7ª edição, 2007.

** N. de T.: Publicado em língua portuguesa sob o título: *Vigiar e punir:* história de violência nas prisões. Petrópolis: Vozes, 1977. Atualmente em sua 33ª edição, 2007.

*** N. de T.: Publicado em língua portuguesa sob o título: *História da sexualidade:* a vontade de saber. Rio de Janeiro: Graal, 1977. Atualmente em sua 18ª edição, 2007.

objetivação... Quais são os processos de subjetivação e objetivação que tornam possível para o sujeito como sujeito tornar-se um objeto do conhecimento [*connaissance*] como um sujeito? (p. 450-460).

Ele se descreve como alguém que experimenta a constituição do sujeito tanto como um objeto de conhecimento inserido em determinados discursos científicos ou jogos de verdade que chamamos de "ciências humanas" (sejam elas empíricas ou normativas) quanto um objeto para si mesmo, que é a história da subjetividade na medida em que ela envolve "a maneira pela qual o sujeito experiencia a si mesmo em um jogo de verdade que se relaciona a ele" (p. 461), tal como na história da sexualidade.

É o tipo de autodescrição que Foucault apresenta em outro lugar. Em uma entrevista que ocorreu um ano antes de sua morte, Foucault (1983) confessou a Paul Rabinow e Hubert Dreyfus que sua real busca *não* era uma investigação do poder, mas, antes, a história das maneiras pelas quais os seres humanos se constituem como sujeitos, um processo que envolvia as relações de poder como aspecto integral da produção de discursos voltados às verdades.

Meu objetivo tem sido o de criar uma história dos diferentes modos pelos quais, em nossa cultura, os seres humanos se tornam sujeitos. Minha obra tem lidado com três modos de objetificação que transformam os seres humanos em sujeitos. O primeiro são os modos de questionamento que tentam atribuir a si próprios o *status* de ciência. Na segunda parte de minha obra, estudei a objetivização do sujeito no que se poderia chamar de "práticas de divisão". Finalmente, tenho buscado estudar – é meu trabalho atual – a maneira pela qual o ser humano transforma a si mesmo em um sujeito. Por exemplo, escolhi o domínio da sexualidade. Assim, não é o poder, mas o sujeito, que é o tema geral de minha pesquisa (p. 209).

Paul Veyne (1997) comentou, depois da morte de Foucault, que em sua primeira palestra no Collège de France

> Foucault contrastou uma "filosofia analítica da verdade em geral" com sua própria preferência "pelo pensamento crítico que tomaria a forma de uma ontologia de nós mesmos, de uma ontologia do presente"; naquele dia, ele chegou a relacionar seu próprio trabalho à "forma de reflexão que se estende de Hegel à Escola de Frankfurt via Nietzsche e Max Weber" (p. 226).

Veyne alerta-nos sobre a importância de não levar longe demais essa analogia circunstancial e nos coloca em um caminho que conecta Foucault de maneira muito forte a Nietzsche e a Heidegger, corretamente em meu ponto de vista.

Foucault sem dúvida foi fortemente influenciado por suas leituras tanto de Nietzsche quanto de Heidegger e atribuía a eles as idéias que o levaram a enfatizar e desvelar as relações conceituais e históricas entre as noções de verdade, poder e subjetividade em suas investigações genealógicas. Ele começou a ler esses dois filósofos no início dos anos de 1950 e, embora tenha escrito apenas um artigo substancial sobre Nietzsche (Foucault, 1977) e nada diretamente relacionado a Heidegger, fica claro que as obras de Foucault carregam as marcas inconfundíveis desses dois grandes pensadores.[5] A obra de Nietzsche, em particular, propiciou a Foucault novas maneiras de reteorizar e conceber de maneira nova a operação de *poder* e *desejo* na constituição e auto-superação dos sujeitos humanos. Tal obra capacitou-o a analisar os modos pelos quais os seres humanos se tornam sujeitos sem conferir prioridade conceitual ao poder ou ao desejo, como havia sido o caso do marxismo (com sua ênfase no *poder*) e do freudismo (com sua ênfase no *desejo*).

Esse é a nossa compreensão geral de "por que Foucault?" e de por que motivo Foucault tem atraído a geração atual dos estudiosos de sua obra na pesquisa educacional. Foucault oferece uma compreensão dos sujeitos educacionais – o aluno, o estudante, o professor etc. – em termos de uma história da subjetividade e de uma investigação genealógica que permitiu aos teóricos da educação entender os efeitos da educação e das pedagogias tanto como disciplinas quanto como práticas. É uma questão que poderia ser também proveitosamente colocada como "onde Foucault?", isto é, uma análise espacial de Foucault, não o homem, mas o *corpus* da obra, seus parâmetros, suas tematizações e problematizações relativas a questões mais antigas, suas conexões com os pensadores – contemporâneos, modernos e clássicos. É uma resposta que achamos que Foucault teria preferido.[6]

O uso e o desenvolvimento da obra de Foucault não foram ainda totalmente estabelecidos na pesquisa educacional para que se comece a falar de diferenças ou orientações claras em países de língua inglesa da mesma maneira pela qual podemos distinguir os foucauldianos franceses (Donzeleot, Ewald, etc.) dos anglo-australasianos (Rose, Hindess, Hunt, Dean, Hunter, O'Malley, etc. cuja base é o jornal *Economy and Society*) ou das feministas norte-americanas, francesas e australianas. Vale mencionar o livro de Ian Hunter (1994) como um primeiro desenvolvimento da obra de Foucault em relação ao modo como repensa a escola.

Na Grã-Bretanha, no meio dos anos de 1980, a abordagem da psicologia crítica de Walkerdine para o desenvolvimento da criança exerceu uma forte influência nos círculos educacionais britânicos. Desde então, o uso de Foucault tem sido dominado pela orientação etno-sociológica de Stephen Ball (1990, 1994), embora a obra de David Hoskin (1979) tenha exercido importante influência, assim como a de Norman Fairclough (1989, 1992), cuja análise do discurso baseada em Foucault tem sido utilmente aplicada à compreensão da política educacional. Na América do Norte, uma apropriação mais epistemológica e feminista de sua obra pode ser vista nos escritos de Tom Popkewitz (Popkewitz e Brennan, 1997), Bernadette Baker (2001) e Maureenn Ford (1995), ao passo que, talvez por ser um país pequeno, na Nova Zelândia, a apropriação filosófica da obra de Foucault por James

Marshall (1989, 1996) tem provocado um direcionamento crítico e filosófico forte, não apenas em seus alunos, mas em seu próprio país, bem como, também, internacionalmente. Os neozelandeses têm trabalhado com Foucault de diversas maneiras: a interpretação materialista de Foucault feita por Mark Olssen (1999-2002) busca vê-lo como muito próximo a Gramsci; Tina (A.C.) Besley (2002) tem colocado a obra de Foucault a trabalhar para o entendimento da significação das relações de poder na orientação escolar e, mais amplamente, na construção do eu e das culturas juvenis; Sue Middleton (1998), como feminista, tem utilizado sua obra para o estudo da sexualidade, enquanto Peters (1996) tem buscado entender Foucault dentro de um contexto mais amplo do "pós-estruturalismo", focalizando temas relativos a governança, subjetividade e ética em relação à política educacional. Um grupo de estudiosos fundou um grupo foucaldiano na *American Educational Research Association* em meados dos anos de 1990 "dedicado aos estudos históricos e filosóficos de educação que incluem a obra de Michel Foucault"[7].

A ORGANIZAÇÃO DESTE LIVRO

Estamos satisfeitos em poder apresentar o trabalho de alguns dos autores já discutidos nesta introdução: James Marshall e Mark Olssen. Marshall, no Capítulo 2, desenvolveu um tema sobre pesquisa educacional como problematização, enquanto Olssen, no Capítulo 14, contribuiu com uma tese original sobre a concepção de democracia de Foucault. Ambos os capítulos oferecem novos e fortes direcionamentos de pesquisa na educação. Juntamente com esses autores e de nosso próprio trabalho como representantes dos estudos acadêmicos sobre Foucault no mundo de língua inglesa, a compilação de artigos reúne, de maneira singular, esse *corpus* com o trabalho realizado por estudiosos que trabalham em várias universidades alemãs – Ludwig Pongratz, Thomas Coelen, Fabian Kessl, Susanne Weber e Susanne Maurer.

O trabalho conjunto com os acadêmicos alemães ocorreu por meio de um convite feito por Hermann Forneck (Universidade de Geissen) e Ludwig Pongratz (Universidade técnica de Darmstadt) para que estivéssemos em uma pequena conferência sobre Foucault em uma bela localidade das montanhas de Verona em abril de 2003, que foi publicada como *Nach Foucault: Diskurs-und machtanalytische Perspektiven der Pädagogik* (Pongratz et al., 2004). Foi lá que encontramos Susanne Weber, que, com sua colega Susanne Maurer, nos convidou (e a Robert Doherty, nosso colega escocês), para um *workshop* em janeiro de 2005 na Universidade Philips, na histórica cidade de Marburg. Nessas duas sessões encontramos os estudiosos alemães que contribuíram para esta compilação e estabeleceram a base para colaborações continuadas de pesquisa (havia muito mais estudiosos nesses dois eventos do que os que estão nesta compilação). O que começou como uma colaboração entre os editores desta compilação (Michael A. Peters e Tina Besley, dois neozelandeses trabalhando na Universidade de Glasgow) ampliou-se a Robert Doherty, um colega da mesma universidade que está completando sua pesquisa de doutorado sobre Foucault em relação à política educacional, e, em segundo lugar, a nossos colegas e amigos da Nova Zelândia, James Marshall e Mark Olssen. Finalmente, ampliamos o convite a nossos colegas que atuavam no campo dos estudos de Foucault, Jan Masschelein e Maarten Simons (Leuven, Bélgica), James Wong (Canadá) e Kenneth Wain (Malta). O resultado é uma compilação internacional que focaliza o estudo de aspectos da obra de Foucault para novos direcionamentos em pesquisa educacional.

A coleção começa com alguns temas gerais explorados neste primeiro capítulo e passa a focalizar um apanhado geral da educação como problematização, feito por James Marshall (Capítulo 2) e contribuições projetadas para explorar de uma nova maneira a significação da obra de Foucault com base em questões que cercam a noção de pedagogia. Ludwig Pongratz, no Capítulo 3, investiga a relação entre os conceitos de liberdade e disciplina na obra de Foucault, examinando a transformação nas punições pedagógicas, enquanto Thomas Coelen, no Capítulo 4, apresenta um estudo das relações pedagógicas entre professor e aluno na Antigüidade, apresentando-as como alternativas a outras alternativas confessionais e disciplinares modernas. Tina (A.C.) Besley, no Capítulo 5, pesquisa a centralidade da tecnologia do eu confessional na escolaridade, investigando a significação da prática do falar a verdade, e James Wong, no Capítulo 6, apresenta uma ontologia crítica do modelo de desenvolvimento da infância.

No Capítulo 7, Fabian Kessl volta-se a uma análise do poder no serviço social, sugerindo que os estudos de normalização da educação e o serviço social em geral tendem a reproduzir a hipótese do poder repressivo, enquanto no Capítulo 8 Susanne Weber toma a figura do "empreendedor" – tão prevalente nas discussões neoliberais da cultura – para investigá-la no campo do desenvolvimento organizacional da Alemanha como um exemplo tanto da normalização dos sujeitos quanto da reconstrução das culturas organizacionais. Esse capítulo é particularmente matizado e sensível aos discursos contemporâneos voltados à ação afirmativa para as mulheres consideradas como apoio para os "recursos humanos". No Capítulo 9, Susanne Maurer, explorando temas similares, usa a noção de governamentalidade[*]

---

[*] N. de R.T. Em francês, o conceito usado por Foucault é de *gouvernementalité*. Ao procurar manter a tradução em um único termo, optou-se por govern**a**mentalidade, palavra já corrente na academia brasileira. Contudo, para dar conta da complexidade e da originalidade do neologismo foucauldiano, em que há justaposição das palavras "governo" e "mentalidade", poder-se-ia também ter usado o termo govern**o**mentalidade ou, ainda, as expressões equivalentes *mentalidade de governar/mentalidade de governança/mentalidade de governo*.

para investigar o contexto das conexões radicais entre o serviço social e os movimentos sociais e novos atores coletivos móveis e mutáveis. Tais ensaios têm um sabor especificamente alemão; eles analisam a tradição alemã do serviço social que, sob o ponto de vista institucional, está fortemente relacionada à pedagogia e à educação, e é ensinada nos mesmos departamentos ou em departamentos similares na universidade.

No Capítulo 10, Maarten Simons e Jan Masschelein usam a análise de Foucault do falar a verdade como meio de investigar o "falar a verdade científico" da instituição da universidade, mas seu interesse é menos epistemológico do que um estudo da "maneira pela qual o falar a verdade científico está sendo praticado e distinguido do discurso não-científico, uma preocupação ética". Kenneth Wain, no Capítulo 11, também está interessado no último Foucault e em sua abordagem da ética. Ele sustenta que, para Foucault, enquanto a ética relaciona-se à liberdade, a moralidade tem a ver com a verdade. Os "jogos da verdade", conectados às questões de governança e controle, constituem um jogo de linguagem diferente daquele da ética. Wain apresenta um relato da autocriação em relação ao cuidado de si e ao futuro da educação. No capítulo 12, Michael Peters focaliza a concepção de "jogos da verdade" de Foucault, usando isso como um meio para elucidar aspectos da subjetividade e da ética na pesquisa educacional. No Capítulo 13, Robert Doherty emprega a noção de Foucault de governamentalidade como uma ligação com o discurso e como base para moldar criticamente a política educacional. Finalmente, no Capítulo 14, Mark Olssen explora a sugestão de Foucault sobre um tipo de democracia que nos leva além das práticas e instituições atuais.

Os estudos de Foucault sobre a educação oferecem ferramentas de análise que inspiraram abordagens históricas, sociológicas e filosóficas que cobrem uma vasta gama de tópicos: genealogias dos alunos, estudantes, professores e conselheiros/orientadores; as construções sociais das crianças, a adolescência e a juventude; epistemologias sociais da escola em formas institucionais mutantes, bem como estudos sobre o surgimento das disciplinas e de sua relação com os regimes de disciplina e punição; estudos filosóficos sobre os conceitos educacionais que cresceram com o humanismo europeu, em especial nas formações do Iluminismo e especificamente kantianas – homem, liberdade, autonomia, punição, governo e autoridade. Em todos os casos, o arquivo foucauldiano apresenta uma abordagem para problematizar conceitos e práticas que pareciam resistentes a uma análise futura *antes* de Foucault, que parecem, em outras palavras, institucionalizados, ossificados e destinados à repetição interminável na compreensão e nas interpretações acadêmicas. Depois de Foucault é como se tivéssemos de revisitar a maior parte das importantes questões relacionadas ao poder, conhecimento, subjetividade e liberdade na educação.

NOTAS

1 A primeira parte desta introdução foi retirada de um artigo intitulado "Why Foucault: New Directions in Anglo-American Research", apresentado na conferência After Foucault: Perspectives of the Analysis of Discourse and Power in Education, 29-31 de outubro, 2004, em Verona, e organizada pela Universidade de Dortmund. Gostaríamos de ampliar nossos agradecimentos a Hermann Forneck e a Ludwig Pongratz pelo convite que nos fizeram. Esse primeiro contato foi a base para uma colaboração contínua, da qual esta coletânea de artigos é parte. Uma versão do artigo original, que é bem mais completa e comenta especificamente os estudos sobre Foucault e educação no mundo de língua inglesa, aparece em Nach Foucault: Diskurs-und machtanalytische Perspektiven der Pädagogik (Pongratz et al., 2004).

2 Não aceitamos a posição de Eagleton, muito embora seja um tropo útil neste contexto. O que precisamos desesperadamente "depois da teoria" é de uma teoria do capitalismo do conhecimento, e isso é algo que os estudos culturais, pelo menos em sua forma atual, são incapazes de oferecer, em parte porque não dominam a economia e não focalizam a questão da economia do conhecimento ou da informação.

3 Por que Foucault era lido na Alemanha nos anos de 1970, afirma Michael Wimmer (Universidade de Hamburgo), é diferente de por que é lido hoje.

4 Ficamos, não obstante, desconcertados ao descobrir que no início de julho de 2002 o Departamento de Estudos Culturais de Birmingham havia sido fechado porque obtivera um escore baixo no Research Assessment Exercise, que destina fundos de pesquisa para as universidades britânicas, muito embora tivesse um resultado alto pelo ensino e por seus muitos alunos.

5 Para a influência de Nietzsche sobre Foucault, ver Shrift (1995). Para a influência de Heidegger sobre Foucault, ver Dreyfus (1989, 1996). Os livros de Foucault possuem, é claro, referências espalhadas a ambos os pensadores. Em relação a Heidegger, tem-se uma questão interessante (dada sua dívida intelectual para com o autor): por que Foucault pouco reconheceu diretamente sua obra ou influência?

6 No artigo "Why Foucault? New Directions in Anglo-American Educational Research", Peters (2004) indicou as "novas diretrizes" por meio da referência a uma série de descrições possíveis de Foucault (Foucault como...) e desenvolvimentos de sua obra que exploram o uso do autor pela teoria educacional por parte dos estudiosos da comunidade anglo-americana, centralizando atenção nas obras de James Marshall, Stephen Ball, Mark Olssen, Tina Besley, Bernadette Baker, Tom Popkewitz e Marie Brennan, Sue Middleton e Michael Peters. Peters excluiu especificamente os relatos gerais da influência de Foucault sobre a pesquisa educacional que defendiam uma orientação pós-estruturalista para a educação ou que recomendavam uma síntese ou integração entre o pós-estruturalismo e a pedagogia crítica, a fim de concentrar-se exclusivamente nos estudos sobre Foucault. Ver Marshall (1989) e Olssen (1999, Capítulo 10).

7 Ver o site http://facstaff.uww.edu/heyningk/foucault/sitemap.htm(acessado em 2 de agosto de 2005). Ver, por exemplo, as mesas-redondas "Foucault and Education: How do we know what we know?" (conduzida por Katharina Heyning com a participação de Andrea Allard, Colin Green, Ruth Gustafson, Michael Ferrari e Rosa Lynn Pinkius, Stephen Thorpe, Cathy Toll, Kevin Vinson, Huey-li Li) e "Tinkering with Foucault's Tool-kit Down Under" (conduzida por Stephen Ball, com a participação de Elizabeth McKinley, Mary Hill, Nesta Devine, Michael Peters, James Marshall, Sue Middleton).

REFERÊNCIAS

Baker, B. (2001). *In perpetual motion: Theories of power, educational history, and the child*. New York: Peter Lang.

Ball, S. J. (1990). (Ed.). *Foucault and education*. London: Routledge.

___. (1994). *Education reform, a critical and post-structural approach*. Buckingham: Open University Press.

Besley, A. C. (2002). *Counselling youth: Foucault, power and the ethics of subjectivity*. Westport, CT: Praeger.

Dreyfus, H. (1989) On the ordering of things: Being and Power in Heidegger and Foucault, *Michel Foucault, Philosophy*. Paris: LeSeuil

___. (1996) Being and power: Heidegger and Foucault. *International Journal of Philosophical Studies*, Volume 4, pp. 1-16.

Dreyfus, H. & Rabinow, P. (1983) *Michel Foucault. Beyond structuralism and hermeneutics*. Chicago: University of Chicago Press.

Eagleton, T. (2003) *After theory*. London: Allen Lane/Penguin.

Faubion, J. D. (1998) Introduction. In *Aesthetics, Method and Epistemology: Essential Works of Foucault 1954-1984*, Volume 2, James D. Faubion (Ed.), New York, The New Press, pp. xiii-xliii.

Fairclough, N. (1989). *Language and power*. London: Longman.

___. (1992). *Discourse and social change*. Cambridge: Polity Press.

Ford, M. (1995) "Willed" to Choose: Educational Reform and Busno-power. (Response to Marshall). *Philosophy of Edcuation Yearbook*, [acessado em 6.7. 2006 from http://www.ed.uiuc.edu/EPS/PES-Yearbook/95_docs/ford.html

Foucault, M. (1973). *The Order of Things: An archeology of the human sciences*. New York: Random House.

___. (1977) Nietzsche, Genealogy, History. In *Language, Counter-Memory, Practice: Selected Interviews and Essays*. D. F. Bouchard (ed.), Ithaca: Cornell University Press.

___. (1982) The subject and power. In: H. Dreyfus and P. Rabinow (Eds.) *Michel Foucault: beyond structuralism and hermeneutics*. Brighton: Harvester Press, pp. 208-226.

___. (1983) Afterword: The subject and power. In Michel Foucault. *structuralism and hermeneutics*. Chicago: University of Chicago Press, pp. 208-226.

___. (1984) Polemics, politics and problematization. In P. Rabinow (Ed.), *The Foucault reader* (pp. 18-24). Harmondsworth: Penguin.

___. (1998a) Nietzsche, Freud, Marx. In *Aesthetics, Method and Epistemology: Essential Works of Foucault 1954-1984*, Volume 2 (pp. 269-278) James D. Faubion (Ed.), New York, The New Press.

___. (1998b) Structuralism and poststructuralism. In In *Aesthetics, Method and Epistemology: Essential Works of Foucault 1954-1984*, Volume 2 (pp. 433-458) James D. Faubion (Ed.), New York, The New Press.

___. (1998c) What is an author? In *Aesthetics, Method and Epistemology: Essential Works of Foucault 1954-1984*, Volume 2 (pp. 205-222) James D. Faubion (Ed.), New York, The New Press.

___. (1998d) Foucault. In *Aesthetics, Method and Epistemology: Essential Works of Foucault 1954-1984*, Volume 2 (pp. 459-464) James D. Faubion (Ed.), New York, The New Press.

___. (2004) *Naissance de la biopolitique: Cours au Collège de France, 1978-1979*. Paris: Gallimard Seuil

Gordon, C. (1996). Foucault in Britain. In A. Barry, T. Osborne & N. Rose (eds.), *Foucault and political reason* (pp. 253-270). London: UCL Press.

___. Hoskin, K. (1979),. The examination, disciplinary power and rational schooling. *History of Education 8(2),* 135-146.

Hunter, I. (1994). *Rethinking the school: Subjectivity, bureaucracy, criticism*. Sidney, AU: Allen & Unwin.

Marshall, J. D. (1989). Foucault and education, *Australian Journal of Education*.

___. (1996). *Michel Foucault: Personal autonomy and education*. London: Kluwer Academic.

Middleton, S. (1998) *Disciplining sexuality: Foucault, life histories, and education*. New York: Teachers College, Columbia University.

Nietzsche, F. (1956). *The birth of tragedy and the genealogy of morals*. (F. Golffing, Trans.) New York: Anchor Books.

Olssen, M. (1999). *Michel Foucault: Materialism and education*. Westport, CT: Bergin & Garvey.

___. (2002). Invoking Democracy: Foucault's conception (with *insights* from Hobbes), *Policy Futures in Education*, 1 (3) at *http://www.triangle.co.uk/PFIE*

Peters, M. (1996) *Poststructuralism, Politics and Education*. Westport, CT & London: Bergin & Garvey.

___.(2004) Why Foucault? New directions in Anglo-American educational research. In *Nach Foucault: Diskurs-und Machtanalytische Perspsktiven der Pädagogik*. W. Nieke, M, Wimmer, & J. Masschelein (Eds.). Wiesbaden: V.S.-Verlag für Sozialwissenschaften.

Pongratz, L., Wimmer, M., Nieke, W., & Masschelein, J. (2004). (Eds.), *Nach Foucault: Diskurs-und Machtanalytische Perspsktiven der Pädagogik*. DGfE, VS Verlag.

Popkewitz, T., & Brennan, M. (1997). (Eds.). *Foucault's challenge: Discours, knowledge and power in education*. New York: Teachers College Press.

Schrift, A. (1995) *Nietzsche's French legacy: A genealogy of French Poststructuralism*. New York & London: Routledge.

Veyne, P. (1997). The Final Foucault and His Ethics. (C. Porter & A. I. Davidson, Trad.) In A. I. Davidson (Ed.), *Foucault and his interlocutors,* (pp. xxx-xli). Chicago: University of Chicago Press.

Walkerdine, V. (1984). Developmental psychology and the child-centered pedagogy: the insertion of Piaget into early Education. In J Henriques et al., *Changing the subject* (pp. 157-174). London: Methuen.

___. (1988) *The mastery of reason: Cognitive development and the and the production of rationality*. London: Routledge.

Capítulo 2

Michel Foucault: pesquisa educacional como problematização

James D. Marshall

O título deste livro sugere que precisamos de novas diretrizes para a pesquisa educacional. Michel Foucault, contudo, não teria oferecido *novas diretrizes* para a pesquisa educacional, embora talvez tivesse oferecido sugestões sobre como a pesquisa deveria ser feita. Com freqüência, ele argumentava que não defendia teorias ou metodologias que devessem ser adotadas ou seguidas. Ainda assim, o título do livro sugere que, por alguma razão, a pesquisa educacional precisa ser repensada. Darei atenção a uma abordagem de pesquisa de Foucault que pode ser considerada como uma possibilidade para fazer pesquisa educacional. Essa abordagem pode ser chamada de *problematização* e é apresentada na segunda metade deste artigo por meio de um exemplo.

Na pesquisa educacional e nas teorias subjacentes a ela, houve uma longa série de debates sobre como fazer a abordagem e como fazer pesquisa. Parece não ter havido nenhum acordo prévio acerca de um *paradigma* para a pesquisa educacional.[1] Por exemplo, deveria a pesquisa educacional seguir os modelos da ciência e/ou da filosofia da ciência? Contudo, mesmo que houvesse um acordo sobre seguir ou não a pesquisa científica, parece não ter havido nenhum acordo quanto ao *paradigma* para tal pesquisa. Assim, o pesquisador deveria ser popperiano, tentando tornar falsas as hipóteses, ou ser positivista como B. F. Skinner e Emile Durkheim?

Outro debate foi chamado de *quantitativo* x *qualitativo*. Aqui a questão volta-se à coleta de dados científicos (freqüentemente espelhando o modelo médico duplo-cego cruzado) ou deveria se voltar aos estudos de caso que, longe de tentar desenvolver princípios gerais, se concentram em um estudo amplo e holístico sobre a instituição individual, a prática, ou os "atores" individuais? Ou dever-se-ia abandonar a pesquisa educacional de uma vez por todas porque algumas pessoas da área de educação acreditam que a teoria e a pesquisa têm pouco a oferecer às práticas da educação?[2] Esses debates têm sido agudos e ácidos, resultando no que pode ser chamado de impasses ideológicos nos quais os proponentes que defendem a "verdade" de suas diferentes teorias e abordagens não conseguem encontrar um princípio comum que possa vir a ser uma maneira de estabelecer novas "verdades".

Subjacentes a essas posições ideológicas estão duas visões fundamentalmente opostas sobre o conhecimento dos seres humanos. O conhecimento de nós mesmos e de nossas práticas é mais bem-entendido pela definição e adoção de verdades universais das ciências sociais ou humanas, ou é mais bem-entendido, não em sentido universal, mas de uma maneira singular, particular e exclusiva? Foucault vê a relação entre conhecimento e o eu como algo que passou por imensas mudanças pós-Descartes, e que isso pode ser exemplificado pela observação de mudanças nas práticas do eu em relação à verdade. Ele sustenta que na cultura ocidental, "até o século XVI, o ascetismo e o acesso à verdade estão sempre mais ou menos obscuramente conectados" (Foucault, 1983, p. 279). Mas isso não continuou. Foucault explica as mudanças que ocorreram, a quebra ou ruptura[3] entre a Renascença e o período clássico, com este exemplo:

> Pascal ainda era parte de uma tradição (renascentista) na qual as práticas do eu, a prática do ascetismo, estavam ligadas ao conhecimento do mundo... não devemos esquecer que Descartes escreveu "meditações" – e meditações são uma prática do eu. Mas o que é extraordinário nos textos de Descartes é que ele teve sucesso em substituir um sujeito constituído por meio de práticas do eu por um sujeito fundador de práticas de conhecimento (Foucault, 1983, p. 278f) (parênteses meus).

Isso é em si importante para levar à priorização do conhecimento geral universal das ciências humanas sobre o autoconhecimento, e também nos leva ao sujeito concebido como sujeito autônomo e como fundação do conhecimento e da significação – o significado originando o sujeito. Foucault continua:

> Isso é muito importante. Mesmo que seja verdade que a filosofia grega tenha instituído a racionalidade, ela sempre sustentou que um sujeito não poderia ter acesso à verdade se primeiro não realizasse em si mesmo um certo trabalho que o tornaria suscetível a conhecer a verdade – um trabalho de purificação... (Foucault, 1983, p. 287f).

De acordo com Foucault:

Descartes, penso eu, rompeu com isso quando disse: "Para aceder à verdade, é suficiente que eu seja *qualquer* sujeito que possa ver o que é evidente". A evidência substitui a ascese, no sentido de que a relação com o eu não mais precisa ser ascética para se relacionar à verdade. Basta que a relação com o eu revele a mim a verdade óbvia do que vejo, para que eu apreenda a verdade definitivamente. Assim, posso ser imoral, e conhecer a verdade (1983, p. 279).

Essa ruptura entre o eu e o conhecimento é "atacada" por vários filósofos franceses anteriores a Foucault, embora não necessariamente em seus termos (e ele não está propondo um retorno à cultura grega). Henri Bergson, ao final do século XIX, ocupa-se com tal ruptura. Bergson (1895), um dos primeiros críticos dessa nova relação entre o eu e o conhecimento, do positivismo (Comte e Durkheim) e das ciências humanas, acredita que elas tenham simplesmente nos colocado apenas como um entre vários grupos, destruindo o que temos de singular como indivíduos. Esse conhecimento é o que "qualquer sujeito... pode ver" (Foucault, 1983, p. 279). Na abordagem das ciências humanas, não somos vistos como indivíduos singulares, mas como um indivíduo participante de um grupo. Mas o que Bergson defende é que temos um *autoconhecimento* que não é captado pelas ciências humanas. Bergson prioriza esse autoconhecimento sobre o conhecimento universal oferecido pelas ciências humanas. Mas a visão de Bergson do sujeito é uma continuação de Descartes na filosofia francesa? A resposta mais breve é não, mas precisamos acompanhar a história da filosofia francesa mais um pouco.

O próprio Foucault observou que, desde Descartes, a filosofia francesa priorizou a filosofia do sujeito:

> Nos anos que precederam a Segunda Guerra, e ainda mais depois da Guerra, a filosofia na Europa continental e na França foi dominada pela filosofia do sujeito. Quero dizer que a filosofia tomou como tarefa sua, por excelência, o fundamento de todo conhecimento e o princípio de toda significação como derivados do sujeito significante. A importância dada a essa questão deveu-se ao impacto de Husserl, mas a centralidade do sujeito também estava atada a um contexto institucional, pois a universidade francesa, já que a filosofia começou com Descartes, só podia avançar de uma maneira cartesiana (Foucault, 1981, p. 176).

Embora Foucault esteja se restringindo a um determinado período, um filósofo que foi inicialmente muito influente no que diz respeito aos filósofos daqueles tempos foi Bergson. Embora atacasse o cartesianismo em várias frentes, ele certamente defendia a noção do eu corporificado e da possibilidade de múltiplos eus. Ele influenciou tanto Maurice Merleau-Ponty quanto Simone de Beauvoir no que diz respeito à importância da experiência imediata. Contudo, foi Emmanuel Levinas, fortemente influenciado em seu primeiro pensamento por Bergson, que introduziu a fenomenologia na filosofia francesa em termos heideggerianos e husserlianos (Matthews, 1996, p. 158). Por sua vez, Merleau-Ponty e tanto Sartre quanto Beauvoir seriam influenciados por Husserl, e Beauvoir de fato desenvolveu uma filosofia husserliana (tardia) da experiência vivida (ver Holveck, 2002).

Foucault buscava uma resolução dos problemas teóricos da filosofia do sujeito, pois acreditava que essa filosofia tinha paradoxalmente falhado:

> Com o tempo livre e a distância que vieram depois da guerra, essa ênfase na filosofia do sujeito não mais parecia evidente por si mesma. Naquele momento, os paradoxos teóricos escondidos não puderam mais ser evitados. Essa filosofia da consciência tinha paradoxalmente falhado ao tentar fundar uma filosofia do conhecimento, e especialmente do conhecimento científico. Essa filosofia do conhecimento havia também falhado no que diz respeito a levar em consideração os mecanismos formativos de significação e a estrutura dos sistemas de significado (Foucault, 1981, p. 176).

Foucault continua, dizendo que os direcionamentos que se seguiram a esse "colapso" eram, primeiro

> [...] a teoria do conhecimento objetivo como uma análise de sistemas de significado, como a semiologia [por exemplo, o positivismo lógico]... e, segundo,... uma certa escola de lingüística, psicanálise e antropologia – todos agrupados sob a rubrica do estruturalismo. Essas não foram as direções que eu tomei (Foucault, 1981, p. 176) (parênteses meus).[4]

Foucault então fala da direção que iria tomar. Esse caminho foi, diz ele, o da "genealogia do sujeito moderno como uma realidade histórica e cultural – o que significa: como algo que pode, ao final do processo, mudar" (1981, p. 177). Essa direção será acompanhada abaixo e conectada a uma versão de ascese (não a versão [versões] grega [gregas]).

Ainda assim, embora tenhamos uma direção que ele pretendeu seguir, se quisermos falar de Foucault e de fazer pesquisa educacional, podemos pensar que precisamos ter alguma idéia sobre de onde ele "vem", de que "disciplina" – era um idealista, um marxista, um niilista... – e assim sucessivamente? Na entrevista com Paul Rabinow, um pouco antes de sua morte, Foucault disse em resposta a tal questão:

> Acho que na verdade fui situado em quase todas as casas do tabuleiro, uma depois da outra e às vezes simultaneamente: como anarquista, esquerdista, marxista ostensivo ou disfarçado, niilista, marxista explícito ou secreto, tecnocrata a serviço do Gaullismo, neoliberal, etc. Um professor americano reclamou do fato de que um criptomarxista como eu fosse convidado a visitar os Estados Unidos, e fui denunciado pela imprensa do

Leste europeu por ser cúmplice dos dissidentes. Nenhuma dessas descrições é importante em si mesma; tomadas em conjunto, por outro lado, elas dizem alguma coisa. E devo admitir que de fato gosto do que elas significam (Foucault, 1984, p. 113).

Mas Foucault realmente entendeu o rótulo "pesquisador" que a ele se aplicou, e que ele abordava seu "ensino" como pesquisador. De acordo com Ewald e Fontana:

> Michel Foucault abordava seu ensino como um pesquisador. Ele explorou as possibilidades para os livros que estavam sendo preparados, delineou campos de problematização, como se estivesse distribuindo convites a pesquisadores em potencial... as palestras dadas no Collège de France... não são projetos de livros, muito embora os livros e as palestras de fato tenham às vezes temas em comum. Eles têm um *status* próprio e pertencem a um regime discursivo específico no âmbito da soma total dos "atos filosóficos" realizados por Michel Foucault (2003, p. xi).

No começo do curso de 1975-1976, no Collège de France, Foucault disse o seguinte sobre a pesquisa:

> Afinal de contas, o fato de a obra que expliquei a vocês parecer fragmentada, repetitiva e descontínua estava bastante de acordo com o que se poderia chamar de uma "preguiça febril". É uma característica das pessoas que adoram bibliotecas, documentos, referências, manuscritos empoeirados, textos que nunca foram lidos, livros que, logo depois de impressos, ficaram fechados e dormiam nas prateleiras, e só foram pegos dois séculos depois. Tudo isso com certeza encaixa-se na inércia atarefada daqueles que professam o conhecimento inútil, um tipo de conhecimento suntuário, a riqueza de um *parvenu* e, como vocês bem sabem, os sinais externos são encontrados ao pé da página (2003, p. 4).

Quero caracterizar esse relato de fazer pesquisa como indicação de uma forma moderna de ascese, porque, como citado anteriormente, para Foucault o eu tem de "primeiro operar em si mesmo um certo trabalho que o faria suscetível devia saber a verdade" (ver adiante, quando analisarmos um exemplo de problematização).

Neste capítulo, volto-me para a noção de problematização de Foucault e sugiro, se é que não defendo, que essa noção oferece um caminho para a frente, um caminho que passa por infindáveis disputas ideológicas e argumentos polêmicos, embora não se proponha a oferecer soluções (ver a seguir). Ofereço uma ilustração da noção foucauldiana de problematização – a abolição de punição corporal nas escolas (públicas) da Nova Zelândia. O livro *Discipline and punish** (1979), de Foucault, é um exemplo do que ele

---
*N. de R. Ver nota da p. 16.

quer dizer com problematizar um objeto do *Pensamento* (ver adiante) e *como* isso é feito está no texto, mas não explicitamente. Meu exemplo oferece um relato esquemático do que *poderia* ser feito. Minha conclusão seria a de que a noção de Foucault de problematização oferece um caminho para a frente, uma abordagem que é diferente do ideológico e do polêmico, e que se coloca a uma distância deles.

PROBLEMATIZAÇÃO

Em sua entrevista com Michel Foucault (1984), a primeira questão de Paul Rabinow sobre problemática e problematização foi: "Você tem falado sobre uma 'história da problemática'. O que é uma história da problemática?" (1984, p. 117).

A resposta de Foucault começa com uma exposição da história do *pensamento*. (Ele havia, é claro, nomeado sua cátedra no Collège de France em 1969-1970 como *A história dos sistemas de pensamento*.) Seu objetivo por algum tempo havia sido o fazer a descrição de uma história do *pensamento* que não fosse uma história de idéias nem uma história de atitudes e tipos de ação:

> Parecia-me que havia um elemento era capaz de descrever a história do *pensamento* – isso era o que se poderia chamar de o elemento de problemas ou, mais exatamente, problematizações (Foucault, 1984, p. 117).

Ele distinguia a história do *pensamento* da história das idéias e do domínio de atitudes que poderiam salientar e determinar o comportamento. A história das idéias pode tomar uma forma, de, pelo menos, duas. Primeiro, podemos comparar e/ou contrastar o conceito de justiça na *República* de Platão com o que encontramos na obra moderna de John Rawl. Segundo, poderíamos observar o conceito de punição do rei a ser encontrado nas páginas de abertura de *Discipline and punish* com visões contemporâneas, de maneira a criticar as visões anteriores e/ou a demonstrar o quanto nos tornamos mais humanos e civilizados. Essas *não* são a história do *pensamento*. Nem o são o exame e a elucidação de atitudes, crenças e costumes subjacentes que, embora não-articulados, podem governar, se não determinar, práticas e políticas. Assim *pensamento*, defende Foucault, é:

> algo bastante diferente do conjunto de representações subjacente a um certo comportamento; é também bastante diferente do domínio de atitudes que pode determinar esse comportamento. Pensamento não é o que habita uma certa conduta e dá a ela seu significado; em vez disso, é o que o permite a alguém dar um passo para trás em relação a essa maneira de agir e reagir, a apresentá-la como um objeto de pensamento e questioná-la em relação a seu significado, suas condições e suas metas (1984, p. 117).

A noção de dar um passo atrás é muito importante. Dar um passo para trás é diferente da noção de desenterrar um conhecimento subjacente ou um conjunto de práticas subjacente, uma episteme, que permite às declarações serem consideradas verdadeiras ou falsas. Hacking (1981) falava de um conhecimento ou saber profundo. O conhecimento profundo é usado em *Discipline and punish* e é discutido formalmente na *The archeology of knowledge**. Mas dar um passo atrás não é meramente buscar conhecimento profundo ou uma episteme.

Dar um passo para trás é, ao mesmo tempo, uma liberdade para Foucault. É a liberdade de separar-se do que se faz, é o movimento pelo qual alguém se separa do que faz, de forma a estabelecê-lo como um *objeto de pensamento* e a refletir sobre ele como um problema. Um objeto de *pensamento* como problema não carrega "bagagem" (i. e., teoria anterior, pressuposições e possibilidades ou indicações de soluções). Questionar significados, condições e metas é ao mesmo tempo liberdade em relação ao que se faz. É tratar o objeto de *pensamento* como um *problema*. Um sistema de *pensamento* seria uma história de problemas ou uma problematização. Envolveria o desenvolvimento de um conjunto de condições nas quais possíveis respostas pudessem ser propostas. Mas não se apresentaria como uma solução ou resposta. Como algo se torna um problema e ingressa no domínio do *pensamento*? Para uma esfera de ação, um comportamento ou prática ingressar no campo do *pensamento* "... é necessário que um certo número de fatores os tenha tornado incertos, os tenha feito perder sua familiaridade, ou provocado um certo número de dificuldades. Esses elementos resultam de processos sociais, econômicos ou políticos" (Foucault, 1984, p. 117). Os elementos – processos sociais, econômicos e políticos – podem ser descritos como "a política". É aos elementos de práticas, a política como ele os chama, a quem Foucault dirige suas questões.

Finalmente, problematizar não é fazer questões à política a partir de qualquer perspectiva em particular. Não se deve abordar a problematização nem como adversário nem como um teórico ou ideólogo comprometido.

PROBLEMATIZAR

Nesta seção, analisarei como uma certa prática penetrou um campo do *pensamento* e como ela poderia ser problematizada. O exemplo é a abolição da punição corporal nas escolas estaduais (i. e. públicas) da Nova Zelândia em 1992 (para uma discussão mais completa sobre a punição na Nova Zelândia, ver Marshall e Marshall, 1997). Primeiramente, abordaremos como a prática da punição corporal penetrou o domínio do *pensamento,* como ela se tornou duvidosa como prática das escolas públicas e como ela havia se tornado "desconhecida" para um certo número de professores e pais. Em segundo lugar, como ela poderia ser abordada a partir de uma perspectiva foucaultiana.

---
*N. de R. Ver nota da p. 16.

COMO A PUNIÇÃO CORPORAL SE TORNOU DUVIDOSA?

O social. Desde a Segunda Guerra tem ocorrido uma inquietação crescente na sociedade da Nova Zelândia no que diz respeito à disciplina dos jovens, acompanhada por um crescente e substancial conhecimento dos efeitos de certas práticas de educação infantil sobre os jovens, incluindo a punição corporal e as palmadas. Houve um aumento da delinqüência juvenil a partir dos anos de 1950 e, mais recentemente, uma preocupação justificada com a morte de crianças e com suicídios em tenra idade. A Nova Zelândia não está mesmo bem qualificada nas estatísticas internacionais no que diz respeito a tais assuntos.

Na educação, o (velho) Departamento Estatal de Educação havia tentado lidar com essas questões, primeiramente aprendendo com especialistas do exterior. A partir da década de 1930, um grupo de especialistas visitou o país para oferecer aconselhamento sobre os efeitos da punição corporal (por exemplo, os psicólogos Sir Cyril Burt e Dr. Joseph Mercurio). Mas seus conselhos, ao final dos anos de 1930 e nos anos de 1950, foram de fato ignorados pelas classes mais baixas, ou por aqueles que alegavam ser capazes de pressentir o que essas pessoas pensavam sobre tais assuntos. Revistas em quadrinhos, filmes sobre *rock and roll* (por exemplo, *East of Eden**, com James Dean) passaram a ser atacados como "causas" desses problemas. Mas nenhuma solução política foi experimentada. As escolas tentaram melhorar tais problemas por meio da introdução de serviços de orientação e pelo uso de outras formas de disciplina.

Essas questões borbulhavam na educação nos anos de 1970, mas, ressalte-se, a punição corporal ainda não fora abolida. Nos anos de 1980, contudo, novas formas de disciplinar os jovens estavam sendo usadas, e para aqueles professores indecisos sobre a questão, a maré começou a virar contra a punição, nas escolas. Ainda assim, havia um número de professores – a "velha escola" – que se opunha à abolição da punição apelando a dizeres como "O que os teóricos têm a nos dizer? Somos *nós* que ensinamos" e "As estatísticas podem ser usadas como se bem entende".

O econômico. A punição corporal foi certamente mais econômica do que as alternativas que estavam sendo propostas, algumas das quais foram instaladas com a extinção da punição. Em algumas escolas estaduais, o monitor-chefe tinha permissão para usar a chibata. O autor freqüentou uma escola-internato estadual onde a disciplina era feita por submonitores e a punição, pelo monitor-chefe. Isso foi certamente um fator econômico, pois

---
*N. de R. Em português, Vidas amargas.

impedia que o serviço fosse feito pelos professores, que receberiam pagamento extra pela ação. Mas também foi econômico em outro sentido, pois transferia o objeto de ressentimento, de parte dos alunos, dos professores aos monitores.

O político. O problema foi que a nação estava dividida sobre a questão da punição corporal. De um lado, o Partido Nacional (conservador) temia perder o voto da região rural, que o havia mantido no poder por muito tempo. De outro, o Partido Trabalhista havia prometido abolir a punição, e o fez, na véspera de perder o poder, em 1992. Porém, novamente no poder, o Partido Trabalhista não tem mais se voltado à espinhosa questão relativa ao artigo 529 e ao significado de "força razoável". Essa noção, obscura como continua a ser, foi usada para fazer oposição ao fim da punição.

PROBLEMATIZANDO A PUNIÇÃO CORPORAL

A Nova Zelândia foi um dos últimos países do mundo ocidental a abolir a punição corporal em escolas públicas. A Grã-Bretanha foi obrigada a fazê-lo em 1986 por causa de uma regra do Comitê de Direitos Humanos da Europa, de 1982. À época, a punição corporal era legal apenas na Grã-Bretanha, Austrália e Nova Zelândia. Esta última suspendeu-a em 1987 e legislou contra a mesma em 1992, mas ainda há uma seção da Lei de Crimes que permite aos pais e professores usarem força razoável e que está em conflito com o artigo 7 da Convenção das Nações Unidas sobre direitos civis e políticos, ratificado pela Nova Zelândia em 1992. O artigo 7 da Convenção das Nações Unidas diz que "ninguém deve ser submetido à tortura ou a tratamento ou punição cruéis, desumanos ou degradantes".

No momento atual, está esquentando no país o debate para que os pais parem de bater em seus filhos. Algumas pessoas temem que a disciplina esteja (novamente) declinando na sociedade da Nova Zelândia e, naturalmente, nas escolas. Há demandas para que a punição corporal retorne, independentemente do fato de que, por termos assinado a convenção das ONU, estejamos atrelados à posição oposta pelas leis internacionais. Em outras palavras, a noção de força razoável da lei neozelandesa está sendo mais uma vez questionada, já que não está definida na seção 52 das Lei dos Crimes. A noção de força razoável da cobertura à punição corporal e ao espancamento como parece fazer no que diz respeito à punição corporal nas escolas privadas e ao espancamento realizado pelos pais e cuidadores em casa? Se der cobertura e se a seção 59 da lei dos crimes não for repelida ou alterada, a Nova Zelândia continua em situação de contravenção à Convenção da ONU, tanto legal quanto moralmente. Assim, o debate e a incerteza política entre os juristas, políticos, professores e pais continua. Como pode a

Nova Zelândia manter a punição corporal em escolas públicas quando legalmente estava prestes a ratificar (e o fez em 1992, conforme planejado) a Convenção da ONU sobre direitos civis e políticos?[5]

A fim de problematizar o objeto de pensamento, precisamos dirigir questões à "política". Por "política" em Foucault, entendemos os processos sociais, econômicos e políticos encontrados em um amálgama de leis (leis da Educação), instituições públicas (Comitês de Educação, escolas, universidades, etc.), curadorias, professores, pais e alunos/crianças. Chamarei esse amálgama de "Fórum". O Fórum precisa ser questionado juntamente com os parâmetros de significado, condições e metas por meio de questões que sondem as áreas do social, do econômico e do político. Com esses parâmetros, precisamos analisar os fatores históricos.

QUESTÕES

Ao longo desses três parâmetros não há nenhum significado designado a "força razoável" na seção 59 da Lei dos Crimes, o que deve ser buscado por meio de questões voltadas tanto ao significado de "punição" quanto ao modo como ele deve ser justificado. As questões devem também ser feitas ao Fórum no que diz respeito ao seu entendimento da seção sobre força razoável na Lei dos Crimes (no que se segue, escrevemos as três seções diferentemente para indicar possibilidades de diferenciação ao questionar o Fórum).

QUESTÕES SOBRE *SIGNIFICADO* (AO FÓRUM)

Q1. A expressão "força razoável" é usada na seção 59 da Lei dos Crimes. Não é definida na lei, mas é claramente uma repressão ou punição. Em termos de punição corporal na educação, como você entende "força razoável"?

R.1. A expressão "força razoável" não foi definida na lei, embora tenha, em certa medida, sido definida nas cortes por casos precedentes. O que é razoável é em parte definido pelas práticas educacionais, em casa e nas instituições. A história dessas práticas demonstra uma mudança em direção a práticas mais "humanitárias". Por exemplo, jovens delinqüentes não são mais chicoteados, em parte por causa de inconsistências na lei, e isso também tem sido ajustado na educação.

Q.2. Mas você considera a punição, por exemplo, como uma maneira de revidar, como uma espécie de "dar o troco" a alguém que o merece por seu comportamento?

R.2. Bem, na educação, há alguns professores e administradores que pensam dessa forma ou acreditam que a punição corporal é merecida, mas há outros que a consideram como um alerta, no sentido que ela atua contra o infrator, no sentido que ela impede aquela pessoa e os outros de cometer uma infração por causa das conseqüências. É interessante que algumas pessoas considerem a punição corporal como algo educativo ou como algo que reforma e recupera, mas aquela é mais um treinamento do que educação, e esta precisa de outras atividades, processos e programas – reforma é reforma. Assim ficamos com o revide e o alerta, e os professores que sustentam a punição corporal estão bastante divididos quanto a essa questão.

Q.3 Ok! Dado o fato de que o revide e o alerta sejam os meios que competem pela punição, suponho que as justificações derivem em parte de tais sentidos. Assim, o revide é justificado como algo que se deseja para dar um troco a algo errado, e o alerta se justifica porque impede ou tende a impedir infrações futuras. Mas não é um pouco estranho, senão moralmente questionável, no caso das crianças pequenas? Revidar é dar o troco a quê? A uma infração, a uma meia-infração, ou por ser inocente mas punido em grupo, ou por não conhecer as regras em geral ou as regras de determinadas formulações e descrições? O alerta tem os mesmos problemas no que diz respeito a guiar os jovens, mas acrescentou o problema de ameaçá-los em geral, sejam infratores ou não. Essas justificações realmente funcionam com os jovens? Além disso, dar o troco ou ameaçar os jovens sobre o seu comportamento futuro é mesmo o tipo de coisa que devemos fazer com as crianças, e também causar mal-estar?

R3. Talvez possamos ver as coisas de outro modo. Como tem sido dito, a sabedoria da época sustenta a punição corporal como uma espécie de mal necessário, e as crenças são as de que funciona melhor do que as outras propostas.

Q.4 Se ouvi bem, você não concorda com o fato de a punição ser definida e justificada como revide ou alerta, que são, afinal de contas, os dois principais competidores filosóficos. Pelo apelo à "sabedoria de uma época" como explicação de por que a punição corporal é permitida, você parece querer induzir ou iniciar os jovens nas práticas e normas sociais – talvez uma espécie de treinamento para conquistar um lugar na sociedade.

R. 4. Bem! Não sabemos muito sobre filosofia, mas vê-la como uma espécie de iniciação ou treinamento parece ser algo muito útil.

Q. 5. Você já leu um livro de Michel Foucault, chamado *Discipline and punish: the birth of the prison*?

QUESTIONANDO AS *CONDIÇÕES*

Nesta seção sobre as condições, falarei dos *tipos* de questões que poderiam ser feitas.

Deve-se perguntar se a seção 59 da Lei dos crimes, que permite a "força razoável", deve ser abolida ou reescrita para dar conta de assuntos relativos ao significado de "força razoável". Ou se a seção deveria ser totalmente abolida. Há outras condições (por exemplo, assuntos) de legítima defesa dos menores. Sob o parâmetro do social ficariam as questões sobre os efeitos psicológicos de longo prazo da punição, inclusive da punição corporal, e do abuso de crianças (que pesquisas têm sido feitas na Nova Zelândia, por exemplo), sobre a ruptura da ordem nas escolas e os efeitos sobre a sociedade (por exemplo, da necessidade de serviços de aconselhamento e de psiquiatria), a extinção das famílias e a provisão de toda uma gama de serviços infantis. Deve-se notar que a Nova Zelândia ocupa posição muito alta entre os países desenvolvidos do ocidente no que diz respeito a mortes precoces de crianças.

Devemos perguntar pelos efeitos econômicos da punição corporal, do espancamento e do abuso infantil. Não estou apenas falando sobre os efeitos econômicos de providenciar tribunais para os casos relacionados às crianças, aos serviços de bem-estar e aos efeitos econômicos de se perder potencialmente bem-ajustados cidadãos para o comportamento anti-social e para os tribunais. Ao contrário, estou falando sobre a "perda real de vida" de jovens que poderiam ter contribuído para o bem-estar da sociedade, que poderiam ter levado vidas úteis e práticas como bons pais e cidadãos, e que poderiam ter contribuído para a sociedade.

Outras questões poderiam ser formuladas sobre medidas alternativas à punição corporal, e à educação de diretores de escola, funcionários e administradores. As escolas devem manter registros dos casos de punição corporal e tais registros devem ser estudados: há questões relativas aos números de casos, ao *status* socioeconômico e ao *status* étnico dos recebedores (há determinados indivíduos e grupos que recebem mais punição do que outros?) e os detalhes da infração pela qual foram punidos. Esses são exemplos apenas de questões que poderiam ser feitas sobre o *objeto* "punição corporal" sob o item *condições*; não se trata de uma lista exaustiva, longe disso.

QUESTÕES DE *METAS*

Metas e objetivos são coisas reconhecidamente difíceis de especificar – são sempre deixados como termos gerais. Também não se trata aqui de uma lista exaustiva.

1. Cuidar de todas as crianças
2. Oferecer ordem no ambiente escolar e na sala de aula
   a. propiciar uma ordem geral;
   b. certificar-se de que não há *bullying* [intimidação];
   c. certificar-se de que os alunos conseguem aprender;
   d. garantir a confiança dos pais;

e. desenvolver cidadãos socialmente responsáveis;
   f. garantir que todos na escola sejam tratados com respeito e dignidade.
3. Buscar metas de eqüidade
4. Buscar a excelência no ensino e na aprendizagem
5. Manter uma boa comunicação, relacionamentos e envolvimento com os pais e a comunidade.

RESUMO

Admitamos que tenhamos nossa problematização. A ela chegamos por meio de uma série de questões direcionadas à "Política" (ou *Fórum*, como a chamamos aqui). Admitamos também que não haja mais questões, ou que não haja mais necessidade de fazê-las.

Mas como esta é pesquisa, poder-se-ia perguntar? (ou poderia perguntar uma autoridade financiadora). A pesquisa deve ser *pesquisa*, i.e., descobrir coisas e obter resposta positivas às perguntas feitas, ou oferecer recomendações para resolver problemas e/ou guiar linhas de ação. Sequer temos uma solução ou respostas positivas para as perguntas de fato feitas, ou para quais pesquisas futuras devem ser feitas em caso de falha da primeira. Isso é *fazer* pesquisa, é isso o que você chama de pesquisa? Qual é a hipótese que estava sendo testada? E a que conclusões se chegou com essas questões?

Nesse ponto, o pesquisador pode responder por meio de outro conjunto de questões.

Q1. (Pesquisador) Sua lista de questões implica um problema. Você tem um problema?

R.1. É claro! Dê uma olhada em todas essas suas intermináveis questões! Por que elas não podem ser reduzidas a algo mais manipulável, de maneira que tenhamos princípios claros e hipóteses claras a serem testadas? Como podemos apresentar isso como pesquisa, como uma solução para as questões relativas à punição corporal das crianças? – como prática ela se tornou bastante incerta, e essa pesquisa precisa ser simplificada e tornada lógica e explícita. Também precisaremos de um relatório de uma página para o ministro da educação. Você não parece ter feito nada – você é preguiçoso e nós estamos furiosos! (Ver Foucault acima sobre sua pesquisa no Collège de France)

Q2. Oh, meu querido! Você leu Henri Bergson? Se você quiser fazer um julgamento justo da educação, talvez isso lhe interesse – de Bergson (1895, p. 352)

A educação do bom senso (i. e. o julgamento sábio) não consistirá apenas em salvar a inteligência das idéias prontas, mas também em afastá-la de idéias excessivamente simples, do terreno escorregadio das deduções e generalizações e, finalmente, preservá-la da excessiva autoconfiança. É preciso ir além, o maior risco que a educação poderia representar ao bom senso seria encorajar nossa tendência a julgar os homens e as coisas a partir de uma visão puramente intelectual (i. e. científica) a fim de medir nosso valor e o dos outros com base no mérito mental apenas, seria estender esse princípio às próprias sociedades, apenas aprovar as instituições, leis e costumes que troxessem a marca externa da clareza lógica e da organização simples (parênteses meus).

CONCLUSÃO

O que as noções de problematização de Foucault e a pesquisa revelam ou, pelo menos, indicam, é que ele está lutando por uma forma moderna de *ascese*, de chegar a uma posição que "o faria suscetível a conhecer a verdade" (Foucault, 1983, p. 279). A problematização envolve a produção de um objeto de pensamento livre de visões *a priori*, e a "sabedoria" de práticas e crenças reconhecidas. Em vez de estabelecer modelos seguros de pesquisa baseados no conhecimento estabelecido do problema/prática a ser pesquisado, como a última questão do Fórum propõe (Q.2 no sumário), o que se exige é uma pesquisa que seja "preguiça furiosa", como Foucault a chama. São essas questões gerais que a tornam suscetível (possível?) de conhecer a verdade.

Na minha opinião, a problematização dos objetos do pensamento é a abordagem de Foucault para restaurar a relação certa entre um sujeito e a verdade. É uma rejeição tanto da visão de Descartes quanto das direções tomadas pela semiologia e pelo estruturalismo para desafiar tal visão (ver Foucault, 1981, p. 176-177). Mas isso também não é um retorno de Foucault à noção grega de ascese.

NOTAS

1 Paradigma, no sentido de Kuhn (1962).

2 Fui uma vez entrevistado para uma vaga em uma universidade no norte da Inglaterra em que o professor de Educação, um veterano da Segunda Guerra, abominava a teoria educacional. Não é preciso dizer que não fui selecionado para a vaga e que o professor voltou a lecionar.

3 Termo atribuído às obras de Foucault.

4 Neste ponto do texto, Foucault toma outro caminho irônico quando é rotulado como estruturalista: "Deixe-me dizer de uma vez por todas que não sou estruturalista, e confesso, com o pesar adequado, que não sou um filósofo analítico. Ninguém é perfeito."

5 Há um projeto-de-lei no parlamento para abolir a "força razoável" da lei dos crimes.

REFERÊNCIAS

Bergson, H. (1895). Good sense and classical studies. In K. Ansell Pearson & J. Mullarkey (2002) (Eds.), *Henri Bergson: Key Writings* (pp.345-352). New York & London: Continuum.

Bertani, M., & Fontano, A. (Eds.). (2003). *Michel Foucault: Society must be defended* (D. Macey, Trans.). New York: Picador.

Eribon, D. (1991) *Michel Foucault*, (Betsy Wing, Trans.). Cambridge, Mass.: Harvard University Press.

Ewald, F., & Fontano, A. (2003). Foreword. In M. Bertani & A. Fontano (2003) (Eds.). *Michel Foucault, Society must be defended* (pp. ix-xiv). New York: Picador.

Foucault, M. (1979). *Discipline and punish: The birth of the prison*, New York: Vintage.

___.(1981). Sexuality and solitude. In P. Rabinow (1997) (Ed.), *Michel Foucault: Ethics, subjectivity and truth* (pp. 175-184). New York: New Press.

___. (1983). On the genealogy of ethics: An overview of work in progress. In P. Rabinow (1997) (Ed.), *Michel Foucault: Ethics, subjectivity, and truth* (pp. 254-280). New York: New Press.

___. (1984). Polemics, politics, and problematisations: An Interview with Michel Foucault. In P. Rabinow (1997) (Ed.), *Michel Foucault: Ethics, subjectivity, truth*, (pp.113-119). New York: The New Press.

___. (2003). *Michel Foucault: Society must Be Defended*, M. Bertani & A. Fontano (Eds.). New York, Picador.

Hacking, I. (1981). The archaeology of knowledge. *The New York Review of Books*.

Holveck, E. (2002) *Simone de Beauvoir's philosophy of lived excperience*, New York: Rowman & Littlefield.

Kuhn, T. (1962) *The structure of scientific revolutions*. Chicago: The University of Chicago Press.

Marshall, J. D. & D. J. Marshall (1997). *Discipline and punishment in New Zealand education*. Palmerstone North: Dunmore Press.

Matthews, E. (1996). *Twentieth century French philosophy*. Oxford: Oxford University Press.

Rabinow, P. (1984) Polemics, politics, and problematisations: An Interview with Michel Foucault. (Ed.) Paul Rabinow (1997).

Rabinow, P. (Ed.). (1997). *Michel Foucault: Ethics, subjectivity, truth*. New York: The New Press.

Capítulo 3

Liberdade e disciplina: transformações na punição pedagógica

Ludwig A. Pongratz

CONTRADIÇÕES MODERNAS: CONTRADIÇÕES DA MODERNIDADE

"Por que Foucault?" Bem, a resposta mais óbvia é porque ele nos convida a abandonar os modos estabelecidos de pensar e a virar de cabeça para baixo as perspectivas já aceitas. Quem se envolve com Foucault tem de saber lidar com a irritação. Foucault convoca todas as pessoas – tanto as do passado como as de hoje – que esperam bancar as guardiãs da democracia e da liberdade a dizerem a que vieram; em vez de apresentar a história do mundo moderno como sendo a história da emancipação e das realizações (uma perspectiva que em grande parte serve os supostos "vitoriosos da história"), Foucault chama nossa atenção para a sutil rede de táticas e restrições que há muito têm estado em ação por debaixo da superfície das proclamadas liberdades burguesas. "A disciplina é o outro lado da democracia" (Foucault, 1977, p. 126), esse é um dos *insights* da desilusão que Foucault oferece a seus leitores.

É esta "visão escura" (como os críticos de Foucault a ela se referiram) que gera respostas que vão além da empatia – inclusive entre os educadores. Isso está claramente ilustrado pela questão da punição, um tema de que os educadores gostariam muito de se livrar. Falar em punição causa desconforto: em todos os aspectos, as punições demonstram a falha das boas intenções pedagógicas. É por isso que os educadores de hoje preferem falar de gerenciamento de sala de aula, de autodirecionamento ou prevenção, em vez de falar em disciplina e coação. Não é sem razão que se orgulham do fato de que os duros castigos físicos, que eram considerados "normais" no mundo pré-moderno, tenham sido rejeitados e abolidos pela sociedade burguesa esclarecida. Mas ainda permanece o debate sobre o quanto a pedagogia contemporânea, em vez das punições excessivas e dolorosas, não as substituiu por modos bastante diferentes de punição, que podem ser mais silenciosos e inconscientes do que seus predecessores, mas certamente não menos eficazes.

Devemos lembrar que o *modelo básico das formas feudais e medievais de punição* fundavam-se na figura da *exclusão repressiva*. Qualquer coisa que se opusesse às expressões de poder social hierarquicamente organizadas eram extirpadas. O ladrão perdia sua mão, o assassino, sua vida, o aluno recalcitrante era pesadamente disciplinado. Não sem razão, a vara tornou-se o símbolo da disciplina do professor de escola. Contudo, essa violência aberta passou rapidamente a ser questionada à medida que o mundo social medieval começou a se desintegrar. Foi a crítica da dominação, presente na filosofia do Iluminismo, que retirou sua legitimidade, pois, como poderia a dominação do indivíduo existir conjuntamente com a defesa racionalmente fundada da "liberdade universal"? Como poderia a irracionalidade do poder pedagógico estar combinada com o direito à conduta racional da vida? A pedagogia moderna tem trabalhado esse dilema desde o começo do Iluminismo. E essa contradição não é simplesmente interna à própria pedagogia. Ela constitui a *contradição da própria modernidade, que se manifesta no problema pedagógico da punição* de forma acentuada.

Pelo menos desde o surgimento da pedagogia do Iluminismo, então, a punição tem tido de legitimar-se: a punição pedagógica precisava parecer racional. É precisamente essa contradição que faz a reflexão de Kant, intitulada "Sobre a pedagogia" (inverno de 1776-1777), algo que de algum modo antevê e se liga a essas questões:

> Um dos maiores problemas na educação é como combinar a sujeição à disciplina requerida com a capacidade de fazer uso da liberdade. Pois a disciplina é necessária! Como cultivar a liberdade juntamente com a disciplina? (Kant, 1899, p. 711).

A resposta de Kant a esta questão é a seguinte:

> Deve-se mostrar à criança que se impõe a disciplina a ela com o intuito de levá-la a fazer uso de sua própria liberdade, que se cultiva a criança para que ela, ao final do processo, se torne livre, i. e., para que ela não precise ser dependente da assistência dos outros (Kant, 1899, p. 711).

Em outras palavras, a criança devia ser sujeita à disciplina pedagógica para atender os interesses de sua independência posterior. *A liberdade do sujeito burguês* permanece sistematicamente *atrelada a formas internalizadas de dominação*. E isso se manifesta particularmente nas punições pedagógicas. Está claro: a pura racionalidade, que é aquilo com que Kant está preocupado, fica com as mãos sujas já na sua entrada na sociedade burguesa. A racionalidade deve – juntamente com tudo o que ela defende no que diz respeito à liberdade – ao mesmo tempo legitimar o grau de dominação e disciplina requerido socialmente. A irracionalidade está no âmago dos processos sociais de racionalização. A racionalidade da modernidade revela, no curso de sua progressão histórica, e mais do que nunca, como sua essência é caracterizada pela dominação. "Tortura –", diz Foucault (1977) em relação a esse aspecto de desilusão para com os processos iluministas, "é isso que a razão é" (p. 65).

"PUNIÇÃO ILUMINADA": CONSCIÊNCIA ÉTICA E MORALIDADE

Podemos conceder, em primeiro lugar, que esse *insight* apanha apenas metade da verdade. Ainda assim, ele de fato dá abertura à expressão de um ceticismo que o otimismo moderno em relação ao progresso (inclusive entre os educadores) muito anseia por varrer para debaixo do tapete. O *Instrumentarium* de Foucault torna possível demonstrar não somente como o Iluminismo retirou a legitimidade das formas repressivas de punição do feudalismo, mas também como *novos procedimentos de poder apareceram nas punições iluminadas/esclarecidas*, que aumentam a contradição entre liberdade e disciplina sob uma nova forma. O restante deste artigo examina esse processo histórico de transformação, com referência particular às regiões de língua alemã da Europa.

A organização da pedagogia passou por uma mudança decisiva: partindo da convicção fundamental da pedagogia do Iluminismo, segundo a qual a integração social do indivíduo deve ser ancorada na formação da consciência, as novas práticas de punição *não mais apontavam primordialmente para o corpo* e seu *habitus*, mas para um espaço interno, seja ele chamado alma, imaginação, consciência ou razão. Essa mudança em particular já pode ser vista no início do Iluminismo, na disciplina pedagógica rígida e sublimada do conjunto das diversas instituições pedagógicas estabelecidas em Halle pelo teólogo e pedagogo August Hermann Francke (1663-1727).

Certamente a máxima de Francke, segundo a qual a vontade da criança devia ser subjugada, passou a ser entendida como a epítome da educação repressiva. Contudo, era mais uma questão do começo de uma *técnica da psique ou da alma* de base teológica. O resgate de uma alma arruinada é o objetivo central de Francke, e é por isso que a disciplina física em suas escolas perdeu a forma de repressão descuidada. A disciplina era conscientemente exercida não como violência vingativa, mas como um cuidado paternal. Deveria operar sem ódio, ou revide, na verdade, sem qualquer espécie de paixão. O autocontrole era imposto ao professor. A punição era mantida arquivada em um "registro moral". No elemento ritual final de punição, pode-se ver como essa forma de punição apenas fazia sentido em termos da virtude compartilhada entre aluno e professor: "... e quando a punição se completa, a criança deve oferecer suas mãos ao professor... e solenemente prometer melhorar" (Francke, 1957, p. 116).

É obviamente difícil dizer o quanto o sadismo racionalizado permaneceu atrelado a essa forma controlada de punição; ainda assim, não havia intenção de agressão pedagógica completamente crua, e isso destruiria o que Francke buscava: a capacidade da criança de ter um *insight* pessoal, do qual seu aperfeiçoamento moral dependia. Oferecer as mãos ao final da punição simboliza – em contraste à situação como um todo – a exigência de que o vínculo entre tutor e aluno não deveria ser quebrado. E esse elo foi estabelecido de maneiras *cada vez mais sutis na pedagogia do Iluminismo, no século XVIII*. Da mesma forma, as condições situacionais e os meios pelos quais se davam as punições tornaram-se cada vez mais precisos. Mas a disciplina física não desapareceu completamente. Por exemplo, no Instituto educacional Schnepfenthaler de Salzmann (1744-1811) (como o "Dessauer Philantropin", de John Bernhard Basedow (1724-1790), um modelo de instituição do Iluminismo), a punição era abordada da seguinte maneira: a punição corporal deveria ocorrer "em sigilo, de acordo com solenes advertências anteriores" (Salzmann, 1884, p. 30). Os efeitos intimidativos da repressão pública não são mais mencionados. A punição ocorre precisamente com a exclusão do público, talvez também com a vergonha secreta dos pedagogos sobre seu impacto ainda desigual. Quando a punição é trazida à arena pública, não é àquela da plebe sedenta por sangue diante da forca, mas à *arena pública controlada de uma comunidade civilizada*: nas "tabelas de mérito" de Dessauer, todos podiam escrutinar a virtuosidade de todos, como em uma espécie de sistema público de contabilidade. A punição era percebida como uma perda de pontos (i. e. como uma perda de estima pública), o que antecipa consideravelmente as formas modernas de gerenciamentos e modificações de comportamento.

O descrédito público pode também, contudo, servir a outros fins, tais como o estabelecimento de uma maturidade moral:

> A punição usual de erros e transtornos é a redução dos pontos meritórios; transforma uma hora de estudos em uma hora de trabalho manual, em um longo período em uma sala vazia, de onde não se pode ver nada pela

janela e onde se pode apenas ouvir os sons próximos de outros alunos estudando ou divertindo-se (Basedow, 1965, p. 216).

O ponto óbvio de ataque para essas formas de punição e disciplina não é mais o corpo; o que se coage é a alma, que é envergonhada, exposta ou desapontada. De maneira muito geral, podem-se distinguir *três formas de controle* com as quais a pedagogia do Iluminismo ocupou o espaço interior do sujeito: (1) estruturando o campo de observação interna, para centralizar a atenção e reprimir idéias indesejáveis; (2) linhas de ação formadas por modelos projetados e positivamente sancionados, que deveriam operar como ideais de civilidade, continuamente em vista do "olhar interno"; e, finalmente – aceita apenas como um último recurso pelos "filantropos" (como as pedagogias progressistas da Alemanha iluminista se referem a si próprias) – (3) a quebra da vontade por meio da disciplina corporal (Pongratz, 1989).

"PUNIÇÃO DISCIPLINAR": O TREINAMENTO CORPORAL E A MÁQUINA

A punição no Iluminismo certamente tornou-se mais refinada. O século XVIII estabeleceu a base para formas mais sutis de controle pedagógico, que ainda são propagadas e usadas hoje. Ainda assim, com a virada do século, pode-se notar uma *mudança clara nas técnicas de punição* e em sua racionalidade pedagógica: *em vez da exortação moral* e da humilhação, apareceram a *formação disciplinar e os exercícios corporais*. A distinção que é decisiva para a questão da punição depende do deslocamento discernível da violência punitiva exercida por uma pessoa autorizada. O Iluminismo dos pedagogos do século XVIII punia em nome de uma civilidade geral e racional, que era claramente representada pela comunidade escolar e por seu ordenamento interno. As instituições disciplinares do século XIX, ao contrário, cada vez mais fizeram uso do exercício, do treinamento silencioso, da correção contínua, por trás das quais uma *relação pessoal* — no ato da própria punição também – desempenha um papel cada vez menor. A punição se torna um ato administrativo presente em um sistema de aprendizagem completamente racionalizado.

Deve-se acrescentar que isso tornou necessário que a escola e o ensino fossem reconstruídos como um "sistema". Poder-se-ia interpretar isso como uma conseqüência de longo alcance do "método elementar" com o qual Pestalozzi (1746-1827) deixou sua marca nas escolas públicas no começo do século XIX. Contudo, pode-se facilmente inverter a relação. O desenvolvimento da sociedade disciplinar moderna no século XIX demandou um sistema de aprendizagem para o qual o estilo de ensino de Pestalozzi oferecia um estímulo decisivo. Seu "método elementar" apresentava um novo método de ensino, no qual a punição também tomou um significado já transformado.

O novo método de ensino de Pestalozzi não só tornou possível, mas precisamente necessário, subdividir o programa de ensino tanto em conteúdo quanto em sua organização temporal, apresentando uma exigência de formulação de planos de ensino estruturados e continuados e de uma melhor e mais regular seqüência do processo de aprendizagem. A nova regulação temporal de ensino, contudo, traz à tona um novo retrato da criança em idade escolar, caracterizada por Kost (1985) como "aluno escolar normalizado" (p. 39). O novo método de ensino e as técnicas de práticas e de exames a ele associadas criaram a possibilidade de caracterizar o aluno com base em um objetivo, em seus colegas e em um método particular. Esse ficcional "aluno normal" também está ligado à divisão de turmas de acordo com a idade e a capacidade de aprendizagem e desempenho. Tudo isso *faz do "método elementar" parte de uma nova técnica de poder*, aparelhada para um tratamento diferenciado dos corpos recebedores a fim de aumentar suas capacidades úteis tanto quanto sua submissão.

Usando o exemplo dos escritos práticos de 1830 do pedagogo de Zurique Ignaz Thomas Scherr sobre o ensino, Kost demonstrou como a reforma escolar inspirada por Pestalozzi foi intactamente integrada e costurada com a arquitetura e a organização das formas disciplinares; em um determinado ordenamento do espaço escolar, que estabeleceu nas escolas o que Foucault chamava de "olhar fixo disciplinar" (Pongratz, 1988, p. 155); na introdução de um código específico de gênero; na "microjustiça" que regulava o comportamento correto na sala de aula; em um controle minucioso do corpo, começando com a identificação do lugar onde o aluno deveria se sentar, o estabelecimento de um código lingüístico – variando das ordens do professor ao que os alunos deveriam dizer depois de recebê-las – e mesmo os exercícios de estilo militar com giz e quadro-negro.

Esse exercício, com o qual o poder corporal (biopoder) foi, por assim dizer, inscrito no tecido da vida escolar diária, a fim de atingir de maneira sublimada o aluno escolar, é parte do núcleo da pedagogia do século XIX. Isso é verdade não só no que diz respeito à reforma de Pestalozzi da escola primária (cuja intenção era atender os grupos populacionais mais pobres), mas também no que diz respeito à reforma do Ginásio (que era normalmente reservado para as crianças ricas da burguesia). Nas instituições pedagógicas mais progressistas, novos procedimentos foram implementados, que, em resumo, visavam transformar as pessoas em "máquinas de aprendizagem" e as escolas, em "máquinas pedagógicas" (Dreßen, 1982).

O poder disciplinar instala formas particulares de ação nos indivíduos, arranjando-os espacialmente (por meio do confinamento, subdivisão, definição de funções e classificação hierárquica), pelo controle temporal de suas atividades (pela quebra de operações e estabelecimento de unidades de tempo), pela subordinação a uma moldura temporal (com uma seqüência definitiva de orientações relativas a meios e fins, com exercícios e exames) e por freqüentemente conectar essas técnicas umas as outras (Pongratz, 1989, p. 203).

O que se disciplina, assim, é o próprio processo de aprendizagem – isto é, a absorção e a digestão de conhecimento didaticamente processado. O que também ocorre é *a disciplina metódica dos sentidos, da postura corporal, do comportamento correto em sala de aula*. Ziller (1817-1882), um pedagogo alemão de ponta no século XIX, por exemplo, em seu *Authorised punishments for teacher and pupil* (1886), dá uma atenção exageradamente minuciosa a todo e qualquer movimento do aluno. A numeração das páginas do livro de exercícios, a limpeza dos bancos e das lousas, a indicação de linhas e palavras durante a leitura com um lápis ou varinha, o relógio que marca o início e o fim da aula – tudo era controlado.

"Toda atividade, todo movimento", dizia dogmaticamente, "que desvia a criança da instrução deve ser tratado como perturbação" (Ziller apud Rutschky, 1977, p. 212). E tal perturbação era sujeita à sanção. Não obstante, as formas que tais sanções possuíam eram fundamentalmente distintas das práticas de punição do poder repressivo ou integrador. *A punição disciplinar* objetiva a redução do desvio da norma. É por isso que é essencialmente *corretiva* e funciona em termos de prática, aprendizagem que é intensiva, duplicada e repetida. A punição disciplinar *não exatamente retalia* (como a punição corporal repressiva da era feudal), ela não gera *nenhum espetáculo de punição* (assim como a pedagogia do Iluminismo), mas se estabelece por meio de *uma mecânica do treinamento* que visa à repetição e à firme inoculação. É precisamente por isso que Ziller insistia que até se formar um hábito, todas as instruções do professor "deveriam ser executadas, no momento em que a ordem era dada e, uma vez estabelecido o hábito, este deveria ser constantemente supervisionado, como qualquer outro costume" (p. 213).

Finalmente, a punição disciplinar é apenas um elemento integrador de um sistema mais amplo de recompensas e sanções, de condicionamento e negação, que abrange o indivíduo. Ela opera como um micropoder que atua no corpo discente e busca ligar um gasto mínimo a um efeito máximo. É por isso que Ziller em geral rejeita a punição corporal: não se trata de um meio de educação e pode ser "deixada para a polícia". As formas aceitáveis de punição, ao contrário, funcionam no âmbito de uma sutil diferenciação de sanções (restrições):

Punições durante a aula, em ordem ascendente:

    a. pausa, olhar desaprovador;

    b. um movimento da mão, bater de leve (ou fortemente) na mesa;

    c. uma advertência verbal;

    d. reprimenda acompanhada de uma ameaça séria e restritiva;

e. chamar o aluno de seu lugar, colocá-lo na lateral ou ao fundo da sala, isolando-o;

f. relatório pessoal do aluno ao professor;

g. e ao diretor (Ziller apud Rutschky, 1997, p. 213).

Essa prática punitiva demonstra o quanto o efeito das sanções está junto de uma *distribuição estruturada de sanções* na instituição escolar (e além dela em todo corpo social). Nesse aparato da punição, o olhar fixo e punitivo do professor ocupa um lugar apenas casual, todavia com efeito mais intensivo do que as técnicas anteriores de punição, porque contém, de forma velada, a força sancionadora do sistema como um todo. No ato de punição, o educador é apenas um *agente de um poder impessoal*, para o qual ele oferece sua voz durante um período de tempo precisamente delineado.

"PUNIÇÃO PANÓPTICA": CONTROLE SUAVE E INTEGRAÇÃO

Com a transformação da escola em uma instituição disciplinar, o caráter das técnicas de punição torna-se cada vez mais abstrato e anônimo. Certamente, a punição corporal está cada vez mais sujeita à crítica e passa a entrar em ostracismo, mas o processo de disciplina ainda tem um caráter contraditório: a humanização das formas de punição repousa em um controle generalizado e cada vez mais abrangente sobre os indivíduos. A punição se torna de certa forma, preventiva. Ela não precisa ser de fato exercida, pois já tem um efeito inconsciente. Os procedimentos disciplinares demonstram sua completa eficácia justamente quando não mais precisam sequer ser visíveis. Nesse sentido, a escola do século XIX, embora operasse abertamente com sua disciplina rígida não é, de forma alguma, o ápice do poder disciplinar. Ao contrário, ela ofereceu uma ampla base para contradição, trazendo à baila, já ao final do século XIX, a oposição à vida escolar organizada ao redor do exercício constante e da aprendizagem de memória. "Por uma escola livre!" era o lema dos pedagogos reformistas, anunciando seu ataque às instituições tradicionais durante o primeiro terço do século XX.

Contudo, mesmo o modelo da pedagogia reformadora foi incapaz de resolver a contradição entre a liberdade e a disciplina. Ela foi simplesmente disfarçada com *o estabelecimento de novas e mais suaves formas de controle*, mas não foi eliminada. O foco da pedagogia reformadora abandonou o sistema escolar de disciplina e voltou-se decididamente para "a criança". O que agora se tematizava era menos os arranjos externos para a regulação dos itens de aprendizagem (assentos dos alunos, higiene, gerenciamento de tempo e espaço no prédio da escola, etc.) e *muito mais os arranjos internos* (estruturas motivacionais, disposições psíquicas, "vida escolar", formas sociais) a fim de estabelecer a atenção e a independência no processo de aprendizagem. Correspondendo a isso, surgiram novas e flexíveis estruturas organizacionais, em geral chamadas de "livres", não só em nível das turmas (livre lugar para sentar, conversa livre entre os alunos, planos de aprendizagem abertos) mas igualmente em nível da escola como instituição (livre comunidade escolar, planos escolares inovadores, matrícula livre). Além disso, o discurso neo-liberal hoje dominante favorece a conexão com a retórica da pedagogia reformadora da liberdade, a fim de efetivar as estratégias governamentais atuais de controle.

O programa da pedagogia reformadora enfatiza a proximidade para com o mundo "real" da vida, para além da escola: ensinar torna-se "ensinar para a comunidade", a sala de aula torna-se uma "comunidade viva e em funcionamento", a educação torna-se "educação de si". Com certeza, o aluno é levado mais a sério como sujeito autônomo do que havia sido anteriormente, mas na verdade para integrá-lo mais suavemente no modelo institucional estabelecido da escola. Kost (1985) ilustrou *essa mudança* da *"pedagogia do exercício"* para a *"pedagogia reformadora"* (p. 190) com o exemplo da relação do pedagogo com os bolsos das calças dos alunos: a 'velha" pedagogia examinava os bolsos das calças apenas para garantir que eles continham lenços limpos; a "nova pedagogia" fez precisamente o inverso, esvaziando tudo o que continham sobre a mesa a fim de ganhar um *insight* sobre a vida escolar e para tornar pedagogicamente útil a paixão dos jovens pelos objetos que colecionavam ou possuíam. O interesse subjetivo pelo aluno é assim imperceptível, juntamente com o interesse objetivo do sistema escolar pelo desenvolvimento das capacidades individuais e pela reintegração dessas capacidades em um todo unificado, cujos princípios funcionais permanecem ocultos ao indivíduo – precisamente porque tudo parece estar disponível a todos. Dessa forma, a situação de aprendizagem é reorganizada de acordo com o princípio do "panopticismo", cujo primeiro efeito é a criação de um estado consciente e permanente de visibilidade para os alunos: "Quem está sujeito a um campo de visibilidade, e sabe disso, assume a responsabilidade pelas restrições de poder; ele as faz agir espontaneamente sobre si mesmo" (Foucault, 1977, p. 202)

Dessa forma, a *rede disciplinar não mais é organizada em termos de decretos administrativos*, mas mais em termos dos *mecanismos de direcionamento ultra-flexíveis da "vida escolar"*. Fala-se agora da "livre dinâmica" das capacidades, de estar liberto do "solo" da comunidade. A escola avança para um "estágio de vida" que – na terminologia do expoente da reforma pedagógica Hugo Gaudig (1860-1923) – é entendida mais como uma "esfera de capacidades". A caixa de ferramentas conceitual dos reformistas leva a novas e mais sutis técnicas sociais que são apresentadas, de acordo com seu próprio entendimento, como modelos de liberação. Superficialmente, pelo menos, essa retórica da liberação baseia-se na realidade: pois não há mais uma instância externa que faça exigências do indivíduo, as demandas são agora de um caráter geral. Todos estão sujeitos aos mesmos arranjos sociais, mas ao mesmo tempo participam de sua reprodução. Assim, os indivíduos encontram-se em uma posição ambígua: podem experimentar a si próprios como sujeitos dos processos aos quais se mantém completamente sujeitos. O código pedagógico para essa suave disciplina é a educação para a "comunidade" por meio da "vida escolar". Trata-se de uma característica programática de quase todas as declarações da reforma pedagógica e coloca uma marca particular em suas práticas punitivas. Landahl, por exemplo, professor da escola Hamburg Lichtwark, um modelo de reforma pedagógica no início do século XX, escreveu sobre sua decisão de "colocar a responsabilidade pela ordem e pela disciplina escolar", em sua turma, "nas mãos dos próprios alunos".

Durante o ano em que estávamos juntos, a turma estabeleceu uma ampla gama de autogoverno por meio da qual, e isso é naturalmente de importância particular para a questão que temos diante de nós, um sentimento extremamente intenso de comunidade havia se desenvolvido. O sentimento de pertencer a um grupo não era para o indivíduo apenas um sentimento externo, reservado para o horário de trabalho, havia se tornado puramente humano, estendendo-se para além do horário de aula, do horário escolar e criando para todos nós um sentimento forte de unidade. Em tal turma, todas as dúvidas acerca da introdução do autogoverno poderiam passar a um segundo plano. Para nós, a disciplina escolar havia se tornado uma questão de nossa comunidade. A punição ou a educação liderada pelo professor foi substituída pela educação comunitária. (Landahl apud Reble, 1980, p. 44).

Claramente, a mais severa punição nesse ambiente é a exclusão da escola ou da própria comunidade da turma. A exclusão poderia ser precedida de sanções graduais, tais como a perda de uma colocação ou o direito de mantê-la, o direito de votar nas reuniões de classe ou a exclusão das atividades comunitárias, tais como excursões, festas etc. A autoridade de sancionar do professor ou do sistema escolar desaparece por detrás do véu de uma regulação geral, que assim tem um efeito mais duradouro. "Já que a comunidade da turma decide sobre todas as transgressões contra a ordem disciplinar em seu tribunal", relata Landahl, "todas essas transgressões têm mais ou menos cessado, apesar do fato de que tenham se tornado, como disse antes, muito freqüentes, ainda mais por causa das difíceis condições de espaço em nossa escola" (p. 46). O envolvimento dos adultos pode, com uma consciência clara, restringir-se a "moderar as punições propostas pela comunidade escolar" (Ilgner apud Reble, 1980, p. 49). A coerção que verdadeiramente sanciona vem de uma instância basicamente irracional: a "vida escolar" e essa "vida" não pode – seguindo-se um dito do decano filosófico da reforma pedagógica alemã, Wilhelm Dilthey (1833-1911) – ser colocado diante do tribunal da razão.

Esta virada antiiluminismo é em certa medida característica da pedagogia da reforma. A extensão exagerada do momento racional do ensino resultou apenas em "platitude e em pouca profundidade" (Petersen, 1970, p. 203), escreveu um dos principais pensadores da pedagogia da reforma, Peter Petersen (1884-1952). A verdadeira "irracionalidade do autodesenvolvimento da alma humana" (p. 196) obstrui todos os esquemas metodológicos e oferece, em seu lugar, um quadro de ensino no qual todas as "forças motivacionais" irracionais dos alunos da escola foram "feitas para servir a aprendizagem e os processos educacionais", de maneira que "as leis da vida pudessem abrir-se em sua máxima amplitude e poder" (p. 131). Isso foi precisamente o que o "grupo pedagógico" de Petersen alcançou, grupo que queria tornar-se muito mais do que um grupo social: é o órgão de controle onipresente, indiretamente dirigindo hábitos, a conduta e a aquisição de conhecimento, sem ter de recorrer a "prescrições e leis em sentido jurídico" (p. 74).

Petersen não poderia elaborar de maneira mais clara sua distância do rígido sistema escolar do século XIX. Os efeitos dos grupos pedagógicos como comunidades, contudo, não eram de forma alguma inferiores às velhas instituições disciplinares. No grupo, todo membro é sempre "completamente utilizado e ocupado" (p. 74). "Nós não estamos preocupados com ordem", declarou Petersen com um gesto desinteressado:

> Os professores então só têm de fazer o pouco que lhes resta – lidar com formações de grupos inapropriadas ou fragmentadas ou genuinamente prejudiciais ou, ainda, mantê-los sob observação –, mas eles se tornaram tão visíveis, que não podem causar nenhum dano sério (p. 103).

O controle suave tem um trabalho fácil a realizar, porque traz todo contramovimento subterrâneo à luz: "A visibilidade é uma armadilha" (Foucault, 1977, p. 200). Uma forma geral de controle emerge, com base em premissas irracionais, mas buscando fins instrumentais racionais. "De maneira importante", comenta Heinz-Joachim Heydorn (1916-1974), uma das mais surpreendentes figuras da pedagogia crítica alemã,

> uma pseudototalidade passa a existir, incluindo tudo, mas excluindo toda contradição. Tudo é espontaneidade, nada é espontâneo; tudo é experimentado como natural, nada é natural; tudo se conforma a um sistema, a uma ideologia, à produção. A experiência da liberdade presume a ausência de toda liberdade (1979, p. 242).

Esse *insight* de fato vira de cabeça para baixo as premissas bem intencionadas dos pedagogos reformadores, mas torna visível *algumas tendências fundamentais* que provavelmente permaneceram escondidas aos próprios atores da reforma pedagógica (embora as atuais concepções de gerenciamento de bom grado assumam seu legado):

* Há um *aspecto funcional-integrativo* na reforma, no qual o indivíduo se torna um co-produtor involuntário dos efeitos do controle dos arranjos sociais.

* Há, além disso, um *aspecto manipulativo*, que tende a minar a resistência individual; pois os processos funcionais da "vida em comunidade" são, em sua flexibilidade, difíceis de atacar.

* Há também um *aspecto de anonimato*, que resulta da invisibilidade e da natureza coletiva das estruturas de poder e influências circulantes; as pessoas, como indivíduos, são para a funcionalidade da "vida da comunidade" não a última instância – a assim chamada "vida" os ultrapassa a todo momento. (Não é de surpreender que Foucault em suas últimas obras tenha prestado especial atenção ao "biopoder".)

* E, finalmente, há um *aspecto ideológico*, porque as reais dependências na experiência de participação são feitas para desaparecer. A consciência persiste na refinada aparência da participação integradora, sem sequer perceber as verdadeiras restrições e fraturas.

A pedagogia da reforma, concebida e proclamada como uma pedagogia da liberdade, promove o momento de controle externo de acordo com uma sociedade mobilizada e flexível. *A velha contradição entre liberdade e disciplina foi transformada em uma nova forma de socialização*, na qual a experiência intuitiva e a criatividade é entrelaçada com o gerenciamento planejado, a irracionalidade com a racionalidade técnica, em tal grau que o controle suave toma a forma de uma "tecnologia política" generalizada (Foucault, 1977, p. 205).

SUJEIÇÃO COMO HUMANIZAÇÃO?

O próprio ato de punição, que havia sido celebrado como um ritual em situações face a face, é dissolvido em uma rede de controles circulantes. Quando a vida como um todo se torna uma instituição de melhoria, o centro de detenção se torna desnecessário. O deleite dos pedagogos da reforma com esse fato, contudo, implica um mal-entendido: que a disciplina, o controle externo e a dominação estejam para trás de nós, em um período pedagógico passado. Na verdade, contudo, *o controle externo apenas disfarça sua forma antiquada a fim de dominar com métodos novos e mais sofisticados*.

* Isso dá surgimento à questão do quanto as reformas pedagógicas podem ser entendidas como avanços da liberdade. Dada a transformação

das formas de punição pedagógica, poder-se-ia insistir, com boa razão, que uma *melhoria progressiva* tenha ocorrido – e isso estaria correto. Não há razão para voltar-se à pedagogia dos exercícios repetitivos e dos castigos corporais.

✻ Outros diriam, ao contrário, que a capa anônima de toda regulação onipresente simplesmente disfarça o *controle contínuo* – e isso também está correto. Os novos mecanismos de sanção funcionam, em sua abstração, de maneira mais silenciosa, sustentada e profunda.

✻ A "vantagem" dos ritos tradicionais de punição, nos quais a relação de autoridade pedagógica apareceu como relação pessoal, de maneira que todos pudessem saber "o que era o quê", incluía ao mesmo tempo um momento ideológico: pois o controle geral apareceu despido de sua forma social, isto é, personalizado.

✻ O momento ideológico dos sistemas de controle suaves, por outro lado, reside em sua generalidade: ninguém sabe "o que é o quê", já que ninguém pode ser considerado como a fonte da falta de liberdade social. O controle aparece com sua forma concreta removida – isto é, é considerado anônimo.

A transformação das formas pedagógicas de punição permanece ligada à mudança mais profundamente enraizada nas contradições sociais da modernidade, das quais nenhum salto abstrato para o reino da liberdade pode nos salvar. Mesmo o mais simples cenário pedagógico está sob tais contradições, que trazem à baila tanto a sujeição quanto a liberdade como contramovimentos determinantes. Em geral, tornam a práxis pedagógica em uma caminhada sobre a corda bamba – e, ao mesmo tempo, demonstram a impossibilidade de ajustar-se ao *status quo* social.

A punição pedagógica é a "escrita na parede" da sociedade moderna: uma expressão de sua fragmentação interna, que nenhuma pedagogia tem o poder de curar, mas que é ainda mais difícil de aceitar. Em sua negatividade, ela faz necessário lutar constantemente por aquilo que transcende a estúpida coerção da circunstância e que, apesar de tudo, coloca a pedagogia em seu lugar mais acertado: em direção à demanda, que emana da própria sociedade moderna, por uma vida "sem sacrifício e sem vingança" (Adorno, 1973, p. 141).

REFERÊNCIAS

Adorno, T. (1973). *Negative dialectics*. London: Routledge & Kegan Paul.

Basedow. J. B. (1965). *Ausgewählte pädagogische Schriften*. Paderborn, Germany: Schöningh.

Dreßen, W. (1982). *Die pädogogische maschine. Zur Geschichte des industrialiserten bewusstseins in Preußen/Deutschland*. Frankfurt a.M.: Ullstein.

Foucault, M. (1977). Die Folter, das ist die Vernunft. Literaturmagazin, 8

___. (1977). *Discipline and punish*. London: Alien & Unwin.

Francke, A. H. (1957). *Pädagogische Schriften*. Paderborn, Germany: Schöningh.

Heydorn, H-J. (1979). *Über den Widerspruch von Bildung und Herrschaft*. Frankfurt a.M: Syndikat.

Kant, I. (1899). *Kant on education*. Trans. Annette Churton. London: Routledge and Kegan Paul, 1899.

Kost, F. (1985). *Volksschule und Disziplin*. Zurich: Limmat.

Landahl, H. (1980). Die Schulstrafen in der Hamburger Lichtwarkschule. In Reble, A. (Ed.) *Das Strafproblem in Beispielen*. Bad Heilbrunn, Germany: Klinkhardt.

Petersen, P. (1970). *Führungslehre des Unterrichts* (9th ed.). Weinheim, Germany: Beltz

Pongratz, L.A. (1989). *Pädagogik im Prozeß der Moderne. Studien zur Sozial- und Theoriegeschichte der Schule*. Weinheim, Germany: DSV.

___. (1988). Michel Foucault. Seine Bedeutung für die historische Bildungsforschung. *Informationen zur Erziehungs-und bildungshistorischen Forschung, 32*.

Reble, A. (Ed.). (1980). *Das Strafproblem in Beispielen*. Bad Heilbrunn, Germany: Klinkhardt.

Rutschky, K. (Ed.). (1977). *Schwarze Pädagogik*. Frankfurt a.M.: Ullstein.

Salzmann, G. (1884). Ankündigung einer Erziehungsanstalt. *Festschrift zur hundertjährigen Jubelfeier der Erziehungsanstalt Schnepfenthal*. Schnepfenthal: Erziehungsanstalt.

Ziller, T. (1977). Regierungsmaßregeln für Lehrer und Schüler. In K. Rutschky (Ed.), *Schwarze Pädagogik*. Frankfurt a.M.: Ullstein.

Capítulo 4

Pedagogia e cuidado de si nas relações mestre-aluno na Antigüidade

Thomas Coelen

UMA ALTERNATIVA PARA QUE OS MÉTODOS DISCIPLINARES E A COERÇÃO CONFESSEM?

Michel Foucault escreveu especificamente nos últimos quatro anos de sua vida sobre o tema que nunca deixou de interessá-lo, as conexões históricas entre poder e conhecimento, que continuam até o dia de hoje. Naqueles quatro anos, ele usou as formas de constituir o sujeito na Antigüidade greco-romana como a base de seus escritos. Foucault desenvolveu esse foco a partir de uma preocupação geral com a governamentalidade, uma maneira de pensar combinada com a habilidade de liderar e controlar a si mesmo e a outras pessoas e, portanto, dirigiu-se a temas de primeira importância para a pedagogia. Contudo, suas obras sobre pedagogia e cuidado de si na Antigüidade têm sido ignoradas no campo da ciência educacional, principalmente na Alemanha.[1] Isso é especialmente lastimável porque, nas obras sobre a Antigüidade, muita importância se dá às questões pedagógicas. Como resultado da ausência de debate, o que se segue é apenas uma lista que comenta os aspectos relevantes das questões pedagógicas, não uma discussão abrangente e crítica.

Ocorre, porém, que a ciência educacional e a *pedagogia* simplesmente não podem ignorar os estudos sobre governamentalidade, pois, para ambos os termos, o verbo "liderar" é constitutivo: tem sido tradicionalmente entendido que um adolescente aprende a atingir maturidade via processo educacional: *educare* (educar) ou *educere* (mostrar o caminho – para além da imaturidade). Em suas obras sobre medicina e psiquiatria (*Naissance de la clinique** e *Histoire de la folie a l'âge classique*), em particular, Foucault revela o monólogo da superioridade da razão sobre a não-razão. Para a ciência educacional, o desafio dessas primeiras obras consiste em ter de se perguntar a si mesmo o quanto, na tradição do Iluminismo, a própria ciência educacional perpetua um monólogo de adultos racionais/razoáveis a respeito das crianças, que "não são ainda racionais/razoáveis". Além disso, o desafio de *Les mots et les choses* consiste em decifrar a idéia do "ser humano" que, de acordo com Foucault, atingiu um caráter normativo e se tornou auto-evidente e é agora considerada como universalmente aplicável. Isso significaria que, como uma ciência humana por excelência, a ciência educacional também está coberta pelo veredicto de Foucault sobre ser "não-científica" (1989, p. 420)

Acrescente-se a isso o fato de que o *paidagogos* era o líder da juventude da Antigüidade, que acompanhava um menino do *oikos* dos pais pela área pública da *polis* até o *gymnasion* da cidade-estado. E, ao longo do tempo, até hoje, o pedagogo é o mediador entre a família e o estado na esfera pública (o que também inclui o mercado). "Liderar", podemos perceber, é algo pelo menos semanticamente constitutivo de nossa disciplina de dois modos diferentes. Além disso, com base em um estudo detalhado, demonstrarei a seguir o quanto isso é também – de acordo com Foucault – substancialmente verdadeiro.

Para começar, refiramo-nos brevemente a três tipos de temas pedagógicos na obra de Foucault ("Por que Foucault?" no sentido de *pedagogia* de acordo com a interpretação usada por Foucault). A prática educacional de acordo com Foucault pode ser definida, por um lado, usando-se o termo "disciplina": Em *Surveiller et punir*, está em primeiro lugar claro até que ponto os métodos disciplinares, por exemplo os utilizados na escola, têm o controle exato das atividades corporais como seu objetivo, com o resultado que a manifestação disciplinar de poder é integrada na personalidade. Por outro lado, as atividades educacionais e as reflexões sobre elas, a partir da perspectiva de Foucault, podem ser percebidas por meio do termo "confissão": especialmente no primeiro volume da *Histoire de la sexualité*, fica claro até que ponto aqueles que estão sendo educados devem ceder a uma "vontade de conhecimento" a fim de revelar a verdade escondida, supostamente presente neles. Em terceiro lugar, a "educação do eu" (*culture de soi*) é enfatizada na obra de Foucault sobre a filosofia da Antigüidade: nessas obras tardias, fica claro que a *pedagogia* daquela época é entrelaçada com a *psicagogia*, que, em primeiro plano, exige que o professor sofra para atingir a verdade de seu próprio eu.

A mudança de perspectiva de Foucault da disciplina via confissão para a educação pode ser claramente inferida de sua opinião sobre as instituições pedagógicas (em uma entrevista tardia):

---

* N. de T.: Publicado em língua portuguesa sob o título: *O nascimento da clínica*. 2. ed. Rio de Janeiro: Forense-Universitária, 1980.

> Realmente não consigo entender o que é tão reprovável na prática daqueles que sabem mais de um determinado jogo de verdade do que outro participante e que dizem a esse outro o que deve fazer, ensinam-no, passam-lhe conhecimento e explicam-lhe técnicas. O problema surge muito mais em saber como, quando se usa tais práticas (na qual o poder não é nem evitável nem intrinsecamente inaceitável), evitar os efeitos da dominância. Tais efeitos fariam um garotinho subserviente à autoridade sem sentido e arbitrária de um professor de escola primária , ou fariam um aluno dependente do professor que abusa de sua posição etc. Acredito que esse problema deve ser entendido em termos das leis relevantes, dos métodos racionais de controle e também da ética, da prática de controle do eu e da liberdade (1985a, p. 26).

Tem-se a ausência de qualquer menção à "máquina pedagógica" e aos "métodos de administrar a disciplina", por exemplo como se usa na escola, ou da "coerção para confessar". Tudo fica a critério da ética do professor. A influência *mútua* das circunstâncias educacionais e das relacionadas à criação, de acordo com Foucault, e contudo apenas importante, no que diz respeito às diferenças intrínsecas da disciplina e/ou da coerção para confessar. Esse fato – e isso deve ser visto como uma crítica – corresponde a uma ênfase significativa ao papel e personalidade do professor na reconstrução de Foucault da filosofia da Antigüidade.

Com sua jornada de volta à Antigüidade, Foucault tenta, entre outras coisas, pesquisar a genealogia da coerção moderna para confessar e das "técnicas de verbalização" (1993a, p. 62). No curso disso, ele faz uso de práticas alternativas e métodos de pensamento – todos descritos de maneira analítica e normativa e aparentemente aleatória, singular a seu estilo de escrita. Sua hipótese fundamental, no que diz respeito ao tema da confissão, é o que o "método da auto-revelação" (*exagoreusis*) (p. 56-61) – baseado na verbalização – tem atingido desde os primeiros séculos d. C. maior importância do que o contrário "método da penitência" (*exolologesis*) (p. 52-56). Além disso,

> desde o século XVIII e até o presente, os métodos de verbalização das assim chamadas ciências sociais têm sido transformados para outro contexto, em que foram instrumentais na criação de um novo eu (p. 62)

Em um ponto tão anterior quanto o apogeu dos monastérios, uma dualidade professor/aluno seria desenvolvida por um monge ou noviço, no qual a voz pedagógica voltava-se para dentro e, dessa forma, tornou-se tão ciente de sua própria ignorância e incompetência que estas tornaram-se completamente dominantes. Além disso, a pesquisa educacional-científica moderna tem-se tornado suspeita de desejar revelar verdades escondidas dos sujeitos investigados, de acumular conhecimento sobre eles e de definir esse conhecimento (implicitamente) como a norma.

Que outra conexão entre o sujeito e as verdades Foucault vê na Antigüidade grega? Ou, mais precisamente, como Foucault reconstrói a linha ininterrupta no curso de uma geração, que vai de "governar o próprio eu" até "governar os outros"? Além disso, tem sentido observar metodologicamente essa linha ininterrupta a partir de outra perspectiva: Como pode um adolescente ser governado por outras pessoas a fim de, mais tarde, ser capaz de governar a si mesmo e aos outros de maneira sensata?

Faço isso em quatro passos. Primeiramente, em cada par de termos, *pedagogia/psicagogia* e cuidado de si/ autoconhecimento, os termos são diferenciados. Depois, a tarefa central e a atitude do mestre (i.e., falar a verdade, cf. 1988), é explicado. Finalmente, usando exemplos da Antigüidade, um *paradoxon* pedagógico é descrito.[2]

PEDAGOGIA E PSICAGOGIA

Nos últimos anos de sua vida, Foucault ocupou-se especialmente com a pedagogia. Ele a descreveu como:

> Passar a verdade para os outros, função que consiste em prover um ou outro indivíduo de um perfil, habilidade, conhecimento, etc que ele não possuía antes de receber o apoio pedagógico mas que deveria possuir depois. (2004, p. 496-497).

Foucault diferencia *pedagogia* de passar uma verdade, cuja função consiste em mudar "o ser essencial do sujeito" (p. 497). Seu nome para essa última é *"psicagogia"*.

Esses processos psicagógicos, de acordo com Foucault, enfrentaram mudanças consideráveis entre a filosofia greco-romana e o Cristianismo. Primeiramente, os processos pedagógicos estavam bem conectados aos processos psicagógicos caracterizados pelo conhecimento do mestre/professor/conselheiro/amigo e sua transferência de conhecimento, mas mais tarde tornaram-se desconectados. Como Foucault argumenta, o sujeito que se ensina agora tem uma obrigação para com a verdade. Enquanto era exclusivamente do mestre no período greco-romano que se requeria a verdade, aceitar todas as regras e mudar seu ser essencial, na *psicagogia* cristã é o sujeito instruído e comandado que tem de pagar o preço. É de sua "alma" que se requer ser testemunha da verdade, "algo que apenas aqueles que estão de posse da verdade podem fazer" (p. 498). Exige-se agora do aluno que admita que seu ser essencial mudou, possivelmente instigado por uma abordagem pedagógica. Não se pergunta ao aluno sobre seu conhecimento, suas habilidades, sua atitude, mas sobre sua alma. Ele deve passar por testes, dar testemunha de seu conhecimento e produzir verdades sobre si mesmo.

Nessas ilustrações de *psicagogia*, podem-se ver analogias para com a *pedagogia* ou com a ciência educacional, operando como uma prática e ciência da confissão.

CUIDADO DE SI E AUTOCONHECIMENTO

A diferença entre *pedagogia* e *psicagogia* foi estabelecida por Foucault nos anos de 1982 a 1984 dentro do grande quadro de suas palestras e escritos: Foucault ocupou-se à época com a questão da forma do pensamento na Antigüidade, em que sujeito e verdade estavam conectados. A *epimeleia heautou* (cuidado de si, *souci de soi*, *cura sui*) era para ele um conceito de primeira importância. Foucault diferenciava a *epimeleia* do autoconhecimento, pois este é apenas uma parte determinada do cuidado de si.

O cuidado de si, de acordo com Foucault, é uma condição pedagógica, ética e ontológica para ser um "bom (responsável) 'governador'", e impede que a pessoa envolvida abuse de seu poder. Constitui-se como uma negociação consciente, e não apenas como uma disposição geral (i. e., é um estado político e erótico ativo).

De maneira análoga à tese da dissociação cristã e à mudança da ordem relativa da *psicagogia* e da *pedagogia*, Foucault perguntou a si mesmo por que a "filosofia ocidental atribui ao autoconhecimento uma posição tão privilegiada em face do cuidado de si" (1985b, p. 33). Em outras palavras, por que se tornou mais importante estar ciente de seu interior do que cuidar de si mesmo na vida cotidiana?

Foucault elaborou uma resposta possível para essa questão ao formular que o cuidado de si não mais parece ser um exemplo positivo de moral para a sociedade como um todo. A atual e geralmente aceita "ética do não-egoísmo" iguala o cuidado de si mesmo com o afastamento e a falta de consideração pelos outros. A autonegação cristã e/ou a forma moderna de uma obrigação para com os outros (o coletivo, a classe, etc.) considera suspeita essa preocupação consigo mesmo. Afinal de contas, o cartesianismo de fato declarou o autoconhecimento como sendo o caminho geral à verdade: Na modernidade o *insight* por si só é suficiente para alcançar a verdade. Foucault continua: "A dimensão espiritual está ausente (i. e., modificações e transformações estão ausentes, as quais o sujeito executa em si mesmo a fim de ter acesso à verdade")" (1985b, p. 34). As experiências eróticas e ascéticas não mais têm lugar hoje no progresso incerto da cognição e da acumulação de conhecimento. O autoconhecimento tornou-se, como o primeiro passo da epistemologia, o princípio fundamental do modernismo.

Então vemos que, de acordo com Foucault, uma reversão da ordem aplicável na Antigüidade das máximas "cuide de si mesmo" e conheça-te a ti mesmo" ocorreu. O papel da *pedagogia* no cuidado de si pode agora ser demonstrado com base na relação entre mestre e aluno.

O FALAR A VERDADE DO MESTRE

Comecemos com o papel e a função do mestre:

> Na ausência de um mestre não pode haver cuidado de si, mas a posição de um mestre é definida pelo fato de que ele se ocupa com o cuidado de si da pessoa a quem lidera, que pode chegar a isso por conta própria (2004, p. 86).

Isso parece bastante paradoxal, e de fato o é: o mestre não só cuida de si mesmo mas também se ocupa com algo mais que, primeiramente, sequer existe. Isso significa: para ser um mestre, o cuidado de si não é suficiente. "Falar a verdade" (*parrhesia*) deve também ser praticado.

Mas em primeiro lugar, observemos o caso geral. O mestre assume a posição de mediador no que diz respeito à constituição de sujeito do indivíduo. O indivíduo teria de lutar pelo *status* de sujeito – um *status* que lhe era previamente desconhecido – e não (apenas) por um novo conhecimento.[3]

O próprio indivíduo não pode contudo perder a *stultitia* (estado simples sem experiência pessoal) já que essa é caracterizada por uma falta de referência ao eu e pela falta de vontade. A pessoa imatura não está ciente de sua imaturidade e de que precisa de ajuda e intervenção de alguém (cf. 2004, p. 86-88). Para isso, ele precisa de alguém que lhe diga a verdade (cf. 1985a, p. 15). Mas essa outra pessoa não é nem um educador nem um mestre no treinamento da memória: *educere* em vez de *educare* (i.e., mostrar a saída para a maturidade em vez de educar, cf. 2004, p. 175).

Quem fala a verdade não é nem educador de crianças nem pedagogo nem professor, mas um filósofo! Sem considerar a profissão ou a instituição, contudo, ele é um instrumento do controle social. O mestre deve despertar a dormente capacidade de alcançar o cuidado de si, mas não consegue fazê-lo integralmente.[4] Mas Foucault não explica a interação inicial pela qual a pessoa imatura passa. Então como o aluno reconhece o mestre? E como ele se desembaraça da situação? Isso também não é explicado.

É tarefa do mestre "contar tudo" (2004, p. 447). Em contraste à lisonja e à retórica (cf. 2004, p. 454-463), ele deve não apenas expressar o conteúdo da verdade mas também aplicá-la habilmente e viver de acordo com ela. De acordo com Foucault, essa atitude e esse processo foram descritos na Antiguidade como *parrhesia** (2004, p. 447).

Além disso, prossegue Foucault, o termo *parrhesia* foi de fato usado e mencionado nos escritos filosóficos da Antiguidade, mas ninguém de fato refletiu sobre ele ou lhe concedeu muita importância (cf. 1988, p. 19). Sua estrutura exata é difícil de determinar, e se distribui por meio de muitos

---

* N. de T. Para a definição que o próprio Foucault dá ao termo *parrhesia*, ver Capítulo 11, nota 6.

textos daquela época até à religiosidade cristã. Mas, de acordo com Foucault, esta última traz com ela o perigo de que o conceito seja simplificado e transformado em confissão: a cristandade transformou "revelar a verdade da própria alma" (1985b, p. 58), que caracteriza a atitude do mestre, em uma pressão para revelar a si mesmo. Além disso, há também uma considerável diminuição da importância do termo comparado com o falar da verdade de parte do aluno.

Independentemente de todas as interpretações, *parrhesia* é em geral definido como "falar tudo", a capacidade de falar livremente. Isso a torna simultaneamente uma virtude, um talento, uma capacidade e uma obrigação (cf. 2004, p. 454). É portanto extremamente relevante termos pedagógicos, porque acima de tudo tem de caracterizar aqueles que têm "a tarefa de conduzir os outros, em particular alguém com a tarefa de guiar os outros em suas tentativas de constituírem-se em sua auto-referência" (1988, p. 17).

Nesse contexto, Foucault reconstrói a história de Plutarco sobre Platão e Dionísio, o tirano de Siracusa.[5] Na crítica de Platão aos tiranos, Foucault vê um excelente exemplo de *parrhesia*. "Um homem levanta-se na presença de um tirano e diz a ele (possivelmente colocando sua vida em risco) a verdade" (p. 24). Em uma análise discursiva desse e de outros exemplos, Foucault estabelece que *parrhesia* não é nenhum tipo de prova, nem a persuasão (retórica) nem uma forma de diálogo (heurística). De acordo com os critérios de Foucault, não é em absoluto uma estratégia discursiva (cf. 2004, p. 454-463), pois não é *pedagogia* também![6] *Parrhesia* é, ao contrário, um genuíno "efeito antipedagógico" (1988, p. 29).

A *parrhesia*, prossegue Foucault, não é pedagógica porque há "sem dúvida um lado desagradável nela – brutalidade e violência – que é completamente diferente de um processo pedagógico" (p. 32). *Parrhesia* é a falta de técnicas didáticas (do conhecido para o desconhecido, do simples ao complexo, da parte ao todo). *Parrehsia* não é conseqüentemente *pedagogia* porque, por um lado, permite – independentemente das considerações práticas – que o poder total da verdade seja experimentado e, por outro lado, o poder das características brutais que ela possui.

Em uma primeira aproximação, a compreensão de Foucault sobre a *pedagogia* em relação à Antigüidade pode talvez ser resumida indiretamente assim: A *pedagogia* não deve ser um exemplo de dizer a alguém como fazer algo. Não deve forçar o aluno a confessar (mesmo que isso implique falta de conhecimento). Além disso, ao contrário da *parrhesia*, a *pedagogia* não deve deixar de considerar os sentimentos das outras pessoas etc., ou ser violenta. Contudo, o mestre deve "dizer a verdade" a seus alunos e viver e agir de acordo com ela.

Foucault integra suas explicações sobre *parrhesia* no contexto mais amplo do cuidado de si e da *psicagogia* quando ele diz que "o evento da frase/declaração influencia o ser essencial do sujeito" (2004, p. 495). De acordo com isso, aquele que fala a verdade é o verdadeiro *psicagogo* – até de si mesmo. Uma pessoa que vive de acordo com a verdade muda a prática de sua vida quando diz a verdade e afirma o tipo de conexão que estabelece ao que diz. O peso total da verdade é carregado nos ombros da pessoa que fala.

O DILEMA PEDAGÓGICO

Estar ocupado consigo mesmo era visto na era greco-romana como uma tarefa do adulto. Quando, contudo, começa o cuidado de si e, acima de tudo, como? O que o põe em movimento? Em conexão com esse ponto em particular, Foucault depara-se com um problema pedagógico fundamental. É a questão central da criação e da educação: Como a imaturidade pode levar à maturidade?

Em primeiro lugar, Foucault estabelece claramente que certas formas de relação com a verdade não são dadas ao sujeito automaticamente – elas têm de ser alcançadas:

> É uma característica geral e um princípio fundamental que o sujeito enquanto tal, em seu estado atual de desenvolvimento, não seja capaz da verdade a não ser que passe por determinadas operações, transformações e modificações que lhe dêem o poder necessário para a verdade (1985b, p. 47).

Foucault localiza a relação à verdade em suas reflexões posteriores em dimensão espiritual. Na relação pedagógica antiga essa espiritualidade existia como uma regra na forma de uma relação erótica entre mestre e aluno. Mas, se seguimos o pensamento de Foucault, a literatura mais ampla da Grécia no tempo da pederastia revela que uma relação sexual desse tipo suscitava problemas:

> O problema é que eles não podiam admitir que um menino que um dia seria um cidadão livre estivesse sendo dominado e usado como objeto de luxúria de outra pessoa... Todas as reflexões filosóficas sobre a pederastia provam claramente que os gregos não podiam integrar essa prática no quadro de seu ser social (1984, p. 73)

Assim, o papel do menino era determinado pelo *status* que teria no futuro, isto é, o *status* de um cidadão livre que deveria assumir uma posição política.[7] De acordo com Foucault, a falta de habilidade de um menino refletia apenas o grau de incompletude de seu desenvolvimento (cf. 1986, p. 275). O menino podia, portanto, ser um objeto de luxúria, mas "não se deve esquecer que um dia ele se tornará um homem, que terá de exercer seu poder e sua responsabilidade e, então, é claro, não poderá mais ser objeto de luxúria. *Até que ponto pôde então ele ser tal objeto quando jovem?*" (p. 280, ênfase do autor).

No final, esse dilema significa que o menino não pode aceitar seu papel, pois

> a relação que ele deve formar consigo próprio a fim de ser um homem livre, mestre de si mesmo, e de ser capaz de suplantar os outros, não pode estar de acordo com uma forma de comportamento na qual ele seria objeto da luxúria para os outros (1986, p. 280-281).

Se uma abstração for feita das implicações sexuais e se o problema for generalizado, o perpétuo desafio posto por essas considerações para a *pedagogia* consiste na questão do quanto uma criança pode ter sido objeto de atos educacionais se, para ela, era possível tornar-se um dia um cidadão independente e democrático.

Além disso, os gregos obviamente acharam difícil aceitar uma interdependência física ou, em outras palavras, a justiça na pederastia. Eles também não podiam imaginar uma congruência de sentimento nas relações românticas homossexuais. Acrescente-se a isso o fato de que acreditavam que era algo "desonrado" (p. 74) de parte do menino sentir qualquer desejo em suas relações com o mestre. A pederastia sempre foi vista como uma relação em que havia um dominador e um dominado (cf. 1986, p. 280). O comportamento do menino era então visto como uma resposta ao desejo em vez de um querer aquele desejo. Várias condições e benefícios para o menino eram conectados a essa concessão de favores. Exemplos disso eram "aprender o que significa ser um homem, proteção social para o futuro, uma amizade duradoura" (p. 284). É até visto como a tarefa de um homem mais velho instruir o menino sobre como ele pode triunfar sobre sua luxúria (cf. p. 304).

Foucault agora resume o problema que pode (também) ser decifrado como um problema indiscutivelmente pedagógico: somos capazes de um sistema de ética de comportamento e de sentimentos correspondentes que pudessem considerar as necessidades da outra pessoa envolvida? As necessidades dessa outra pessoa são algo que pode ser integrado em nossos próprios sentimentos, sem ter de fazer referência, a ser um adulto, ou a alguma outra obrigação (institucional) (cf. p. 309)?

A PEDAGOGIA ACOMPANHANDO FOUCAULT

O grau de importância que Foucault atribui à *pedagogia* em sua última obra é realmente surpreendente. É possível que ele veja a *pedagogia* da Antigüidade em sua conexão com a *psicagogia* e o cuidado de si de parte do mestre como a *pedagogia* genuína, que na modernidade foi abandonada como resultado da separação de ambos os aspectos e do domínio do autoconhecimento nos "métodos de disciplina" e na "prática ou ciência da confissão". A análise de Foucault sobre a relação mestre-aluno da Antigüidade indica, portanto, uma relação pedagógica baseada mais no poder do que na dominância. Contudo, a fim de garantir o *status* do sujeito tanto para o mestre quanto para o aluno imaturo, a conexão a uma abordagem interacionista é essencial. A *pedagogia* da relação mestre-aluno da Antigüidade como instruções para chegar ao cuidado de si pode assim ser vista como uma maneira de evitar métodos disciplinares e a coerção para confessar; porém, isso de fato leva a questões relevantes pedagógicas e científico-educacionais (por exemplo, a interação de entrada e saída), com que se pode possivelmente lidar usando um "discurso pedagógico" (Richter, 1991) ou a "pesquisa social como um processo educacional" (Richter et al., 2003).

NOTAS

1 Para o debate sobre Foucault na German Educacional Science até o meio dos anos de 1990, ver Coelen (1996, p. 21-27), para o debate corrente, ver Balzer (2004).

2 Toda citação refere-se a Michel Foucault. A principal fonte é a palestra *L'herméneutique du sujet* dada em 1981 e 1982, publicada em alemão primeiramente por H. Becker e L. Wolfstetter em 1985 (*Freiheit und Selbstsorge*) e novamente pela editora Suhrkamp (*Hermeneutik des Subjekts*), traduzida por U. Bokelman. Refiro-me também às palestras dadas em 1983 e 1984, traduzidas em alemão por U. Reuter e L. Wolfstettr com o título *Das Wahrsprechen des Anderen* (1988).

3 Podem ser feitos paralelos aqui para diferenciar entre "aprendizagem" e "educação" (cf. 2004, p. 69)

4 Esse fenômeno foi descrito por Wilhelm Flitner (1962) como o "paradoxo pedagógico" (p. 53)

5 Como exemplos subseqüentes, Foucault oferece o exemplo de Édipo e Creonte. In *Technologies of the Self*, ele analisa o *Alcebíades* de Platão.

6 De modo um pouco confuso, Foucault entende a pedagogia aqui, em contraste com a já mencionada passagem de texto, como ironia socrática – que ele caracteriza polemicamente como um "jogo de falar ao público (palestrar)" (1988, p. 29)

7 As relações educacionais e de dominação não apresentavam problemas se uma mulher ou um escravo estivessem envolvidos, pois eles nunca teriam alcançado o *status* de cidadão livres.

REFERÊNCIAS

Balzer, N. (2004). Von den Schwierigkeiten, nicht oppositional zu denken. Linien der Foucault-Rezeption in der deutschsprachigen Erziehungswissenschaft. In N. Ricken & M. Rieger-Ladich (Ed.), *Michel Foucault: Pädagogische Lektüren* (pp. 15-35). Wiesbaden: VS.

Coelen, T. (1996). *Pädagogik als Geständniswissenschaft? Zum Ort der Erziehung bei Foucault*. Frankfurt a. M.: Lang.

Flitner, W. (1962). Allgemeine Pädagogik. Stuttgart: Klett.

Foucault, M. (1984). Sex als Moral. Gespräch mit Hubert Dreyfus und Paul Rabinow. In M. Foucault (Ed.), *Von der Freundschaft als Lebensweise* (pp. 69-84). Berlin: Merve.

___. (1985a). Freiheit und Selbstsorge. In H. Becker & L. Wolfstetter (Eds.), *Freiheit und Selbstsorge. Interview 1984 und Vorlesung 1982* (pp. 7-28). Frankfurt a. M.

___. (1985b). Hermeneutik des Subjekts. In H. Becker & L. Wolfstetter (Eds.), Freiheit und Selbstsorge. *Interview 1984 und Vorlesung 1982* (pp. 32-60). Frankfurt a. M.

___. (1986). *Der Gebrauch der Lüste. Sexualität und Wahrheit Bd. 2* [Histoire de la sexualité. L'usage des plaisirs. Vol. 2.]. Frankfurt a. M.: Suhrkamp. (Original work published in 1984).

___. (1988). Das Wahrsprechen des Anderen. In U. Reuter & L. Wolfstetter (Eds.), *Das Wahrsprechen des Anderen. Zwei Vorlesungen 1983/84*. Frankfurt a. M.

___. (1989). *Die Ordnung der Dinge. Eine Archäologie der Humanwissenschaften* [Les mots et les choses. Une archéologie des sciences humaines]. Frankfurt a. M.: Suhrkamp. (Original work published in 1966).

___. (1993). Technologien des Selbst. In L. H. Marting, H. Gutman & P. H. Hutton (Eds.), *Technologien des Selbst* (pp. 24-62). Frankfurt a. M.: Suhrkamp.

___. (2004). *Hermeneutik des Subjekts. Vorlesung am Collège de France* (1981/82) [L'herméneutique du sujet. Cours au Collège de France. 1981-1982]. Frankfurt a. M.: Suhrkamp. (Original work published in 2001)

Richter, H. (1991). Der pädagogische Diskurs. Versuch über den pädagogischen Grundgedankengang. In H. Peukert & H. Scheuerl (Eds.), *Wilhelm Flitner und die Frage nach einer allgemeinen Erziehungswissenschaft im 20. Jahrhundert*. Zeitschrift für Pädagogik, 26. Beiheft (pp. 141-153). Weinheim und Basel: Beltz.

Richter, H., Coelen, T., Peters, L., & Mohr, E. (2003). Handlungspausenforschung - Sozialforschung als Bildungsprozess. Aus der Not der Reflexivität eine Tugend machen. In G. Oelerich, H.-U, Otto & H.-G. Micheel (Eds.), *Empirische Forschung und Soziale Arbeit. Ein Lehr- und Arbeitsbuch* (pp. 45-62). Weinheim: Luchterhand.

Capítulo 5

Foucault, o falar a verdade e as tecnologias do eu: as práticas confessionais do eu e das escolas[1]

Tina Besley

INTRODUÇÃO

O seguinte cenário destaca um dilema ético relativamente comum nas escolas secundárias. Em vez de oferecer soluções para esse dilema, o artigo o apresenta para destacar como as noções filosóficas de Foucault do cuidado de si são relevantes para a educação moral dos jovens das escolas de ensino médio. Contudo, qualquer consideração do cuidado de si permanece em grande parte não-citada nas políticas escolares e, mais do que isso, raramente é uma meta explícita da educação, exceto quando ocasionalmente aparece em currículos de educação para a saúde ou de educação pessoal e social. Por isso, forma parte do currículo oculto e é algo a respeito de que a maior parte dos professores não recebeu treinamento ou compreende. Este artigo divide-se nas seguintes seções que buscam as compreensões mutantes de Foucault sobre o eu: falar a verdade e as tecnologias do eu; e sua genealogia da confissão. O artigo termina com uma breve conclusão.

CENÁRIO

Imagine o seguinte cenário: Jo é um ótimo aluno que está prestes a fazer os exames cruciais que lhe darão direito a uma bolsa para cursar a universidade. A bolsa é vital porque a família de Jo vive da assistência social. Jo há pouco foi flagrado por um professor, que tem sempre dado muito apoio aos alunos, em meio a um grupo que parece compartilhar "um baseado". O professor deve "confessar" o que sabe ao diretor da escola? Jo deve fazê-lo?

As escolas em geral têm políticas e posições muito diferentes sobre como lidar com tais incidentes, assim as conseqüências de falar a verdade podem ser muito diferentes, dependendo da escola em que se está. No processo, isso terá um efeito sobre a constituição ética das partes envolvidas – ou seja, sobre Jo e o professor. A escola A mantém uma política de expulsão quando há o uso de drogas. Assim, se o professor ou Jo "confessassem", Jo seria automaticamente excluído e, se for impedido de realizar os exames para a bolsa, ingressar na universidade passará a ser uma enorme batalha. A escola tem uma equipe de apoio que inclui um orientador/conselheiro, mas a seriedade implicada no uso de drogas e a conseqüente expulsão impediria que ele se envolvesse no caso de Jo. A escola B tem uma política de intervenção para ajudar os alunos pegos com drogas a mudarem seu comportamento. A escola B tem orientadores/conselheiros, psicólogos da educação, assistentes sociais, equipe que trabalha com a juventude e um sistema de orientação organizado. Jo estaria sujeito à intervenção de algum desses profissionais cujo trabalho poderia ser o uso da droga, de certificar-se se o uso da droga havia sido uma experiência eventual ou de ajudar no caso em que se revelasse um uso excessivo de drogas – uma aplicação de muitas ciências "psi" (Rose, 1989, 1998). O modo como as ciências psi do século XX conceberam e posicionaram a juventude demonstra noções complexas do eu, do outro e está "intrinsecamente ligado à história do 'governo'" (em sentido não-político), que Nikolas Rose (1998) sustenta

> ser parte da história das maneiras pelas quais os seres humanos têm regulado os outros e a si mesmos, à luz de certos jogos de verdade... [O] papel regulador das ciências psi está conectado a questões da organização e da reorganização do poder político que têm sido bastante importantes na formatação de nossa experiência contemporânea (p. 11).

As escolas são instituições que claramente envolvem essa regulação e governança da experiência de seus alunos. Isso, por sua vez, constitui o eu.

Para o professor, há importantes questões pessoais, profissionais e éticas para sua constituição do eu. Não obstante, além das implicações pragmáticas e possíveis efeitos sobre a vida e a educação de Jo, há também implicações sobre como tanto o aluno como o professor constituem seus eus por meio de diferentes práticas do eu – cuidado de si, conhecimento de si, confissão e falar a verdade – que provavelmente serão envolvidas no processo. As questões que surgem envolvem o efeito de falar a verdade ou de mentir, incluindo não dizer nada (i. e. mentir por omissão), e o efeito dessas práticas mais tarde dará forma à compreensão que o indivíduo tem de seu próprio eu.

NOÇÕES DE FOUCAULT SOBRE O EU

Já tarde em sua vida, quando discutia sua obra, Foucault (1988b) diz que seu projeto havia sido o de historicizar e analisar como na cultura ocidental os "jogos de verdade" nas ciências sociais, como na economia, biologia, psiquiatria, medicina e penalogia desenvolveram conhecimento e técnicas para que as pessoas entendessem a si mesmas. Foucault não só apresenta uma mudança bastante grande em relação aos discursos anteriores sobre o eu, mas também apresenta noções de disciplinaridade, governamentalidade, liberdade e ética, e também noções de corporeidade, política e poder e seu contexto histórico-social para a compreensão do eu. Sua própria compreensão sobre o eu mudou ao longo dos anos. No período tardio de sua vida, ele observa que pode ter se concentrado "demais na tecnologia da dominação e do poder" (Foucault, 1988b, p. 19). Não obstante, para Foucault tanto as tecnologias da dominação quanto as tecnologias do eu produzem efeitos que constituem o eu. Elas definem o indivíduo e controlam sua conduta à medida que fazem dele um elemento significativo para o estado por meio do exercício de uma forma de poder, que Foucault chamou de "governamentalidade", tornando os cidadãos em cidadãos úteis, dóceis e práticos. Nietzsche inspirou Foucault a analisar os modos pelos quais os seres humanos tornam-se sujeitos sem privilegiar o poder (como no marxismo) ou o desejo (como em Freud). Foucault desdobra a genealogia nietzscheana e os conceitos heideggerianos em tecnologias do eu, em uma reconsideração da Antigüidade greco-romana e do cristianismo antigo.

Foucault tomou as críticas de Heidegger sobre a subjetividade e a racionalidade cartesiano-kantiana em termos de poder, conhecimento e discurso – uma postura contra o humanismo que é uma rejeição da fenomenologia, pois Foucault vê o sujeito como estando em um contexto histórico-cultural particular ou em uma narrativa genealógica. Foucault historiciza questões de ontologia, substituindo as investigações genealógicas do sujeito pela tentativa filosófica de definir a essência da natureza humana, tentando revelar as condições contingentes e históricas da existência. E isso porque, para Foucault, o eu ou o sujeito "não é uma substância. É uma forma, e essa forma não é primeiramente ou sempre idêntica a si mesma (Foucault, 1997a). *Self*/eu também quer dizer tanto "*auto*" quanto "o mesmo", então entender o *self*/eu implica entender a identidade.

Foucault também aproveitou as noções heideggerianas de *techne* e de tecnologia. Heidegger questiona nossa relação com a essência da moderna tecnologia, que trata tudo, inclusive as pessoas, "como um recurso que busca a eficiência – em direção a fazer dar o máximo com o mínimo de gastos" (Heidegger, 1977, p. 15). Diferentemente de Heidegger, contudo, que se volta à compreensão da "essência" ou ao vir à presença do ser ou *dasein*, Foucault historiciza as questões da ontologia e no processo não está preocupado com as noções de *aletheia* ou de descobrir qualquer verdade interna, oculta ou essência do eu (Heidegger, 1977). Dreyfus aponta que tanto para Foucault como para Heidegger, são as práticas do mundo moderno e da tecnologia moderna que produzem um tipo diferente de sujeito – um sujeito que não só simplesmente objetifica e domina o mundo por meio da tecnologia, mas que é constituído por essa tecnologia (Dreyfus, 2002).

Foucault estabelece uma tipologia de quatro "tecnologias" inter-relacionadas, que são as tecnologias da produção, as tecnologias dos sistemas de sinais, as tecnologias de poder (ou de dominação) e as tecnologias do eu. Cada uma é um conjunto de razões práticas permeada por uma forma de dominação que implica algum tipo de treinamento e de mudança ou formatação dos indivíduos. Em vez de um entendimento instrumental da "tecnologia", Foucault usa a tecnologia no sentido heideggeriano como uma forma de revelar a verdade e de focalizar as tecnologias de poder e as tecnologias do eu.

As tecnologias do poder "determinam a conduta dos indivíduos e as submetem a certos fins de dominação, uma objetivação do sujeito" (Foucault, 1998b, p. 18). As tecnologias do eu são

> operações em seus próprios corpos e almas, pensamentos, conduta e maneira de ser que as pessoas fazem ou por conta própria ou com a ajuda de outros para transformarem-se a fim de atingir um estado de felicidade, pureza, sabedoria, perfeição ou imortalidade (p. 18).

Essas práticas, atividades, rotinas ou disciplinas operarão no eu privado ou interior de uma pessoa, na forma como se comportam, agem e pensam, de maneira que o eu existente estará envolvido (às vezes com ajuda externa) em escolher o que essas práticas deveriam ser e o que a meta de transformação pessoal deveria ser. Subseqüentemente, o eu pode então mudar e ser reconstituído diferentemente.

Assim, o eu a que Foucault adere não é a versão do Iluminismo que objetiva ser um eu coerente, consistente, racional, harmônico, autônomo e unitário. Ao contrário, Foucault favorece as formas descentralizadas, múltiplas, mutantes e mesmo contraditórias do eu, da identidade e das maneiras de ser.

A primeira parte de sua obra enfatizou a aplicação de tecnologias de dominação por meio da subjugação de "corpos dóceis" à pegada dos poderes disciplinares e da maneira pela qual o eu é produzido por processos de objetificação, classificação e normalização nas ciências humanas (Foucault, 1977). Essa obra reconhece a anatomia política do corpo e a biopolítica da sociedade como partes inseparáveis do exercício de poder, mas não permite o espaço suficiente para que haja a ação do eu. Mais tarde, ele considerou que pode ter se concentrado "demais na tecnologia da dominação e do poder"

(Foucault, 1988b, p. 19). A crítica da ênfase "determinista" de *Discipline and punish** levou a uma redefinição do poder a incluir a agência como auto-regulação e, por meio disso, a suplantar alguma das implicações políticas problemáticas da primeira fase de sua obra (ver o Posfácio de Rabinow, 1997; Foucault, 1985, 1988a, 1990; McNay, 1992).

Ele mudou sua compreensão do eu para enfatizar que os indivíduos estão continuamente no processo de se constituírem como sujeitos éticos por meio tanto das tecnologias do eu e da autoconstituição ética quanto por meio de uma noção de poder que não é simplesmente baseada na repressão, coerção ou dominação. Neste ponto, Foucault vê os indivíduos "como agentes autodeterminantes capazes de desafiar e resistir às estruturas de dominação na sociedade moderna" (McNay, 1992, p. 4).

Em *The ethics of the concern for self as a practice of freedom* (Foucault, 1997a), uma entrevista de 1984, o ano de sua morte, Foucault explica a mudança em seu pensamento sobre as relações de subjetividade e verdade. Na sua primeira filosofia, ele havia concebido a relação entre o sujeito e "os jogos de verdade" em termos de práticas coercivas (psiquiatria ou prisão) ou em termos de discursos teórico-científicos (a análise da riqueza, da linguagem, dos seres vivos, especialmente em *The order of things***). Em seus escritos posteriores, ele rompe com essa relação para enfatizar os jogos de verdade não como uma prática coerciva, mas como uma *prática ascética de autoformação*. "Ascético", nesse contexto, quer dizer um "exercício do eu sobre o eu pelo qual se tenta desenvolver e transformar a si mesmo e chegar a um certo modo de ser" (Foucault, 1997a, p. 282). "Trabalho"completado pelo eu sobre si mesmo é uma prática *ascética* que deve ser entendida não em termos de *modelos de liberação* mais tradicionalmente de esquerda, mas antes como *práticas de liberdade* (kantianas). Essa é uma distinção essencial para Foucault, porque a noção de liberação sugere que há um eu oculto ou natureza interior ou essência que tem sido "escondida, alienada ou aprisionada em e por mecanismos de repressão" (Foucault, 1997a, p. 282). O processo de liberação, nesse modelo, libera o verdadeiro "eu" de sua ligação ou repressão. Por contraste, Foucault historiciza as questões de ontologia: não há essências, apenas "vir a ser", apenas uma fenomenologia ou hermenêutica do eu – o forjar de uma identidade por meio de processos de auto-formação. Para ele, a liberação não é suficiente e as práticas de liberdade não impedem a liberação, mas capacitam os indivíduos e a sociedade a definir "formas admissíveis e aceitáveis de existência ou de sociedade política" (Foucault, 1997a, p. 283). Ele rejeita a idéia de Sartre de que o poder é o mal, declarando em vez disso que "poder são jogos de estratégia" (Foucault, 1997a, p. 298) e de que as maneiras de evitar a aplicação de uma autoridade arbitrária,

---
*N. de R. Ver nota da p. 16.
**N. de R. Ver nota da p. 14.

desnecessária ou abusiva "deve estar moldada em termos de regras da lei, técnicas racionais de governo e de *ethos*, práticas do eu e de liberdade" (Foucault, 1997a, p. 299).

O FALAR A VERDADE E AS TECNOLOGIAS DO "EU"

> Por que a verdade?... e por que deve o cuidado de si ocorrer apenas por meio da preocupação com a verdade? [Esta é] *a* questão do Ocidente. Como foi que toda a cultura ocidental passou a circular em torno dessa obrigação da verdade...? (Foucault, 1997a, p. 281)

Como Foucault indica, a compulsão por falar a verdade é altamente valorizada em nossa sociedade. Está cultuada como em um relicário, no modo pelo qual as leis operam, por exemplo, nos tribunais onde se exige que as testemunhas jurem que vão falar a verdade ou então serão acusadas de perjúrio se mentirem, e os seguros serão cancelados se não falarmos a verdade ou revelarmos informações relevantes. Os valores sociais são certamente importantes nos regimes disciplinares das escolas e no modo pelo qual elas buscam os regimes de "verdade". Ao fazê-lo, as escolas modelam o eu do aluno e sua identidade. Ainda assim, as escolas raramente executam essa tarefa formalmente ou mesmo tentam fazê-la conscientemente, apesar de as metas educacionais dos governos com freqüência referirem-se ao tipo de pessoa que estão tentando formar – variações do tema de um "bom" cidadão.

Em *Technologies of the self* (1988b), um seminário que aconteceu na Universidade de Vermont em 1982, a ênfase de Foucault passa para a hermenêutica do eu em seu estudo sobre os dois primeiros séculos depois de Cristo da filosofia greco-romana e do quarto e quinto séculos do Império Romano, quando a espiritualidade cristã e os princípios monásticos prevaleciam. O que Foucault sustenta é que o princípio moral délfico, "conhece-te a ti mesmo" (*gnothi sautou*), tornou-se dominante e tomou procedência sobre outro princípio antigo e conjunto de práticas que deveriam tomar conta do eu, ou preocupar-se consigo mesmo (*epimelëshai sautou*) (Foucault, 1988b). De acordo com Foucault, o cuidado de si formava uma das principais regras para a conduta pessoal e social e para a arte da vida nas cidades gregas antigas. Os dois princípios estavam interconectados, e foi do princípio do cuidado de si que o princípio délfico foi trazido a operar como uma forma de conselho técnico ou regras a serem seguidas quando o oráculo era consultado.

Na cultura ocidental de hoje, os princípios morais foram transformados, talvez parcialmente como um resultado do conhecer a si mesmo ser o princípio que Platão privilegiava, e que subseqüentemente tornou-se altamente influente na filosofia. Foucault sustenta que conhecer-se a si mesmo é o princípio austero fundamental de hoje porque tendemos a ver o cuidado de si como imoral, como algo narcisístico, egoísta e como uma maneira de escapar das regras. Embora, não haja uma continuidade direta entre a Antigüidade e hoje, a genealogia de Foucault da sexualidade de fato indica algumas continuidades e algumas das raízes de nossa ética sexual. Primeiramente, o cristianismo adotou e modificou os temas da filosofia antiga e fez da renúncia ao eu a condição da salvação, mas, paradoxalmente, conhecer a si mesmo exigia a auto-renúncia. Em segundo lugar, a base da moralidade em nossa tradição secular envolve a preocupação com o eu. Em um eco a Nietzsche (em *Genealogia da moral,* 1956), Foucault argumenta que um respeito por uma lei externa é uma oposição a noções de moralidade mais internalizadas, associadas ao cuidado de si. Pelo fato de nossa moralidade ser ascética, o eu pode ser rejeitado, assim o princípio conhece-te a ti mesmo obscureceu o tomar cuidado de si. Além disso, a filosofia teórica desde Descartes tem posicionado o *cogito* ou o sujeito pensante e o conhecimento do eu como o ponto de partida para a epistemologia ocidental. Foucault defendia o retorno da máxima antiga do cuidado de si, porque desde o Iluminismo, a máxima délfica tornou-se superada e inextricavelmente ligada a sujeitos em constituição, que estavam aptos a ser governados.

Foucault trabalhou sobre as técnicas gregas (platônicas e estóicas) e cristãs do eu. As técnicas estóicas incluíam primeiramente "cartas a amigos e revelação do eu"; segundo, o "exame do eu e da consciência, incluindo uma revisão do que estava por ser feito e do que deveria ter sido feito e uma comparação de ambos"; terceiro, *"askesis,* não uma revelação do eu secreto mas uma lembrança" e quarto, "a interpretação de sonhos" (Foucault, 1988b, p. 34-38). Ele aponta que, em vez de renúncia, essa é a "consideração progressiva do eu, ou domínio sobre si mesmo, obtido não por meio da renúncia da realidade, mas por meio da aquisição e assimilação da verdade...que é caracterizada por *paraskeuazó* ("aprontar-se, preparar-se")" (Foucault, 1988b, p. 35).

Na verdade, ela transforma a verdade em um princípio de ação ou *ethos,* ou ética da subjetividade que envolvia dois grupos de exercício – o *meleté* (ou *epimelésthai*) ou mediação e o *gymnasia* ou treinamento de si. O *meleté* foi uma mediação filosófica que treinava os *pensamentos* de alguém sobre como este alguém responderia a situações hipotéticas. A *gymnasia* é uma experiência de treinamento *físico* que pode envolver a privação sexual, a miséria, rituais de purificação e abstinência sexual. Foucault (1988b) observa que, apesar de ser uma prática popular, os estóicos eram bastante críticos e céticos sobre a interpretação de sonhos. É interessante notar o ressurgimento de muitas dessas práticas do eu em diferentes terapias *psi* dos séculos XIX e XX, e Foucault presta um grande serviço ao nos apontar para as raízes filosóficas e históricas de algumas delas. Talvez a ênfase de Foucault sobre a centralidade da verdade em relação ao eu deva ser desenvolvida apenas por meio da noção de "outros" como uma audiência – íntima ou pública – uma forma de performance que abre espaço à política da confissão e da (auto)biografia.

Em sua discussão de noções filosóficas da Grécia antiga (Platão, Sócrates e Xenofontes) sobre o cuidado de si, Foucault (1997a) não discute a idéia de que o cuidado de si envolva o "cuidado dos outros", ou de que o cuidado dos outros seja uma ética explícita em si mesma. Ele aceita que a noção grega implícita no cuidado de si é inclusiva e impede a possibilidade de tirania, porque um tirano, por definição, não cuida de si já que ele[2] não cuida dos outros. Foucault parece apresentar uma notável *naïveté* sobre a bondade dos seres humanos ao aceitar essa definição inclusiva pela qual o cuidado de si envolvia uma considerável generosidade do espírito e de relações benevolentes de parte de um governante de outras pessoas, sejam elas escravas, esposas ou crianças. Ele declara que o cuidado dos outros tornou-se uma ética explícita mais tarde e que não deveria ser posta antes do cuidado de si (ver Foucault, 1984).

Peters (2003) discute os jogos de verdade que Foucault elaborou em uma série de seis palestras proferidas em Berkeley em 1983, intituladas *Discourse and truth: the problematization of parrhesia* (Foucault, 2001).[3] A genealogia de Foucault problematiza as práticas da *parrhesia* na cultura grega clássica – um conjunto de práticas, que são culturalmente profundas para o Ocidente e que tomam várias formas. Ele demonstra que tais práticas conectam o falar a verdade à educação de maneira que ainda ocorrem no moldar nossas subjetividades contemporâneas. Assim, elas são relevantes para entender o exercício de poder e de controle na vida contemporânea.

No grego clássico, o uso de *parrhesia* e de seus cognatos exemplificam as práticas mutantes do falar a verdade. Foucault investiga o uso do termo *parrhesia* na educação para mostrar que a educação era fundamental para o "cuidado de si", para a vida pública e para a crise das instituições democráticas, pretendendo "não lidar com o problema da verdade, mas com o problema daquele que fala a verdade e de falar a verdade como atividade" (Foucault, 2001, p. 169). Ele alega que falar a verdade como uma atividade discursiva surgiu com Sócrates como um conjunto distinto de problemas filosóficos que circula ao redor de quatro questões: "Quem pode falar a verdade, sobre o quê, com quais conseqüências e com que relação ao poder" (Foucault, 2001, p. 170). Sócrates buscou todas essas quatro questões em seus "confrontos com os sofistas em diálogos sobre política, retórica e ética" (p. 170). Essas palestras revelam como Foucault pensava: que o fim da filosofia pré-socrática permitira que duas tradições da filosofia ocidental que problematizam a "verdade" começassem. A tradição "crítica" na cultura ocidental que se volta "à importância de falar a verdade de saber quem está apto a falar a verdade, e de saber por que devemos falar a verdade" (p. 170) começa precisamente no mesmo momento, como uma "analítica da verdade que caracteriza a filosofia analítica contemporânea. Foucault diz que ele se alinha com a primeira tradição filosófica e crítica e não com a última (Foucault, 2001).

Uma mudança ocorreu na concepção grega clássica de *parrhesia*, passando de uma situação em que se demonstrava a coragem de dizer a outras pessoas a verdade para um jogo de verdade diferente que focava o eu e a coragem que as pessoas apresentavam em revelar a verdade sobre si mesmas. Esse novo tipo de jogo de verdade do eu requer a *askésis* que é uma forma de treinamento prático ou exercício dirigido à arte de viver (*techne tou biou*). As práticas gregas de *askésis moral* voltavam-se para dotar o indivíduo da preparação e do equipamento moral que lhe permitirá confrontar plenamente o mundo de uma maneira ética e racional" (Foucault, 2001, p. 144), buscando estabelecer uma relação específica para consigo mesmo – autodomínio, soberania, autocontrole. Em profundo contraste, as práticas cristãs ascéticas defendem uma relação diferente para com o eu, já que o tema da desvinculação para com o mundo tem como sua principal "meta ou alvo a renúncia de si" (Foucault, 2001, p. 143). É assim que Foucault elabora em seu primeiro argumento de *Technologies of the self* (1988b), no qual a diferença crucial no princípio ético do eu consiste em autocontrole grego *versus* auto-renúncia cristã.

A GENEALOGIA DA CONFISSÃO DE FOUCAULT COMO PRÁTICAS DO EU

As noções contemporâneas de confissão não são derivadas simplesmente da influência da Igreja católica e de suas estratégias para a confissão dos pecados, em que o pecado é em geral igualado com a moralidade sexual de maneira que a confissão se tornasse a tecnologia principal para controlar a vida sexual dos crentes, mas de noções filosóficas antigas, pré-cristãs (Foucault, 1980a, 1988b). Essas noções contemporâneas foram profundamente influenciadas pelas técnicas confessionais presentes nas noções puritanas do eu e de sua relação com Deus e pelas noções românticas e rousseaunianas do eu (Gutman, 1988; Paden, 1988). Embora confissão queira dizer reconhecimento, também implica uma declaração ou desvelamento, reconhecimento ou admissão de um crime, falta ou fraqueza. O reconhecimento diz em parte respeito a tornar alguém conhecido pela revelação de seus sentimentos privados ou opiniões que formam parte de sua identidade. Em sua forma religiosa, a confissão implica o reconhecimento verbal dos pecados de alguém a outra pessoa. Está-se obrigado a executar essa confissão como arrependimento na esperança de absolvição.

Foucault aponta para a mudança das práticas confessionais do mundo religioso para o médico e depois para os modelos terapêuticos e pedagógicos das sociedades seculares contemporâneas. Na confissão, a agência da dominação não reside na pessoa que fala, mas naquela que questiona e ouve. A confissão sexual constituiu-se em termos científicos por meio de "uma codificação clínica de indução à fala; de um postulado de uma causalidade geral e difusa; do princípio de uma latência intrínseca à sexualidade; do método de interpretação; e da medicalização dos efeitos da confissão" (ver Foucault, 1980a, p. 59-70). Contudo, o autor vai além de simplesmente concentrar-se na confissão da sexualidade, a uma importância mais geral de confissão no mundo contemporâneo. Ele conclui o livro *Technologies of the self* com o ponto altamente significativo de que as técnicas de verbalização da confissão foram importantes para o desenvolvimento das ciências humanas em que elas foram transpostas e inseridas e onde são usadas "sem renúncia do eu, mas para constituir, positivamente, um novo eu. Para usar essas técnicas sem renunciar a si mesmo, é necessária uma ruptura decisiva" (Foucault, 1988b, p. 49).

No início do Cristianismo, duas formas principais de revelar o eu surgiram – primeiro, *exomologesis*, depois *exagoreusis*. Apesar de muito diferentes, a primeira sendo uma forma dramática, e a segunda uma forma verbalizada, o que elas têm em comum é que revelar o eu implica renunciar seu próprio eu ou vontade. Já no início, a revelação do eu envolveu a *exomologesis* ou "reconhecimento de fatos" com confissão pública da verdade de sua fé como cristãos e "um ritual de reconhecer-se como pecador e penitente" (Foucault , 1988b, p. 42). Foucault aponta o paradoxo que "o relato detalhado seja o ponto central da *exomologesis*... ele remove o pecado e ainda assim o pecador aparece" (Foucault, 1988b, p.42). A penitência foi elaborada ao redor das noções de tortura, martírio e morte, de renunciar a si, à identidade e à vida, preferindo morrer a desistir da fé ou abandoná-la. Foucault aponta que a penitência cristã envolve a recusa ou a renúncia do eu, de maneira que "a auto-revelação é ao mesmo tempo a autodestruição" (Foucault, 1988b, p. 43). Enquanto para os estóicos o

> exame do eu, o julgamento e a disciplina [levaram ao] autoconhecimento pela sobreposição da verdade do eu por meio da memória, ou seja, por regras de memorização, e isso porque, para os cristãos, "o penitente sobrepõe a verdade sobre o eu por meio da ruptura violenta e pela dissociação. [Além disso], a *exomologesis* não é verbal. É simbólica, ritual e teatral (p. 43)

Foucault assevera que mais tarde, no século IV, um conjunto diferente de tecnologias para revelar o eu – *exagoreusis* – surgiu na forma de exercícios verbalizados ou orações que envolvem dar conta das ações diárias em relação às regras (como no auto-exame de Sêneca). Com a vida monástica, diferentes práticas confessionais desenvolveram-se baseadas nos princípios de obediência e contemplação, e a confissão desenvolveu um papel hermenêutico no exame do eu em relação aos pensamentos ocultos e de pureza. Os procedimentos de confissão alteraram-se consideravelmente com o tempo. Mas até o Concílio de Trento, no século XVI, quando uma nova série de procedimentos para o treinamento e purificação dos membros da igreja surgiu, a confissão na igreja era um evento anual, então a confissão e a vigilância da sexualidade eram bastante limitadas (Foucault, 1980b). Depois da Reforma, a confissão mudou profundamente, passando a envolver não só os atos mas também os pensamentos das pessoas. Então, no século XVIII, segundo Foucault aponta, houve

> uma queda bastante aguda, não na pressão ou injunção para confessar, mas no refinamento das técnicas de confissão. [Esse momento histórico viu] surgirem técnicas médicas brutais, que consistiam em simplesmente pedir que o sujeito contasse sua *história*, ou a narrasse de forma escrita (p. 215).

Em *The history of sexuality** (Foucault, 1980a) aponta para as técnicas do exame e da situação confessional ou terapêutica, em que se pede à pessoa que fale sobre sua psique ou emoções a um padre ou terapeuta, que, como especialista tanto em observação como interpretação, determinava se a verdade, ou uma verdade subjacente de que a pessoa não estivesse ciente, havia sido expressa. Acessar o eu interior ou a "verdade" é algo facilitado pelos profissionais das ciências psi ou pelas profissões de assistência/ajuda (padres, doutores, psiquiatras, psicólogos, psicanalistas, orientadores/conselheiros, etc.) que podem administrar certas "tecnologias" para falar, ouvir, gravar, transcrever e redistribuir o que é dito, tais como examinar o consciente, o inconsciente e confessar os pensamentos, sentimentos, atitudes, desejos e motivos mais íntimos sobre o eu e as relações com os outros. Eles podem exercer seu conhecimento de especialista para reinterpretar e reconstruir o que uma pessoa diz. Contudo, ao ganhar essa forma de autoconhecimento, a pessoa também se torna conhecida para os outros envolvidos no processo terapêutico. Isso pode, por sua vez, constituir o eu.

Uma mudança se dá por além do modelo médico da cura em que um paciente "confessa" o problema e inadvertidamente revela a "verdade" como parte do exame clínico diagnóstico, passando a um modelo terapêutico em que tanto a confissão quanto o exame são deliberadamente usados para revelar a verdade sobre a sexualidade e o eu de uma pessoa (Foucault, 1980a). No processo, a terapia pode criar um novo tipo de prazer: prazer em contar a verdade do prazer. Mas falar a verdade não é algo apenas descritivo. Na confissão, espera-se que a pessoa fale a verdade sobre si mesma – uma premissa básica que a maior parte dos conselheiros/advogados continuam a exigir de seus clientes. Pelo fato de a linguagem ter uma função performativa, falar a

---
*N. de R. Ver nota da p. 16.

verdade sobre si mesmo constitui ou constrói as formas do eu. Por esses meios discursivos e por meio dessas tecnologias, o ser humano se torna um sujeito.

À medida que a confissão se tornou secularizada, uma variante de técnicas surgiu na pedagogia, na medicina, na psiquiatria e na literatura, com o destaque sendo dado à psicanálise ou a "cura pela fala" de Freud. Desde Freud, a forma secular de confissão pode ser considerada como algo que foi "cientificizado" por meio de novas técnicas de normalização e individualização que incluíam as codificações clínicas, exames pessoais, técnicas de estudo de caso, a documentação geral e a coleta de dados pessoais, a proliferação de esquemas interpretativos e o desenvolvimento de um conjunto completo de técnicas terapêuticas para a "normalização". Tais técnicas, por sua vez, "obrigam-nos" a ser livres à medida que a auto-inspeção e novas formas de auto-regulação substituem o confessional. Essa nova forma de confissão é uma afirmação de nosso eu e de nossa identidade, envolvendo "procedimentos de individualização contemporâneos" que "nos ligam aos outros no exato momento em que afirmamos nossa identidade" (Rose, 1989, p. 240). Ao confessar de maneira verídica quem se é aos outros (por exemplo, pais, professores, amigos, cônjuges, etc. e a si mesmo) "é-se subjetificado pelo outro"... "que prescreve a forma de confissão, as palavras e rituais por meio dos quais ela deve ser feita, que aprecia, julga, consola e entende" (p. 240). Por meio dos atos de fala da confissão a pessoa constitui seu eu.

Foucault (1985) em In the use of pleasure* fala das tecnologias do eu como "modelos propostos para estabelecer e desenvolver relações com o eu, para a auto-reflexão, autoconhecimento, auto-exame, para decifrar o eu por conta própria, para a transformação que se busca atingir tendo a si mesmo como objeto" (p. 29). Foucault também examina a "arte do eu que é feita para explorar a 'estética da existência' e para inquirir sobre o governo do eu e dos outros. Ele fala sobre a escrita sobre si como um meio de contrariar os perigos da solidão e de expor nossas afazeres ao olhar e ao mesmo tempo porque funciona para pensamentos e também para ações, tornando-se uma forma de confissão (Foucault, 1985, 1997b). Isso permite uma análise retrospectiva do "papel da escrita na cultura filosófica do eu um pouco antes do cristianismo: sua grande proximidade para com o aprendizado; sua aplicabilidade aos movimentos de pensamento; seu papel como um teste de verdade" (Foucault, 1997b, p. 235). No sentido literário então, a confissão contém elementos de identificação do eu de uma tentativa deliberada e autoconsciente de explicar e expressar-se a uma audiência na qual o indivíduo existe e busca confirmação (i. e., escrevendo sobre si – ver Peters, 2000).

A confissão é, então, tanto um ato comunicativo e expressivo, uma narrativa em que (re)criamos a nós mesmos por meio da criação de nossa

---

* N. de T. Publicado em língua portuguesa sob o título: *História da sexualidade II:* o uso dos prazeres. Rio de Janeiro: Graal, 1984. Atualmente em sua 12ª edição, 2007.

própria narrativa, retrabalhando o passado, em público, ou pelo menos em diálogo com o outro. Quando o sujeito está confessando e criando o seu "eu", parece sentir-se compelido a dizer a verdade sobre si mesmo. Portanto, a confissão envolve um tipo de "disciplina" que

> acarreta o treinamento das minuciosas artes do auto-escrutínio, auto-avaliação e auto-regulação, indo do controle do corpo, fala e movimento na escola até o exercício mental inculcado na escola e na universidade, às práticas puritanas de auto-inspeção e obediência à razão divina (Rose, 1989, p. 222).

Embora a confissão seja autobiográfica, obrigando-nos a recriar narrativamente a nós mesmos, diz igualmente respeito a marcar um significado de busca de verdade em nossas vidas. Pode-se ajudar alguém nesse assunto por meio de terapias, tais como orientação/aconselhamento ou psicoterapia – o "sacerdócio" de nossa sociedade secular –, que substituíram a forma teológica de confissão. Embora o uso de técnicas de escuta e do desvelamento do eu sejam similares, os elementos de aconselhamento, reprovação e punição que estão envolvidos nas formas religiosas de confissão não são certamente parte da orientação/ aconselhamento contemporâneo, seja dentro ou fora das escolas.

CONCLUSÃO

O pensamento de Foucault tem relações fortes e óbvias para as escolas em geral e para a orientação/aconselhamento escolar tanto quanto para as teorias gerais de orientação/aconselhamento, em particular. Além disso, seu modelo de cuidado de si em relação às práticas de liberdade apresentam uma abordagem filosófica que oferece às escolas e aos orientadores/conselheiros uma maneira eticamente apropriada para lidar com a educação moral dos alunos. O relato de Foucault oferece uma teoria de poder bastante útil e também uma base kantiana para a ética baseada no modo pelo qual as escolhas que fazemos sob certas condições criam o que nos tornamos. Os principais aspectos da relação do eu consigo mesmo ou sua "auto-constituição ética", segundo Foucault, apontam para várias maneiras pelas quais a educação de jovens pode ajudá-los a constituírem-se eticamente a si mesmos: pelo trabalho ético que uma pessoa realiza consigo mesma com a meta de se tornar um sujeito ético; a maneira pela qual os indivíduos se relacionam com obrigações e regras morais e o tipo de pessoa que se busca ser ao se comportar eticamente. Um elemento que pode ser derivado de Foucault é a importância de "escrever" e "ler" o eu juntamente com formas conversacionais ou dialógicas, e "falando" sobre ou confessando o eu. Enquanto reconhece sua existência corrente como técnica de orientação/aconselhamento, a ênfase na orientação/aconselhamento escolar pode ser ampliada para reenfatizar as formas de biblioterapia, diários, narrativas pessoais, autobiografias, biografias, juntamente com o impulso educativo de todas as formas de ficção, poesia e drama ou interpretação de papéis – tanto em filmes quanto na televisão – que focalizam o eu.

Nas antigas escolas de pensamento, a filosofia era considerada um modo de vida, uma busca da sabedoria, uma maneira de ser e principalmente uma maneira de transformar o eu. Os exercícios espirituais eram uma forma de pedagogia preparada para ensinar seus praticantes a vida filosófica que tinha tanto um sentido moral quanto existencial. Esses exercícios buscavam nada mais do que uma transformação da visão de mundo e personalidade pelo envolvimento de todos os aspectos do ser, incluindo o intelecto, a imaginação, a sensibilidade e a vontade. No mundo contemporâneo, as escolas têm sido freqüentemente vistas como um lugar apropriado para a educação moral dos jovens. Sócrates apresentou um conjunto de exercícios espirituais dialógicos que epitomizaram a injunção "Conhece-te a ti mesmo" e ofereceram um modelo para uma relação do eu a si mesmo que constituía a base de todo exercício espiritual que está no próprio centro de uma transformação total de nosso ser (ver Davidson, 1997). Nesse modelo, o processo de lidar com um problema tem primazia sobre a solução (Hadon, 1995). Foucault sugere a reinstauração do cuidado de si, superando a máxima do conhecer-se a si mesmo. Isso dá às escolas uma base ou modelo filosófico antigo, ao mesmo tempo transformador, ético, dialógico e pedagógico, que poderia tanto complementar quanto corrigir certas ênfases do pensamento mais tardio de Foucault sobre a verdade e a subjetividade e o cuidado de si.

Os projetos atuais e mesmo os currículos formais com nomes como educação de valores, educação moral, filosofia, civismo, cidadania, educação pessoal e social, etc. surgiram juntamente com a preocupação crescente sobre o estado moral dos jovens e para lidar com as questões sociais atuais e como formas de lidar com a "exclusão social" no Reino Unido. Independentemente de se aprender sobre si mesmo poderia ou deveria ser, ou não um item curricular formal do currículo. Na verdade, as escolas precisam ter alguma consciência do papel que desempenham na constituição do eu de seus alunos, independentemente da aprendizagem sobre si mesmo ser ou as escolas precisam estar cientes das tecnologias de poder (dominação) e do eu que passam a seus alunos e do efeito que elas têm na constituição do eu. Além disso, precisam oferecer de modo mais consciente os meios pelos quais se referem ao cuidado de si, dos quais a confissão e o falar a verdade são apenas parte.

NOTAS

1. Uma versão anterior deste artigo foi apresentada na Universidade de Varsóvia, 2003, e aparece em *Kwartalnik Pedadogiczny*, 2005, 1 (195), p. 109-126 como Confessional

Practices of the Self In Schools. Uma versão posterior deste capítulo aparece como: Besley, T. (2005) Foucault, truth-telling and technologies of the self in schools, Journal of Educational Enquiry, 6, (1): 76-89. http://www.literacy.unisa.edu.au/JEE/Papers/JEEVol6No1/Paper%206.pdf

2 O pronome "ele" é usado porque essas discussões sobre a Grécia antiga somente se referiam aos homens livres como cidadãos, não às mulheres.

3 Essas palestras foram editadas por Joseph Pearson e apareceram pela primeira vez na internet, sendo publicadas em 2001. Foucault não escreveu, corrigiu ou editou qualquer parte do texto que é primeiramente uma transcrição ao pé da letra das palestras, feita a partir das notas de um membro da audiência. Elas foram publicadas a seguir como *Fearless Speech* (ver Foucault, 2001).

REFERÊNCIAS

Davidson, A. I. (1997). Introductory remarks to Pierre Hadot. In A. I. Davidson (Ed.), Foucault and his interlocutors (pp. 195-202). Chicago: University of Chicago Press.

Dreyfus, H. (2002). *Heidegger and Foucault on the subject, agency and practices*. Retrieved on October 2002 from http://socrates.berkeley.edu/~hdreyfus/html paperheidandfoucault.html

Foucault, M. (1977). *Discipline and punish*: The birth of the prison. London: Penguin.

___. (1980a). *The History of sexuality*, Vol. I. New York: Vintage.

___. (1980b). *The confession of the flesh*. In C. Gordon (Ed.), *Power/ knowledge: Selected inter-views and other Writings 1972-1977 by Michel Foucault* (pp. 194-228). Hemel Hempstead, UK; Harvester Wheatsheaf.

___. (1984). Space, knowledge and power. In P. Rabinow (Ed.), *The Foucault reader* (pp. 239-256). New York: Pantheon Books.

___. (1985). *The use of pleasure: The history of sexuality*, Vol. II. New York: Vintage.

___. (1988a). Truth, power, self: an interview with Michel Foucault. In L. H. Martin, H. Gutman & P. H. Hutton (Eds.), *Technologies of the self* (pp. 9-15). Amherst: University of Massachusetts Press.

___. (1988b). Technologies of the self. In L. H. Martin, H. Gutman & P. H. Hutton (Eds.), *Technologies of the self* (pp. 16-49). Amherst: University of Massachusetts Press.

___. (1988c). The political technology of individuals. In L. H. Martin, H. Gutman & P. H. Hutton (Eds.), *Technologies of the self* (pp. 145-162). Amherst: University of Massachusetts Press.

___. (1990). *The care of the self: The history of sexuality*, Vol. III. London: Penguin.

___. (1997a). The ethics of the concern for self as a practice of freedom (R. Hurley et al., Trans.). In P. Rabinow (Ed.), Michel Foucault: *Ethics, subjectivity and truth, the essential works of Michel Foucault 1954-1984*, Vol. 1. (pp. 281-301). London: The Penguin Press.

___. (1997b). Writing the self. In A. Davidson (Ed.), *Foucault and his interlocutors* (pp. 234-247). Chicago: University of Chicago Press.

___. (2001). *Fearless speech*, J. PEARSON (ed.) (Los Angeles, CA, Semiotext(e))

Gutman, H. (1988). Rousseau's *confessions-*, a technology of the self. In L. H. Martin, H. Gutman & P. H. Hutton (Eds.), *Technologies of the self* (pp. 99-120). Amherst: University of Massachusetts Press.

Hadot, P. (1995). Spiritual exercises and reflections on the idea of the cultivation of the self. In A. I. Davidson (Ed.), *Philosophy as a way of life* (pp. 83-125 & 206-213). Oxford: Blackwell.

Heidegger, M. (1977). *The question concerning and other essays*. Trans. William Lovitt. New York: Harper and Row.

McNay, L. (1992). *Foucault and feminism: power, gender and self*. Boston: Northeastern University Press.

Nietzsche, F. (1956). *The genealogy of morals* (F. Golffing, Trans.). New York: Doubleday. Original work published in 1887)

Paden, W. E. (1988). Theaters of humility and suspicion: Desert saints and New England puri-tans. In L. H. Martin, H. Gutman & P. H. Hutton (Eds.), *Technologies of the self* (pp. 64-79). Amherst: University of Massachusetts Press.

Peters, M. A. (2000). Writing the self: Wittgenstein, confession and pedagogy. *Journal of Philosophy of Education*, 34(2), 353-368.

___. (2003). Truth-telling as an educational practice of the self: Foucault, *parrhesia* and the ethics of subjectivity. *Oxford Review of Education*, 29(2), 207-223.

Rabinow, P. (1997). Preface and afterword. In P. Rabinow (Ed.), Michel Foucault: Ethics, subjectivity and truth, *The Essential Works of Michel Foucault 1954-1984*, Vol 1. London: The Penguin Press.

Rose, N. S. (1989). *Governing the soul: The shaping of the private self*. London: Routledge.

___. (1998). *Inventing our selves: Psychology, power, and personhood*. Cambridge: Cambridge Univer-sity Press.

Capítulo

6

Paradoxo de capacidade e poder: ontologia crítica e o modelo de desenvolvimento da infância[1]

James Wong

INTRODUÇÃO

Muitos trabalhos referentes a Foucault, à infância e ao desenvolvimento têm sido feitos na filosofia da educação. O que desejo fazer aqui é aproximar essas três linhas de trabalho de uma maneira nova, enfatizando o programa positivo de Foucault da crítica prática, o que ele chama de "ontologia crítica", no modo como ela se relaciona ao impacto do modelo de desenvolvimento da infância sobre as crianças e seus cuidadores. O modelo de desenvolvimento da infância é agora fundamental para as práticas e políticas de educadores e de outros profissionais que lidam com as crianças e com seus cuidadores, tais como os profissionais das áreas da saúde e social. Deve-se enfatizar logo de saída que o foco deste capítulo não é o de pretender ser uma discussão específica sobre o impacto do projeto da ontologia de Foucault sobre como devemos pensar a educação das crianças, incluindo iniciativas específicas de linha de ação. A discussão situa-se na intersecção entre filosofia e filosofia da educação, com ênfase particular sobre os efeitos do modelo de desenvolvimento, ou "pensamento voltado ao desenvolvimento", sobre como as crianças são percebidas e tratadas hoje, especialmente no Ocidente. A contribuição é, assim, mais filosófica e conceitual do que voltada a uma linha ou política de ação.

O capítulo será apresentado em quatro partes. Primeiro, apresentarei o projeto de ontologia crítica de Foucault. Depois, defenderei a abordagem foucauldiana em contraposição a várias críticas. Um relato do surgimento e da defesa do pensamento voltado ao desenvolvimento será então apresentado. Concluo com uma discussão das implicações do método de Foucault da prática crítica sobre as práticas baseadas no modelo de desenvolvimento da infância.

ONTOLOGIA CRÍTICA

Dada sua crítica mordaz de várias caractperísticas das sociedades modernas, Foucault tem sido tomado como o modelo por excelência do pensamento antiiluminista. Mas, ao contrário de seus críticos, Foucault vê a si mesmo como alguém que continua a tradição iluminista, pelo menos como ela está delineada no ensaio "O que é o Iluminismo?", de 1784, de Kant. Nesse ensaio, Kant diz-nos que o iluminismo consiste no "escape do homem da tutela em que o próprio homem incorrera" (1963, p .9). Para acordarem de seus sonos dogmáticos, os indivíduos tanto em nível particular quanto coletivo, devem fazer uso de sua razão para desafiar premissas tidas como certas e que guiam suas crenças. Em poucas palavras, devem analisar o estado de coisas no qual se encontram. Portanto, Kant proclama o *Sapere Aude* (o "ousar saber", de Horácio) como sendo a divisa do Iluminismo.[2]

Foucault retira do ensaio de Kant a idéia de que o ponto fundamental do iluminismo é a atitude de desafiar as hipóteses sobre o que sabemos e sobre como agimos.[3] Para ele, o projeto do Iluminismo nos leva a uma "crítica permanente" (1984, p. 43). Lewis White Beck indica que, no prefácio da primeira edição à *Crítica da razão pura*, Kant já havia escrito que "nossa época é, de maneira especial, a época da crítica e que à crítica tudo deve se submeter" (1963, p. 8, nota 4). Foucault está, é claro, ciente de que muito da filosofia de Kant é dedicada à "crítica" como sistema filosófico. Na *Crítica da razão pura*, Kant escreve, "tudo o que interessa minha razão, especulativa e prática, produz em mim as três questões seguintes: O que posso conhecer? O que devo fazer? O que posso esperar?" (1965, p. 635). A filosofia crítica, então, produz teorias sobre, como Foucault (1984) coloca, "o que pode ser conhecido, o que deve ser feito e o que se pode esperar" (p. 38). Contudo, o projeto de uma crítica permanente não tentará "identificar as estruturas universais de todo conhecimento ou de toda ação moral possível", mas será "uma crítica prática que toma a forma de uma transgressão possível" (p. 45-46).[4] O projeto, diz Foucault (1984):

> implica uma série de investigações históricas que são tão precisas quanto possíveis; e essas investigações não serão orientadas retrospectivamente em direção ao "núcleo essencial da realidade" que pode ser encontrado no Iluminismo e que teria de ser preservado em qualquer caso; eles serão orientados para os "limites contemporâneos do necessário", isto é, para o

que não é ou não é mais indispensável para a constituição de nós mesmos como sujeitos autônomos (p. 43).

Por "limites", Foucault refere-se às maneiras tidas como certas de pensar e agir que formam o fundo de nosso comportamento.[5] Uma crítica dos limites seria então uma análise de como nós temos constituído nós mesmos como sujeitos que pensam e agem de maneira particular a fim de abrir novos espaços para o pensamento e a ação (Norris, 1994)

Por causa de sua conexão com a autoconstituição, maneiras diferentes de ser uma pessoa, Foucault também descreve a crítica permanente como uma "ontologia crítica" de nós mesmos.[6] Foucault sugere que as investigações da ontologia crítica poderiam ser organizadas sob três títulos inter-relacionados: "Como nos constituímos como sujeitos de nosso conhecimento? Como nos constituímos como sujeitos que exercitam as relações de poder ou a elas se submetem? Como nos constituímos como sujeitos morais de nossas próprias ações" (Foucault, 1984, p. 49)? Foucault descreve essas três áreas como "os eixos de conhecimento, poder e ética" (p. 49), representando domínios diferentes nos quais nos constituímos como sujeitos. Por exemplo, sob conhecimento, o que se pode saber sobre nós como objetos de conhecimento em um momento particular informará nosso pensamento sobre nós mesmos como pessoas e as possibilidades a nós disponíveis. Como ilustração, considere a idéia da terapia na vida contemporânea. A terapia parece ser uma característica proeminente da cultura ocidental hoje. Pense nos volumes e mais volumes de literatura de auto-ajuda presente nas livrarias, e no número de diferentes formas de adicção juntamente com o estabelecimento dos programas adequados de recuperação. No Ocidente, os indivíduos constituíram várias maneiras possíveis de ser uma pessoa por meio do que dizem, pensam e fazem em termos de terapia, esteja o paciente em um grau que vai de vítima ou adito até sobrevivente, ou de adito em recuperação até confessor. É claro que a terapia não é nada mais do que um princípio de organização que informa as maneiras possíveis de se ser uma pessoa na vida contemporânea. O ponto principal da ontologia crítica é examinar as idéias e os princípios que organizam nossas maneiras habituais de pensar a fim de pensar e agir diferentemente.

Foucault (1984) não pretende que o projeto da ontologia crítica seja um "gesto de rejeição", um tudo rejeitar, mas, antes, uma crítica prática para transformações possíveis (p. 45). Ele sugere que o projeto tome uma atitude "experimental" em relação à "realidade contemporânea, tanto para entender os pontos em que a mudança é possível e desejável quanto para determinar a forma precisa que isso deve tomar" (p. 46). Uma das questões fundamentais abordadas pela ontologia crítica é o que Foucault chama de "paradoxo das relações de capacidade e poder [disciplinador]" (p. 47). A capacidade de os indivíduos serem agentes autônomos se relaciona com o desenvolvimento da capacidade de pensamento e ação (Tully, 1999, p. 93). Assim, encorajar, fomentar e desenvolver tais capacidades habilitaria os indivíduos a abordar criticamente suas práticas. Mas tais capacidades são desenvolvidas dentro de matrizes disciplinares das instituições pedagógicas e médicas, nas quais os indivíduos são também normalizados e hierarquizados. Aqui, pense-se nas observações de Foucault em *Discipline and punish* (1979)*, em que a rotina das tarefas e a própria organização espacial dos indivíduos são ajustadas para a normalização e hierarquização. A questão que Foucault (1984) levanta é: "Como pode o crescimento das capacidades estar desatrelado da intensificação das relações de poder" (p. 47)?.[7] Observe que ao levantar tal questão, Foucault *não* está alegando que tudo o que é dado a nós agora como universal e necessário seja problemático. Seu projeto é mais modesto, mas nem por isso menos audacioso. Ele busca examinar "no que está dado para nós como universal, necessário e obrigatório, que lugar é ocupado por tudo o que seja singular, contingente e produto de restrições arbitrárias" (p. 45). Como foi sugerido pela idéia de "atitude experimental", a crítica prática pretende desafiar a necessidade tida como certa das práticas e dos conceitos e valores que informam tais práticas, e "onde a mudança é possível e desejável... determinar a forma precisa que essa mudança deveria tomar" (p. 45). No que se segue, explorarei como essa atitude experimental poderia funcionar na prática no estudo de caso do desenvolvimento infantil. Contudo, antes de começar tal discussão, considerarei primeiro algumas críticas ao projeto de Foucault.

EXTORSÃO ILUMINISTA: RESPONDENDO A CRÍTICAS

Jürgen Habermas (1986) pergunta "como o fato de Foucault entender-se como um pensador da tradição do Iluminismo pode ser compatível com suas inequívocas críticas dessa própria forma de conhecimento da modernidade?" (p. 106). Em vez de trabalhar na tradição do Iluminismo, ele defende que a obra de Foucault de fato solapa a "modernidade e seus jogos de linguagem" (Habermas, 1987, p. 283). Contra tal crítica, Foucault alerta para o que ele chama de "chantagem do Iluminismo" (1984, p. 42). Ou se é a favor ou contra do Iluminismo *tout court*. Tome-se, por exemplo, a idéia de "razão", "reconhece-se a razão ou se joga a razão no irracionalismo – como se não fosse possível escrever uma crítica racional da racionalidade" (Foucault, 1989, p. 242). Mas a dicotomia entre ser a favor ou contra o irracionalismo é falsa, e Foucault está certo em rejeitá-la. Como um conjunto de transformações políticas, econômicas, sociais, institucionais e culturais, as realizações do Iluminismo são ainda sentidas hoje. Ainda assim, *algumas* das mudanças resultantes do período do Iluminismo podem se provar em conflito com a autonomia dos indivíduos hoje. E é tarefa da ontologia

---
*N. de R.: Ver nota da p. 16.

crítica desmascarar tais restrições arbitrárias. O projeto de Foucault, então, não repudia os valores ou instituições sob a noção ampla de "modernidade" ou "Iluminismo". É bastante possível que *alguns* valores e práticas acabem sendo indispensáveis para nossa autonomia hoje. Mas, "onde a mudança for possível e desejável", Foucault (1984) acrescenta, o projeto tentará "determinar a forma precisa que essa mudança deverá tomar" (p. 46). A ontologia crítica, então, não é um projeto global anarquista-desconstrucionista, mas local e experimental e, portanto, tentativo.

Foucault (1984) reconhece que o projeto da ontologia crítica abandona "a esperança de um dia aceder a um ponto de vista que pudesse nos dar acesso a qualquer conhecimento completo e definitivo do que pode constituir nossos limites históricos" (p. 47). A partir dessa constatação, contudo, não se segue que nenhum julgamento crítico seja possível. Deve-se ainda provar as razões e a evidência para o fato de que certas práticas devam ser mudadas e como, a não ser que essas razões não sejam lançadas como alegações universais (Rouse, 1994). Podemos dar uma justificativa parcial para qualquer sugestão particular, usando outras práticas ou discursos não-problemáticos. As práticas transformadas serão então colocadas de novo em jogo. Se, com o tempo, tais práticas provassem ser problemáticas, o processo crítico começaria de uma nova forma. As mudanças, nessa visão, são sempre provisionais. O processo de crítica permanente não é diferente do trabalho de marinheiros do barco de Neurath, reconstruindo a embarcação enquanto ainda no mar.[8]

Mas o que essas mudanças de fato realizam? Seria o resultado final somente a substituição de um regime de poder por outro, como sugerem os críticos?[9] Primeiro, Foucault não concebe o poder somente em termos de dominação. Seu interesse volta-se às relações de poder em vários ambientes, tais como a família e outras instituições mais do que a uma teoria de poder *per se*. "Quando falo de relações de poder", Foucault (1988b) diz:

> Não estou me referindo ao poder – com P maiúsculo – dominando e impondo sua racionalidade sobre a totalidade do corpo social. Na verdade, há relações de poder. Elas são múltiplas, tem formas diferentes, podem estar em jogo nas relações familiares ou em uma instituição ou administração – ou entre uma classe dominante ou dominada... É um campo de análise e não, em absoluto, uma referência a uma instância única. [Além disso], ao estudar essas relações de poder, eu, de forma alguma, construo uma teoria do Poder. Mas quero saber como a reflexividade do sujeito e o discurso da verdade estão relacionados – "Como o sujeito pode falar a verdade sobre ela mesma?" – e eu penso que as relações de poder que se dão umas sobre as outras constituem um dos elementos determinantes nessa relação que estou tentando analisar (p. 38).

Para ele, a idéia de "relações de poder" é uma noção geral, que descreve as maneiras pelas quais os indivíduos dirigem o comportamento dos outros e de si mesmos (Foucault, 1983). Essas relações variam de uma dominação unilateral sobre os outros até relações consensuais e recíprocas entre os indivíduos. Foucault não nega que há casos de dominação. Para Foucault (1988a), uma relação de poder não é necessariamente idêntica a uma relação de dominação.

> Quando um indivíduo ou um grupo social consegue bloquear um campo de relações de poder [ele escreve] para considerá-las impassíveis e invariáveis e impedir toda a reversibilidade do movimento..., estamos nos deparando com o que se pode chamar de estado de dominação. É certo que em tal estado a prática da liberdade não existe ou existe apenas unilateralmente ou é extremamente confinada e limitada (p. 3).

Os indivíduos em relação de poder que não a de dominação, contudo, têm a liberdade de coordenar suas ações de maneira particular. Nesse tipo de problema de coordenação, os indivíduos se alinham de acordo com certas metas que cada um quer alcançar. A relação pode ou não pode ser hierárquica, dependendo do contexto no qual está situada. Não obstante, mesmo que fosse hierárquica, indivíduos em várias posição de sujeito são constrangidos. Quando um administrador, ou um chefe de departamento, planeja implementar novas iniciativas, ele pode fazê-lo apenas se os outros "aceitarem" os planos e trabalharem de acordo com eles. Os indivíduos sob tais circunstâncias podem escolher agir de acordo ou resistir. Podem até tentar modificar a maneira pela qual estão ligados aos outros *tanto quanto puderem*, mudando as regras que governam a própria relação. Nesse sentido, a relação de poder é recíproca entre os indivíduos e requer que eles tenham a liberdade de fazer escolhas (Rouse, 1994; Tully, 1999). A mudança é, portanto, possível.[10] De fato, o problema, escreve Foucault (1988a), "é descobrir onde a resistência vai se organizar" (p. 12).

Em segundo lugar, Foucault suspeita de afirmações muito abrangentes de liberação ou emancipação.[11] Além do potencial de serem banalidades meramente vazias, o perigo de tais afirmações especulativas universalistas é que em seu nome, muitos atos abomináveis foram cometidos. Foucault (1984) lembra-nos de que "sabemos a partir da experiência que a alegação de escapar do sistema da realidade contemporânea de modo a produzir os programas abrangentes de outra sociedade... tem levado apenas ao retorno das mais perigosas tradições" (p. 46). Mas ele não nega que, nas instâncias concretas, a liberação existe. "Quando um povo colonizado tenta libertar-se de seu colonizador", ele diz (1988a):

> que se trata de um ato de libertação no sentido estrito da palavra... [mas] esse ato de libertação não é suficiente para estabelecer as práticas de liberdade que mais tarde serão necessárias para esse povo, essa sociedade

e esses indivíduos decidirem sobre formas aceitáveis de sua existência ou sociedade política (p. 2-3).

Focault aqui ecoa a visão de Kant em seu ensaio *O que é o Iluminismo?* Kant (1963) diz-nos que "uma época não pode comprometer-se consigo mesma e exigir que se coloque a próxima em tal condição que não possa ampliar seu conhecimento (na melhor das hipóteses muito ocasional), purificar-se dos erros e progredir de maneira esclarecida" (p. 7). Em vez de esquemas de transformação que buscam estabelecer a "liberdade" de uma vez por todas, Foucault (1984) defende que devamos, em vez disso, enfocar tipos *específicos* de transformações voltadas a nossas maneiras de ser e pensar. Ele diz-nos que prefere "até essas transformações parciais que foram feitas...aos programas de um homem novo que os piores sistemas políticos têm repetido ao longo do século XX" (p. 46-47).

FALÁCIA GENÉTICA

Há outra objeção. Foucault (1988c) diz-nos que uma das metas de seus estudos históricos é:

> demonstrar às pessoas que muitas coisas que são parte de sua paisagem – que as pessoas pensam ser universais – são o resultado de algumas mudanças históricas muito precisas. Todas as minhas análises são contra a idéia de necessidades universais na existência humana. Elas demonstram a arbitrariedade das instituições e demonstram qual espaço de liberdade pode ainda ser desfrutado e quantas mudanças podem ainda ser feitas (p. 11).

Demonstrar que certas maneiras de pensar e agir são historicamente contingentes, contudo, não demonstra que sejam falsas ou mesmo problemáticas. Se alguém tivesse de sustentar que o desmascaramento das relações de poder que estão por detrás dos conceitos e práticas por si só demonstra que as proposições informadas por tais conceitos são falsas, então estaria cometendo a falácia genética.

Foucault (1988a), contudo, está bem ciente dessa objeção possível. Ele nos diz que

> podemos demonstrar, por exemplo, que a medicalização da loucura... foi ligada, em algum momento ou outro, a uma série completa de processos sociais ou econômicos, mas também a instituições ou práticas de poder. Esse fato de maneira alguma prejudica a validade científica da eficácia terapêutica da psiquiatria. Não a garante, mas também não a cancela (p. 16)

Considere outro exemplo. Suponha, diz Foucault, que a matemática esteja ligada a estruturas de poder. O que decorre disso? Foucault diz-nos que isso não só "significa que a matemática seja *apenas* um jogo de poder mas que a matemática está ligada, de uma certa maneira e *sem prejudicar sua validade* [grifo meu] a jogos e instituições de poder" (Foucault, 1988a, p.16). Nessas passagens, Foucault reconhece que há um aspecto epistemológico ou evidente para as afirmações de conhecimento. Se o que se diz conhecer é ou não verdadeiro é algo que depende da evidência. Não obstante, as afirmações de conhecimento podem estar ligadas a relações de poder e ser afetadas por elas. As epistemólogas feministas têm discutido que nem todos podem participar. Lorraine Code (1995) aponta que a ordem social estabelece estruturas de credulidade e incredulidade, o que pode excluir informantes potencialmente bons. Sob tais circunstâncias, é provável que "haja verdades que poderiam e deveriam ser transmitidas, mas que não foram" (Fricker, 1988, p. 173).[12]

Para Foucault (1979), contudo, o conhecimento não se reduz ao poder, muito embora ambos estejam implicados mutuamente e de maneira direta. Em uma entrevista, Foucault (1988a) reclama que, "quando você indica [aos outros] que pode haver uma relação entre verdade e poder, eles dizem: 'Ah, bom! Então não é a verdade'" (p. 17). A percepção geral da idéia de poder/conhecimento é a de que o conhecimento se reduz ao poder. Foucault irrita-se com essa interpretação. Ele observa acidamente (1988d):

> Eu sei que, no que diz respeito ao público em geral, eu sou o cara que disse que o conhecimento misturou-se ao poder, que ele não era mais do que uma fina máscara jogada por sobre as estruturas de dominação e que todas essas estruturas foram sempre estruturas de opressão e assim por diante. [Este] ponto é tão absurdo que chega a ser risível. Se eu tivesse dito, ou querido dizer, que conhecimento era poder, eu o teria dito, e tendo-o dito, eu não teria mais nada a dizer, já que, tendo-os tornado idênticos, não vejo por que eu teria me incomodado em demonstrar as diferentes relações entre eles. ... Quem diz que para mim o conhecimento é a máscara do poder me parece ser bastante incapaz de discernir (p. 264-265).

Uma abordagem completa da idéia de poder e conhecimento de Foucault está além do alcance deste artigo, mas talvez seja suficiente para nossos propósitos apontar que seus estudos revelam as conexões entre as várias afirmações de conhecimento e as práticas pelas quais elas se justificam e se tornam inteligíveis. Em *The discourse on language* (1972), Foucault diz-nos que, "uma proposição deve preencher algumas condições onerosas e complexas antes que possa ser admitida em uma disciplina; antes de ser considerada verdadeira ou falsa ela deve estar, como Monsieur Canguilhem poderia dizer, 'no âmbito da verdade'" (p. 224). Ainda assim, como Linda Alcoff (1996) aponta, as "regras das formações discursivas não autorizam valores de verdade específicos para frases específicas, mas abrem um espaço delimitado no qual algumas frases podem ser expressadas de maneira significativa" (p. 123). Já que as formações discursivas, que são moldadas tanto por eventos intelectuais e sociais, apenas delineiam o que pode ser dito e o que é capaz de possuir valor de verdade, seria errado atribuir a

Foucault a visão de que o conhecimento é redutível às relações de poder.[13] As investigações históricas sobre ontologia crítica revelam as conexões entre conhecimento e poder em várias práticas dadas como óbvias. As mudanças necessárias nessas maneiras costumeiras de pensar e agir serão demonstradas pelas próprias práticas problemáticas porque estas impõem restrições arbitrárias ou desnecessárias aos indivíduos.

O MODELO DE DESENVOLVIMENTO DA INFÂNCIA

Como uma ilustração das obras de uma ontologia crítica, considere o caso do desenvolvimento de uma criança. Se examinarmos com atenção a literatura pediátrica ou os livros de auto-ajuda para os pais, uma idéia que imediatamente se destaca é a de que as crianças devem se desenvolver de acordo com normas físicas, cognitivas e psicológicas. É difícil para nós, hoje, raciocinarmos sobre o que fazer pelas crianças sem pensar nelas como crianças que tenham de se desenvolver de acordo com tais normas. Ainda assim, a própria idéia de que as crianças devem desenvolver-se de acordo com normas é recente, mal tem 200 anos.

É claro que as pessoas sempre estiveram cientes de que as crianças cresciam ou "desenvolviam-se" diferentemente. Como é que isso não seria assim? Mas sua noção de desenvolvimento não é "teoricamente bem-formada" (Archard, 1993, p. 30). Hoje, ao contrário, a maioria das pessoas especialmente no Ocidente, é guiada por uma idéia *científica* de desenvolvimento, como conseqüência de explorações sistemáticas de infância a partir das perspectivas da biologia, psicologia, psiquiatria e muito mais ao longo dos últimos 150 anos. Considere-se por exemplo o que Shakespeare diz sobre o crescimento em *As you like it*:

> All the worlds' a stage
> and all the men and women merely players
> they have their exits and their entrances
> And one man in his time plays many parts
> His act being seven stages
> At first, the infant, mewling and puking in the nurse's arms
> Then the whining schoolboy, with his satchel, and shining morning face
> creeping like snail unwillingly to school
> And then the lover, sighing like furnace, with a woeful ballad
> made to his mistress' eyebrow. Then a soldier ... (II, vii, 1994, p. 151)*

---

* N. de R. Em português: O mundo inteiro é um palco, todos os homens e mulheres não passam de atores. Têm suas entradas e saídas e um homem em seu tempo representa muitos papéis e sete idades têm seus atos. Primeiro, é o infante que dá vagidos e vomita nos braços de sua ama; depois, é o escolar chorão com a pasta e a reluzente cara de

É claro que o bardo não é um *expert* em desenvolvimento infantil. Mas ninguém o era à época, pois o modelo de desenvolvimento infantil como o conhecemos hoje ainda tem de ser descoberto. Para ser exato, os filósofos que escreviam mais ou menos no mesmo período de Shakespeare, como Hobbes e Locke, e mesmo antes, como Platão, na *República*, falaram sobre as crianças em suas obras. Contudo, suas preocupações são diferentes daquelas da pesquisa contemporânea sobre o desenvolvimento infantil. Por exemplo, a preocupação de Hobbes com as crianças era primeiramente relacionada ao contexto de um relato da justificação da autoridade política. O caso de Locke é mais complicado. Havia dois contextos para seus escritos sobre as crianças. De um lado, estava interessado em oferecer um relato alternativo da autoridade a Filmer e Hobbes em seus *Two treatises on government*. De outro, em *Some thoughts concerning education* (1996), ele estava interessado em apresentar um relato de como melhor criar futuros cidadãos. David Archard (1998) nos diz que em *Some thoughts* "Locke escreve que as crianças são como recipientes de uma criação ideal, cidadãos em construção, pensadores jovens e imperfeitos, folhas em branco preenchidas pela experiência" (p. 85). Locke apresentas as crianças como seres com suas próprias necessidades, e sua recomendação é ampla, incluindo um programa de estudos, punições possíveis para mau comportamento e também necessidades relacionadas à dieta. Ainda assim, Locke não escreveu sobre as crianças no modelo do desenvolvimento infantil de hoje. Há uma grande distância entre o tipo de observação geral feita por Locke sobre as capacidades das crianças em *Some thoughts*, tais como a observação de que quando uma criança começa a falar "é hora de começar a *aprender a ler*... [Mas] deve-se tomar grande cuidado para que isso não seja um negócio para ela ou que ela a considere uma tarefa" (1996, p. 113), e as alegações contemporâneas fundamentadas em experimentos de que as crianças pequenas podem, com poucas semanas de vida, distinguir as pessoas de objetos inanimados" (Bradley, 1989).[14]

Deve-se também notar que as observações gerais de Jean Jacques Rousseau acerca das habilidades das crianças em sua famosa obra sobre educação, *Emile* (1911)[*] não se encaixam no modelo de desenvolvimento infantil de hoje. Como Locke, Rousseau enfatizava a distinção da infância como uma fase da vida humana. Ele nos fala que as crianças têm suas "próprias maneiras de ver, pensar e sentir" (p. 57). Por exemplo, ele diz que

---

aurora que, semelhante a um caracol, se arrasta de má vontade para a escola. Em seguida, é o apaixonado, suspirando como um forno, com uma balada triste composta para as sobrancelhas de sua amada. Depois, é um soldado... (SHAKESPEARE, W. *As you like it* (Como Gostais). Obra Completa de W.S., Vol II, Rio de Janeiro: Nova Aguilar, 1989, II, vii, p.526.)

*N. de R.: Traduzido para a língua portuguesa como *Emílio* ou *Da educação*.

no início a criança ouve a linguagem falada; falamos com elas antes de que elas possam entender o que é dito. Seus órgãos vocais ainda estão rígidos e apenas gradualmente prestam-se à reprodução dos sons ouvidos; não se sabe se esses sons são ouvidos de maneira distinta como nós os ouvimos (p. 37).

Tanto as observações de Locke quanto as de Rousseau, contudo, são baseadas em observações não-sistemáticas das crianças e não são fundamentadas em estudos experimentais. Em *Emile*, Rousseau diz-nos que "não sabemos o que a natureza nos permite ser, nenhum de nós *mediu* [grifo meu] a diferença possível entre um homem e outro" (p. 29). Talvez, a pesquisa contemporânea de desenvolvimento venha a demonstrar que as crianças são muito mais capazes de várias tarefas do que supunham Locke e Rousseau. A pesquisa científica agora fundamenta nosso entendimento do desenvolvimento infantil. Contudo, os indivíduos em geral e as crianças em particular não eram ainda objetos de conhecimento científico naquela época.[15] A visão de que há um índice de desenvolvimento para os indivíduos e pelo qual seu desenvolvimento fosse comparado ainda não havia surgido. Uma vez alcançada essa medida, o desenvolvimento, como uma norma, pode ser empregado na administração detalhada dos indivíduos. Mas as técnicas e tecnologias para esse conhecimento não haviam sido inventadas até a metade do século XIX.

A afirmação de que a infância é uma invenção especialmente moderna não é, naturalmente, nova. Phillippe Ariés defendeu tal ponto de vista em sua obra referencial *Centuries of childhood* (1962). Mas a análise de Ariés é falha. Ele aplicou atitudes, hipóteses e preocupações contemporâneas sobre as crianças ao passado. Pelo fato de as atitudes de hoje não serem encontradas nas sociedades do passado, ele concluiu que tais sociedades careciam de um conceito de infância. Mas o máximo que ele poderia ter dito é que elas careciam do *nosso* conceito de infância. Por definição, ser uma criança é não ser ainda um adulto, e todas as sociedades fazem essa distinção entre quem é e quem não é ainda um adulto (Archard, 1993). Meu interesse aqui é o de investigar como a idéia de desenvolvimento se tornou um princípio organizador fundamental no modo pelo qual pensamos sobre as crianças, pais, e cuidadores e com eles todos interagimos, e como esse pensamento voltado ao desenvolvimento pode suscitar limites desnecessários aos indivíduos. O surgimento desse paradigma e seu impacto sobre as crianças e seus cuidadores serão desenvolvidos no restante deste capítulo.

CONHECIMENTO

Uma figura fundamental na formação do desenvolvimento da criança foi a do astrônomo e estatístico belga Adolphe Quetelet. Para ele, assim como há leis que governam o céu e as sociedades humanas, há leis que governam os variados poderes humanos. E o pensamento estatístico foi a chave para descobrir tais leis. Quetelet aplicou a "Lei do erro", usado por astrônomos da época, às populações humanas. Assim, a idéia de que havia uma verdade a ser descoberta sobre o desenvolvimento do homem e que governava todo aspecto de sua maturação poderia então ser realizada. Diferentemente de Locke ou Jean-Jacques Rousseau, que baseavam seus pontos de vista em observações avulsas ou isoladas, Quetelet usou dados de vários estudos antropométricos para descobrir o que seria uma pessoa média em vários pontos de seu desenvolvimento. Em seu ponto de vista, o "homem médio" (*l'homme moyen*) era a encarnação dos atributos físicos *e* morais de um povo. Ele sustentava que as características do "homem médio" poderiam ser consideradas um "tipo de perfeição" de um grupo em uma determinada época, já que variações extremas cancelar-se-iam mutuamente. As características do homem médio serviriam como um padrão pelo qual se mediria o desenvolvimento dos indivíduos. As características médias representam o estado normal e saudável para os indivíduos de uma população (Hacking, 1990, Cap. 19). Os valores médios, como *normas*, não são meros construtos aritméticos. Eles têm efeitos reais sobre a vida das pessoas: normal conota saudável, anormal sugere desvio. As pessoas são motivadas, então, a moldarem-se de acordo com tais normas.

OS EDUCADORES E O PENSAMENTO EVOLUTIVO

Os educadores também tinham grandes esperanças de que os estudos antropométricos fossem produzir conhecimento sobre as leis do desenvolvimento mental das crianças. Eles tinham um interesse prático em tais estudos. Para eles, a chave para tornar a pedagogia mais eficaz era entender como a mente da criança se desdobrava. Quando as práticas educacionais são adaptadas à ordem de desenvolvimento natural das habilidades das crianças e de seus interesses, tais práticas seriam finalmente capazes de fazer o que deveriam fazer: moldar essas crianças para serem os cidadãos do futuro. A questão do desenvolvimento mental das crianças rapidamente tornou-se um assunto quente para discussão nos clubes femininos e nas organizações de professores na metade do século XIX. G. Stanley Hall, da Clark University, membro fundador da American Psychological Association, usou seu entusiasmo para colocar os professores e os pais a trabalhar. Questionários e mais questionários sobre o comportamento das crianças eram respondidos. Era como se a mera coleta de números e cálculos de médias e apresentação de tabelas e gráficos garantissem que suas descobertas revelariam ainda mais as leis que governam o desenvolvimento das crianças.

Havia outra razão para o interesse no desenvolvimento mental das crianças à época. Quem se envolvia com história natural e "pensamento evolutivo" via o "desenvolvimento" como sendo *o* princípio organizador da Natureza. Robert Chambers, autor de uma obra popular publicada anonimamente como *Vestiges of the natural history of creation* (1969), diz que "o inorgânico tem uma lei final e abrangente: a lei da GRAVITAÇÃO. O orgânico, o outro grande departamento das coisas mundanas, apóia-se de maneira similar em uma lei, e essa é o DESENVOLVIMENTO" (p. 360, letras maiúsculas no original). O desenvolvimento da mente era visto como algo que separava os seres humanos do mundo animal. O desenvolvimento mental das crianças tinha interesse particular, porque se pensava que ela estivesse entre o animal e o humano. Uma certa quantidade de artigos sobre o comportamento infantil foi publicada na segunda metade do século XIX. "A Biographical Sketch of the Infant", de Charles Darwin, por exemplo, foi publicado em *Mind* em 1877. A pequena quantidade de publicações rapidamente se tornaria algo muito grande.

CONHECIMENTO, PODER, ÉTICA

O relato recém-apresentado demonstra que o desenvolvimento do pensamento estatístico e evolutivo, preocupações sobre a saúde da população e da educação e muitos outros dados convergem para a criação de um espaço (conceitual e institucional) para o surgimento de uma ciência do desenvolvimento infantil. Os duvidosos questionários de Hall dariam lugar a testes mais rigorosos, como o teste de inteligência de Binet e Simon, em 1904. Tais testes ofereciam uma maneira simples de obter conhecimento sobre o comportamento das crianças, acadêmico ou não. Fizeram com que fosse possível pensar objetivamente sobre as crianças em termos de desenvolvimento, tanto físico quanto psicologicamente. Por exemplo, idéias como as de que "um menino de 1 ano deve pesar 10 kg" ou "os meninos de 2 anos sabem usar palavras como 'eu', 'mim' e 'você'" são agora tomadas como verdadeiras ou falsas. Mais importante do que isso, os testes começaram a mudar a maneira pela qual a pesquisa sobre o desenvolvimento da criança era feita. As crianças seriam estudadas em ambientes controlados, como em laboratórios. Ferramentas, técnicas e instrumentos conceituais seriam desenvolvidos e refinados para verificar afirmações sobre o desenvolvimento das crianças. A pediatria e a psicologia do desenvolvimento tornar-se-iam ciências maduras, oferecendo-nos ao final do processo as agora familiares concepções de que "as crianças entre dois e quatro anos não têm uma concepção real dos princípios abstratos que guiam a classificação". Embora as modernas relações sociais de poder sejam constitutivas das condições de possibilidade de conhecimento do desenvolvimento das crianças (por exemplo, separação da infância, preocupações sobre populações e educação, etc.), elas não especificam os valores verdadeiros das afirmações individuais; apenas oferecem as condições materiais e conceituais para a possibilidade de tal conhecimento.

O conhecimento do desenvolvimento das crianças também mudou a maneira pela qual pensamos sobre as elas e fazemos coisas para elas. As crianças são agora vistas como indivíduos que se desenvolvem mais ou menos normalmente, de acordo com normas físicas e psicológicas. Tal conhecimento teve impacto imediato sobre os pais. Autoridades, como James Sully, professor de filosofia e psicologia da Universidade de Londres e entusiasta do estudo do comportamento infantil, dizia aos pais que criar os filhos não era mais

> uma questão de instinto e de regras práticas irrefletidas [mas] tinha se tornado objeto de discussão profunda e desconcertante. As mães – ou seja, o tipo certo de mães – sentem que agora devem conhecer *au fond* essa criatura que são chamadas a dirigir pela estrada que leva à idade adulta (Sully, 1903, citado em Ross, 1972, p. 284).

A mensagem foi clara: bons pais iriam buscar e aprender as últimas descobertas sobre como criar seus filhos. Os pais, especialmente os pais de classe média, buscavam tal conhecimento em panfletos e revistas populares, como a *Parent's Magazine*. O desenvolvimento tornou-se parte de seu vocabulário funcional com as crianças e entre si. De bom grado, transformaram suas casas e *tornaram-se* eles mesmos os tipos de pessoas que tal conhecimento requeria. Quem não gostaria que seus filhos fossem saudáveis e normais? Pode ser verdade que, como diz o ditado popular, "é necessário uma aldeia para se criar uma criança", mas com a noção científica de desenvolvimento que tal aldeia inclua um especialista ou dois ou, pelo menos, tenha acesso a eles.

Mesmo se nos afastássemos do pensamento rígido sobre desenvolvimento conforme se vê em várias tabelas e segundo incitam escritores populares como o Dr. Benjamin Spock e os próprios pediatras,[16] como poderíamos hoje evitar completamente pensar em termos de desenvolvimento em nossas interações com as crianças? Dois estudos britânicos recentes acompanharam os resultados cognitivos, sociais e emocionais das crianças classificadas como pequenas para sua idade gestacional. Esses estudos demonstram que, embora essas crianças sejam menos propensas a terem ótimos resultados acadêmicos, seus prognósticos sociais e emocionais são bons (Owens, 2001). Mas mesmo mais cedo, muito antes de a criança nascer, indicadores foram estabelecidos para o feto, marcando-o como um ser em desenvolvimento. Hoje, pais, educadores, funcionários da saúde e burocratas dão como certo que está na natureza da criança o fato de elas se "desenvolverem" (i.e. seu crescimento é governado por normas de desenvolvimento). Mas *nós* inculcamos essa crença nas crianças e em nós mesmos. No Ocidente, a primeira imagem que um pai vê de sua criança é provavelmente a de uma imagem de ultra-som do feto, tomada em algum *check-up* de seu desenvolvimento durante a gravidez. Além disso, pensemos nos brinquedos e jogos para crianças. Eles são projetados com a meta de promover habilidades adequadas ao desenvolvimento. Os consumidores estão muito cientes das recomendações para a idade apropriada de tais jogos. Pensemos nas escolas. Todo o currículo é baseado no estímulo a habilidades, de acordo com o desenvolvimento adequado. Essas práticas e atitudes cotidianas fortificam o conceito de desenvolvimento em nossa cultura.

Lembre-se dos três tipos de questões examinadas pela ontologia crítica "Como nos constituímos como sujeitos de nosso conhecimento? Como nos constituímos como sujeitos que exercitam as relações de poder ou que a elas se submetem? Como nos constituímos como sujeitos morais de nossas próprias ações?" (Foucault, 1984, p. 49)? Na discussão anterior sobre o desenvolvimento infantil, nós vimos como os indivíduos, em particular as crianças, tornaram-se objetos de conhecimento, e como os pais e outros cuidadores têm participado com vontade de várias relações de poder que guiam seu comportamento e o das crianças de que cuidam. Tais relações são informadas pelo pensamento voltado ao desenvolvimento. Trata-se do conhecimento e do poder dos três eixos de conhecimento, poder e ética. O que dizer da ética? As relações entre crianças e pais, entre crianças e especialistas e entre pais e especialistas são todas informadas pelo conhecimento que temos sobre desenvolvimento. E esse conhecimento também moldou o modo pelo qual pensamos sobre nossas responsabilidades em termos de cuidado das crianças (por exemplo, legislação sobre abandono de crianças, punição corporal, etc.). Tais demandas éticas têm efeitos normalizadores sobre os indivíduos, e são divididas assimetricamente. Por exemplo, as mães, que são tipicamente as primeiras pessoas a cuidar de suas crianças, carregam a parte mais difícil da carga; e os problemas são multiplicados para quem está em situações marginalizadas, tais como as mães solteiras adolescentes.

IMPLICAÇÕES

Quais são, então, as implicações de uma crítica prática para as práticas fundadas no modelo de desenvolvimento infantil? Como a discussão dos subcapítulos prévios ilustram, uma análise inspirada pela noção foucauldiana de ontologia crítica demonstra como o próprio desenvolvimento se tornou um princípio organizacional nas sociedades ocidentais contemporâneas. Tal raciocínio sobre as crianças também impregnou outras maneiras de pensar sobre elas, que vicejam em outras tradições, tais como a dos povos nativos do norte do Canadá (por exemplo, a escolarização formal interrompe as práticas comunitárias tradicionais, como a caça. Ver Owens, 2001, e Roundtable, 1999). Ainda assim, dever-se-ia prestar atenção a essas outras práticas de educação das crianças já que elas podem oferecer *insights* sobre o crescimento infantil. A variabilidade das práticas de educação de crianças oferece um bom recurso para que se entendam as práticas educacionais ocidentais. Não se trata de uma rejeição do vasto corpo de conhecimento agora disponível sobre desenvolvimento infantil, mas uma chamada para tomá-lo a sério. Longe de advogar o anarquismo, ou pior, o niilismo, o próprio Foucault (1980b) nos diz que suas análises genealógicas não justificam um direito lírico à ignorância ou ao não-conhecimento" (p. 84). Em vez disso, permitem aos indivíduos "questionar a verdade no que diz respeito a seus efeitos de poder, e questionar o poder no que diz respeito a seus discursos sobre a verdade" (Foucault, 1997, p. 32). A questão *não* é dispensar o conhecimento ou a verdade. Foucault (1988a) acrescenta que "nada provou que podemos definir uma estratégia exterior ao [conhecimento ou verdade]. É de fato nesse campo de obrigação para com a verdade que nós às vezes podemos evitar de uma forma ou de outra os efeitos de uma dominação" (p. 15). Em sua visão, as mudanças só podem ser efetuadas "não por meio de um jogo que fosse completamente estranho ao jogo da verdade, mas jogando-o de outra maneira ou jogando...outros naipes no jogo da verdade" (p. 15).

A investigação histórica sobre o modelo de desenvolvimento mostra que a idéia de desenvolvimento não pode ser oferecida com perfeição em uma situação de dilema do tipo ou isto ou aquilo: ou você aceita o desenvolvimento ou o rejeita. Mas, ao entender o funcionamento dos efeitos normalizadores do conhecimento sobre o desenvolvimento das crianças sobre os indivíduos, os pais e outros cuidadores dispõem de uma base mais sólida de conhecimento para fazer julgamentos sobre o crescimento das crianças e das práticas de educação de crianças. O conhecimento do desenvolvimento físico ou psicológico pode nos dizer quando algo deu completamente errado. Mas buscar os padrões estabelecidos pelas tabelas de desenvolvimento de forma simplória pode ser algo desastroso. Ao escolher usar o conhecimento sobre o desenvolvimento infantil, talvez em conjunção com outros modelos sobre como as crianças crescem, esses indivíduos estão rompendo com os efeitos normalizadores de tal conhecimento. É importante não exagerar, porém. Casos individuais de resistência podem não levar à ruptura das práticas e instituições de desenvolvimento infantil. Essas mudanças de nível "macro" exigirão muito mais, inclusive a aceitação do outro e os relatos não ocidentais sobre educação infantil.

Como o estudo de caso do desenvolvimento infantil ilustra, as tarefas estabelecidas pela ontologia crítica – demonstrando a contingência histórica de nossos modos atuais de entender e organizar a nós mesmos e de imaginar outras possibilidades – parecem ser os componentes fundamentais para a formação do quadro de possíveis transformações. Tais mudanças são, como foi observado antes, provisionais. Elas podem ou não continuar a contribuir para a autonomia dos indivíduos em algum outro ponto. Não obstante o fato de que elas *agora* removam algumas das restrições arbitrárias impostas à habilidade de uma pessoa, ou à sua habilidade potencial, agir é sugerir que aumentar a capacidade de autonomia dos indivíduos é possível sem o aumento concomitante nos efeitos do poder disciplinar sobre eles.

NOTAS

1 Uma versão anterior deste artigo foi publicada no *Canadian Journal of Political Science*. Agradeço aos editores pela permissão concedida para utilizar os materiais de tal artigo aqui, e ao professor Peters por convidar-me a participar deste projeto.

2 O dizer já havia sido adotado em 1736 pela Society of the Friends of Truth, um grupo importante do Iluminismo alemão (Kant, 1963).

3 A atitude é contrastada com a "analítica", termo de Foucault para a teoria formal (Habermas, 1986, p. 107).

4 O projeto de Foucault também difere do de Kant. Enquanto Kant dá um papel central à autonomia em sua filosofia crítica, Foucault nos diz que "o cuidado de si implica também uma relação ao outro na medida que, para realmente cuidar de si, alguém deve ouvir aos ensinos de um mestre. Precisa-se de um guia, um orientador, um amigo – alguém que lhe diga a verdade. Assim, o problema da relação com os outros está presente em todo esse desenvolvimento do cuidado de si (1988a, p. 7).

5 De acordo com James Tully (1999), os limites são "qualquer uma das várias maneiras de falar, pensar e agir, de estar ciente de nós mesmos como sujeitos humanos" (p. 92). Esses limites são dados como certos, "funcionando como o ... horizonte das questões e contestações [do sujeito] (p. 93).

6 Foucault também dá à "ontologia crítica" o nome irônico de "ontologia histórica". De todos os ramos da investigação filosófica, a ontologia seria a menos historicamente inclinada.

7 Foucault já estava ciente em *Discipline and punish* (1979) da dupla liga do Iluminismo. Ele nos diz que o "desenvolvimento e generalização dos mecanismos disciplinares constituíram o outro, e escuro, lado do processo [da modernidade]... O Iluminismo que descobriu as liberdades, também inventou as disciplinas" (p. 222).

8 James Tully (1999) nos diz que "a modificação na prática fornece por sua vez um teste contra o qual as ferramentas conceituais originais são avaliadas e reformuladas e colocadas em prática novamente, formando assim uma 'crítica permanente'" (p. 99).

9 Michael Walzer (1986) escreve: "Foucault não faz exigência alguma de que adotemos este ou aquele princípio crítico ou substituamos essas normas disciplinares com algum outro conjunto de normas. Ele não é um advogado" (p. 65). Mas o que devemos então fazer já que "talvez haja algumas [posições] que temos 'boas razões' para não apoiar (p. 65)?".

10 Foucault (1988a) alega que "nas relações de poder, há necessariamente a possibilidade de resistência, pois se não houvesse possibilidade de resistência... não haveria relações de poder. (p. 12).

11 Como tal, o *ethos* de crítica contínua se aplica reflexivamente ao próprio projeto de Foucault também.

12 Ver também a discussão de Vrinda Dalmiya e Linda Alcoff (1995) sobre as parteiras em relação ao moderno conhecimento médico.

13 Como Paul Rabinow (1984) aponta, "a ontologia crítica não põe em questão se determinada afirmação é verdadeira ou falsa. Se a disciplina for uma ciência madura, haveria procedimentos bem-estabelecidos hoje para fazer tal determinação. Em vez disso, ela busca examinar as condições pelas quais determinadas afirmações eram consideradas verdadeiras ou falsas, os conceitos ao redor dos quais as disciplinas são organizadas" (p.12).

14 Bradley (1989) está comentando aqui sobre a pesquisa de Jerome Bruner sobre a interação entre adultos e crianças pequenas.

15 Para a ciência do indivíduo, ver Foucault, 1979.

16 Uma pediatra nos diz que usa "as tabelas de crescimento com um certo cuidado" (Owens, 2001, D1-2).

REFERÊNCIAS

Alcoff, L. (1996). *Real knowing: New versions of the coherence theory*. Ithaca, NY: Cornell University Press.

Archard, D. (1993). *Children, rights and childhood*. London: Routledge.

___. (1998). John Locke's children. In S. Turner & G. Matthews (Eds.), *The Philosopher's child: Critical essays in the western tradition* (pp. 85-103). Rochester: University of Rochester Press.

Ariès, P. (1962). *Centuries of childhood*. (R. Baldick, Trans.). New York: Vintage Books.

Bradley, B. S. (1989). *Visions of infancy*. Oxford: Polity Press.

Chambers, R. (1969). *Vestiges of the natural history of creation*. Victorian Library Edition. New York: Humanities Press. (Original work published in 1844)

Code, L. (1995). Incredulity, experientialism, and the politics of knowledge. In *Rhetorical spaces: Essays on gendered locations* (pp. 58-82). New York: Routledge.

Dalmiya, V., and Alcoff, L. (1995). Are 'old wives' tales' justified? In E. Potter & L. M. Alcoff (Eds.), *Feminist epistemologies* (pp. 217-244). New York: Routledge.

Foucault, M. (1972). The Discourse on language. In *The archaeology of knowledge and the discourse on language* (R. Sawyer, Trans.), (pp. 215-237). New York: Harper Books.

___. (1979). *Discipline and punish: The birth of the prison* (A. Sheridan, Trans.). New York: Vintage Books.

___. (1980a). *The history of sexuality, Vol. I, Introduction* (R. Hurley, Trans.). New York: Vintage Books.

___. (1980b). Two lectures. In C. Gordon (Ed.), *Power/knowledge: Selected interviews and other writings, 1972-1977* (pp. 78-108). New York: Pantheon Books.

___.(1983). The subject and power. In H. L. Dreyfus & P. Rabinow (Eds.), *Michel Foucault: Beyond structuralism and hermeneutics* (2nd ed.) (pp. 208-226). Chicago: University of Chicago Press.

___. (1984). What is enlightenment? In P. Rabinow (Ed.), The Foucault reader (pp. 32-50). New York: Pantheon Books.

___. (1988a). The ethic of care for the self as a practice of freedom. In J. Bernauer & D. Rasmussen (Eds.), *The final Foucault* (pp. 1-20). Cambridge, MA: MIT University Press.

Foucault, M.(1988b). Critical theory/intellectual history. In L. D. Kritzman (Ed.), *Michel Foucault: Politics, philosophy, culture* (pp. 17-46). New York: Routledge.

___. (1988c). Truth, power, self: An interview. In L H. Martin, H. Gutman & P. H. Hutton (Eds.), *Technologies of the self* (pp. 9-15). Amherst, MA: University of Massachusetts Press.

___. (1988d). The concern for truth. In L. D. Kritzman (Ed.), *Michel Foucault: Politics, philosophy, culture* (pp. 255-267) .New York: Roudedge.

___. (1989). How much does it cost for reason to tell the truth? In S. Lotringer (Ed.), Foucault live (pp. 233-256), New York: Semiotext(e).

___. (1997). What is critique? In S. Lotringer & L. Hochroth (Eds.), *The Politics of truth* (pp. 23-82), New York: Semiotext(e).

Fricker, M. (1998). Rational authority and social power: Towards a truly social epistemology. *Proceedings of the Aristotelian Society*, XCVII, Part 2: 159-177.

Habermas, J. (1986). Taking aim at the heart of the present. In D. Couzens Hoy (Ed.), *Foucault:A Critical reader* (pp. 103-108). New York: Basil Blackwell.

___. (1987). The Philosophical discourse of modernity. Cambridge, MA: MIT University Press.

Hacking, I. (1990). The taming of chance. Cambridge: Cambridge University Press.

Kant, I. (1963). What is enlightenment?" In L. White Beck (Ed.), *Kant on history* (pp. 3-10), Indianapolis: Bobbs-Merrill. (Original work published in 1784)

___. (1965). *Critique of pure reason* (N. Kemp Smith, Trans.) New York: St. Martins Press. (Original work published in 1781)

Locke, J. (1996). *Some thoughts concerning education*. In R. W. Grant & N. Tarcov (eds.). Indianapolis: Hackett. (Original work published in 1693)

Norris, C. (1994). What is enlightenment? Kant according to Foucault In G. Gutting (Ed.), *The Cambridge companion to Foucault* (pp. 159-196). New York: Cambridge University Press.

Owens, A-M. (2001, February 12). A weighty dilemma. *The National Post*, pp. Dl-2.

Rabinow, P. (1984). Introduction. In P. Rabinow (Ed.), *The Foucault Reader* (pp. 3-29). New York: Pantheon Books.

Rouse, J. (1994). Power/knowledge. In G. Gutting (Ed.), The Cambridge companion to Foucault (pp. 92-114). New York: Cambridge University Press.

Ross, D. (1972). C. *Stanley Hall, the psychologist as prophet*. Chicago: University of Chicago Press.

Rousseau, J-J. (1911). Emile, or on education. (B. Foxley, Trans.), London: Dent. (Original work published in 1762)

"Roundtable" (1999). In J. Wong & D. Checkland (Eds.). *Teen pregnancy and parenting: Social and ethical issues* (pp. 151-175). Toronto: University of Toronto Press.

Shakespeare, W. (1994). As You Like It (A. Brissenden, Ed.). Oxford: Oxford University Press. (Original work published in 1600).

Tully, J. (1999). To think and act differently: Foucault's four reciprocal objections to Habermas' theory. In S. Ashenden & D. Owen (Eds.), *Foucault contra Habermas* (pp. 90-142). London: Sage.

Walzer, M. (1986). The politics of Michel Foucault. In D. Couzens Hoy (Ed.), *Foucault: A critical reader* (pp. 51-68). New York: Basil Blackwell.

Capítulo 7

Assistência social como "governo": uma perspectiva analítica do poder

Fabian Kessl

A ANÁLISE DO PODER EM FOUCAULT

Para aqueles que são controlados, "[O poder] está neles investido, é transmitido por eles e por meio deles; exerce pressão sobre eles, da mesma forma que eles próprios, em sua luta contra o poder, resistem ao domínio que ele tem sobre eles" (Foucault, 1994a, p. 27).[1] As análises de Michel Foucault sobre a "física do poder", como ele apresenta em seu estudo *Discipline and punish* (p. 229), são geralmente traduzidas no campo dos debates sociopedagógicos na questão de se, a partir de tal perspectiva, todas as intervenções devem ser expostas como meros atos para a estabilização do controle. As objeções sociopedagógicas disponíveis às abordagens baseadas na análise do poder são correspondentemente marcadas por um claro desconforto. Micha Brumlik (1992), por exemplo, escreve: as análises do poder sujeitam "todas as disciplinas humanas modernas à suspeita de controle" (p. 163). Thomas Rauschenback e Rainer Treptow (1984) dizem ironicamente que as análises de poder feitas por Foucault poderiam, no máximo, ser seguidas de uma "não-intervenção radical ('não fazer nada é melhor do que fazer alguma coisa')" (p. 60), e que isso levaria a uma conseqüência devastadora: "a variedade da carreira estratégica (é) o postulado da desprofissionalização" (p. 60). Assim, seguir Foucault significaria abandonar o projeto de trabalho/assistência social, até mesmo o projeto iluminista de educação.

As perspectivas baseadas na análise de poder experimentam esse tipo de rejeição maciça não só nos debates sobre a assistência/trabalho social.

Os resmungões sociopedagógicos também concordam em coro com o que os céticos alemães dizem de Foucault, cujo refrão comum e adaptado foi escrito por Jürgen Habermas e tem sido cantado de maneira quase imutável até o dia de hoje: influenciado por Nietzsche, este filósofo antiiluminsta francês volta-se contra a humanidade (ver Habermas, 1998, p. 284). De acordo com essa sugestão, seguir Foucault implicaria o fim completo e total do Iluminismo. As atuais objeções desabonam essas reprovações: Foucault não apenas louva o Iluminismo, mas é um precursor da formação da teoria neoliberal (ver Reitz, 2003).

UMA ARMADILHA PARA SUA PRÓPRIA CULTURA

A confusão presente na recepção da obra de Foucault é gerada principalmente pelas mudanças de perspectiva que ele adotou ao longo de sua obra e que, retrospectivamente, na introdução a *Use of pleasure: the history of sexuality, vol. 2**, descreve como sendo a seguinte "virada teórica": a partir da análise das "formas das práticas do discurso", ele passou a uma análise das "estratégias abertas e das técnicas racionais...que articulam a prática dos poderes", a fim de chegar à análise das "formas e modalidades da relação para consigo mesma... por meio da qual, o indivíduo constitui e reconhece-se como sujeito" (Foucault, 2000, p. 12). Em sua interpretação de Foucault, Wolfgang Detel (1998) conseqüentemente fala de três fases: conhecimento, poder e subjetividade, que são todas determinadas pela ocupação de Foucault com a questão de "jogos de verdade" específicos (p. 16). Já dois anos antes da publicação de *The use of pleasure*, Foucault escreveu no pós-escrito a Hubert Dreyfus e na interpretação de Paul Rabinow de suas obras que ele havia se ocupado com "três meios de objetificação, que transformam as pessoas em sujeitos": a constituição das ciências, a constituição da regulação da população e a constituição da formação do sujeito" (Foucault 1994c, p. 243). "Não o poder, mas o sujeito" (p. 243) é assim o tema de sua pesquisa. E, repita-se, cinco anos antes, Foucault declarou em uma entrevista a Fontana e Pasquino (1978) – à luz de seus primeiros estudos genealógicos no começo dos anos de 1960 – "Pergunto-me sobre o que foi que falei então..se não foi sobre poder" (p. 30). Finalmente, no pós-escrito à passagem citada da introdução a *The use of pleasure: the history of sexuality, vol. 2*, Foucault (2000) escreveu que, embora tenha primeiro tratado os jogos de verdade em termos de sua relação mútua, ele então subseqüentemente se voltou ao estudo dos mecanismos de verdade em seu relacionamento com as relações de poder a fim de subseqüentemente investigar "o estudo do jogo de verdade na relação de tal jogo para consigo mesmo e para sua própria constituição como um sujeito" (p. 13).

---
*N. de R. Ver nota da p. 76.

Qual foi a perspectiva escolhida por Foucault? O caminho do discurso ao sujeito ou da genealogia das ciências à genealogia do sujeito? Ou devemos caracterizar Foucault na linha da teoria do sujeito, da teoria do poder ou de uma análise dos jogos de verdade? A óbvia incapacidade de classificar a "obra" de Foucault oferece a base tanto para a fascinação quanto para o desdém que suas idéias parecem ter encetado. Por um lado, quando se lê Habermas (1998), suspeita-se que ele estivesse quase que esgotando sua perspicácia, suando em sua mesa, discutindo enquanto escrevia sobre "a dramática história da influência" de Foucault e de sua "reputação de iconoclasta" (p. 324) e, ao mesmo tempo, dedicava dois capítulos a ele como único autor examinado em *Der Philosophische Diskurs der Moderne* [O Discurso Filosófico da Modernidade]. Por outro lado, a introdução de Thomas Lemke para aquela que se tornou recentemente a interpretação mais influente de Foucault em alemão é algo que se lê como um credo religioso de um convertido, cujos olhos foram abertos pela releitura dos textos foucauldianos. Lemke (1997) começa sua reação à crítica de língua alemã a Foucault por Habermas e outros: "Tive de ir ao início e começar de novo" (p. 26). Ele prossegue, dizendo que é somente esse "voltar-se para trás" que permitiu ao autor, Thomas Lenke, perceber que "os críticos de Foucault... haviam lido menos incorretamente e muito mais 'corretamente'" (p. 27). E embora Lemke não tenha ido tão longe, poderíamos de alguma forma acrescentar de maneira presunçosa que... *tais críticos apenas não foram capazes de entender, pois não haviam se iniciado no caminho necessário de "voltar-se para trás"*.

Independentemente de três fases (ver Habermas, 1998; Detel, 1998) ou "três eixos" (ver Fink-Eitel, 1997, p. 7-9) serem estabelecidos no campo das obras foucauldianas, quase todos os leitores irritam-se quando se deparam com a questão de se a "obra" do pensador francês está ou não marcada pela "continuidade" ou "descontinuidade". Foucault permite a quem faz essa questão deparar-se com um muro, como a ação de voltar-se para trás, de Lemke, deixa claro. Não se trata da questão de consistência que pode caracterizar a reconstrução e a reflexão de Foucault. Foucault se recusa a fazer tal questão. A própria confusão é, na verdade, seu desejo científico. Uma pequena observação que Foucault formulou em *Le Figaro Littéraire* à época de sua obra antecipadora *Discipline and punish**, com referência à abordagem científica de Gaston Bachelard, é, em certa medida, característica de sua própria abordagem:

> O que especialmente me encanta em Bachelard é que ele fala contra sua própria cultura com a sua própria cultura, por assim dizer... Bachelard liberta-se de todo um complexo de valores, e o faz por meio da leitura de tudo e permitindo que tudo entre em competição com o resto... E ele não faz isso porque quer copiar a grande e ampla cultura do Ocidente, Europa

---

*N. de R. Ver nota da p. 16.

ou França. Não porque ele queira mostrar que é sempre o mesmo grande espírito que vive em todo lugar e reina e pode ser encontrado em todo lugar; pelo contrário, tenho a impressão de que com suas fissuras, seus desvios, suas pequenas interrupções, e suas observações incorretas, ele está tentando preparar uma armadilha para sua própria cultura (Foucault, 2002, p. 476f).

A análise das práticas discursivas, a genealogia das formas de conhecimento, a reconstrução dos meios de subjetivação e jogos de verdade, a análise do poder – a obra de Foucault caracteriza-se pela busca dos instrumentos analíticos em relação a cada investigação particular em que está trabalhando. Não há algo com uma "teoria foucauldiana", nenhum "sistema" de categorias analíticas fixas para uma Análise do poder. Mas a "caixa de ferramentas de Foucault" está pronta para a análise de Poder daquilo que pode ser visto e dito. As obras de Foucault não nos deixam com muito mais, ou com muito menos, do que essa caixa de ferramentas.

TRABALHO/ASSISTÊNCIA SOCIAL COMO NORMALIZAÇÃO

Foucault apresenta a educação, as assistências públicas e o trabalho/assistência social, juntamente com a medicina e a psicologia, como sendo os pilares dos "mecanismos de normalização", existentes desde o início do século XIX e, portanto, como os herdeiros dos "mecanismos disciplinares" dominantes até então. Na sua opinião, a educação e a assistência pública estão tomando o lugar da prisão:

> À medida que a medicina, a psicologia, a educação, a assistência pública e o "trabalho/assistência social" assumem uma parcela ainda maior nos poderes de supervisão e avaliação, o aparato penal será capaz, por sua vez, de tornar-se "medicalizado", "psicologizado" e "educacionalizado"; e pelo mesmo motivo aquele ponto crítico representado pela prisão se torna menos útil quando, pela lacuna entre seu discurso penitenciário e seu efeito de consolidação da delinqüência, articula o poder penal e o poder disciplinar. Em meio a todos esses mecanismos de normalização, que estão se tornando cada vez mais rigorosos em sua aplicação, a especificidade da prisão e seu papel de ligação estão perdendo parte de seu propósito" (Foucault, 1994a, p. 306).

As instituições sociopedagógicas são as herdeiras da prisão? A modernidade industrial e capitalista é por essa razão uma fase da "reforma sociopedagógica do sistema disciplinar" (Rehmann, 2003, p. 79)? Justifica-se a objeção formulada pelo historiador Detlev Peukert de que a "visão dos historiadores da escola foucauldiana, [segundo a qual] a sociedade moderna está se tornando um mundo carcerário cada vez mais perfeito, é desproporcional" (Peukert, 1986, p. 67)?

Contra esse ponto, apresento aqui a tese de que, com esses tipos de avaliação – ainda bastante comum nas ciências sociais e no trabalho/assistência social alemães –, reproduz-se uma teoria de presunção de poder como força repressiva. Muitos autores nas ciências da educação esperam pela liberação do indivíduo (*sujeito*) como resultado de uma intervenção pedagógica de sucesso. Nesse sentido, Michael Winkler afirma em sua *Theorie der Sozialpädagogik* (*Teoria da pedagogia social*): O sujeito "aprende a decidir o que fazer consigo mesmo, a formular suas próprias perspectivas e obedecer a elas; torna-se capaz de educar a si mesmo (Winkler, 1988, p. 335). Da mesma forma, o teórico educacional materialista Joachim Heydorn afirma ao final de seu polêmico tratado *Über den Widerspruch von Bildung und Herrschaft* (*Sobre as contradições da educação e do controle*): "As pessoas deveriam deixar para trás o que deixaram de fazer, experimentar de verdade a luz que trazem dentro de si, sensualmente, tangivelmente, como um mundo transformado" (Heydorn, 1870, p. 337). Dentro dos limites dos debates em língua alemã sobre o trabalho social, ele está descrito, contra o pano de fundo desse tipo de idéias, como uma instituição anti-Estado ou não social – sem levar em conta a estrutura constitutiva da formação estatal do trabalho social (ver Kessl, 2005). Levando essa concepção a sério, o trabalho social tem de ser voltado a tornar disponíveis lugares que estejam *além* do poder e do controle.

A análise do poder, ao contrário, torna claro que os meios historicamente específicos de governar podem apenas ser apropriadamente decodificados quando a idéia de um "lado de fora" das relações de poder é abandonado. O poder disciplinar do século XVIII foi transformado em um "sistema integrado", como Foucault descreve a lógica dos primeiros sistemas de bem-estar (ver Krasmann, 2003). Esse sistema integrado está sob o cerco dos chamados estados da Organização para Cooperação e Desenvolvimento Econômico (OCDE) desde a década de 1970 e reforçado desde a década de 1990: "O Social", como Robert Castel o toma (2003), está em um processo de transformação constante desde então: o sistema de bem-estar está focalizando a população de um estado-nação. Os sistemas pós-sistemas de bem-estar focalizam grupos menores, de bairros, família ou comunidades étnicas, que são (re)convocados a tomar responsabilidade pela conduta de suas vidas diárias. Poderíamos concluir que um sistema inclusivo desaloja um sistema integrado. Não é possível compreender adequadamente essas mudanças recentes no complexo poder-conhecimento na medida em que são discutidas e implementadas, em muitos casos, com referência a um projeto de trabalho social com uma investigação teórica do poder (ver Kessl e Otto, 2003).

Novas medidas de controle propagam, por exemplo, a democratização de estruturas de apoio por meio de "hierarquias planas", "participação do empregado" ou "auto-avaliação", oferecendo assim, pelo menos, um significativo "menor controle" e "maior liberdade". A análise do ganho de liberdade dos atores participantes, contudo, é radicalmente reduzido sem a consideração do fenômeno que tais interpretações das medidas de autogerenciamento não suplantam as relações de poder e controle, mas, em vez disso, "meramente" reajustam a relação entre gerenciamento interno e externo. As obras que lidam com a análise do poder, tais como os estudos da governamentalidade, apresentam a análise de tornar relacionais as relações de formas sociais historicamente específicas. Esses tipos de obras estão voltadas a concretizar o que poderia significar a defesa de Foucault (2002), com referência aos métodos de Bachelard, de "criar a armadilha para sua própria cultura" (p. 476).

Ao final de *The history of sexuality: the will to knowledge, vol. 1**, Foucault (1999) escreve que uma "*tecnologia* de poder voltada à vida" caracterizou o sistema da vida social da Europa central desde o século XVIII (p. 172). Em conjunção com o Iluminismo, as sociedades disciplinares tornaram-se sociedades normalizadoras. Poder-se-ia concluir de Foucault – embora de uma maneira quase imprópria de alinhamento seqüencial – que as instituições da medicina, psicologia, educação e assistência pública surgem para a regulação do *corpo* do *indivíduo* e da *população*. Em sua nona palestra do ano acadêmico de 1974/1975, que lidava com os grupos populacionais designados como socialmente anormais no contexto do estudo publicado no mesmo ano, *Discipline and punish*, Foucault (2003) cita o programa escolástico e pedagógico das filantropias na segunda metade do século XVIII: "Precisamos de seus filhos, dizia-se. Dê seus filhos a nós. Nós, como você, precisamos que essas crianças sejam formadas normalmente. Então, confie seus filhos a nós para que possamos formá-los de acordo com certas *normas* [grifo meu]" (p. 256). As crianças são as pessoas que (ainda) não correspondem às normas já estabelecidas. Os filantropos, assim, de maneira coerente e explícita identificam o *treinamento* de normas como seu programa educacional. As medidas sociopedagógicas foram concebidas da mesma maneira desde o surgimento de sua institucionalização e profissionalização no século XIX: as metas de suas medidas intervencionistas são identificadas como normas. O comentário de Herman Nohl com relação ao projeto de relações entre as gerações já tem isso como meta, quando em 1930, ele acrescentou à conclusão de seus pensamentos que estava preocupado com a "continuidade do espírito" (p. 120). Conseqüentemente, vários anos disponível para esse propósito, com a implementação do *Reichsjugendwohlfahrtsgesetzes* (RJWG) [Lei de bem-estar infantil alemã], estava o Jugendfürsorge (assistência pública juvenil) e seus beneficiários correntes: fundamentalmente,

---
*N. de R. Ver nota da p. 16.

os programas disponíveis na área de assistência educacional e de trabalho social para a juventude. Até hoje, elas se referem à tarefa de execução de normalização pedagógica. O conselheiro ministerial de Weimar no Ministério do Interior e representante do Partido Democrático Alemão (DDP), Gertrud Bäumer (1929), faz uma distinção nesse sentido entre assistência pública juvenil e serviços sociais juvenis:

> Entendidas como serviços sociais juvenis são todas as medidas para as crianças *normais*, para quem o estado e a sociedade participam para facilitar as tarefas da família. (...) Ao contrário, a expressão assistência pública juvenil engloba aquelas medidas que de uma maneira ou de outra estão voltadas a situações anormais e que devem ser implementadas de forma preventiva, protetora ou curativa (p. 18).

Aqui Bäumer torna tangível o programa de uma categorização cronológica hierárquica de gerenciamento próprio e alheio como *ordenamento hierárquico de estratégias de homogeneização e individualização*: apenas quando um certo grau de homogeneidade é atingido se permite uma medida de individualidade à geração que cresce. Ao mesmo tempo, contudo, permite-se que as crianças "normalizadas" e os jovens tenham uma certa medida de desnormalização, em um assim controlado jogo com a "normalidade".

ASSISTÊNCIA JUVENIL COMO UM COMPONENTE DE GOVERNO DO SOCIAL

A implementação do trabalho social desde o segundo terço do século XIX na confederação alemã e subseqüentemente no império alemão é parte de uma disposição governamental que foi implementada nos estados nacionais europeus como "política social" em vários períodos e sob diferentes formas desde o século XVIII. Os protagonistas dos programas sociopolíticos tiveram tanto sucesso em tematizar as lacunas de concretização entre uma estrutura baseada em uma divisão de trabalho e em modelos futuros diferentes que a regulação estatal dos problemas sociais identificados e portanto construídos, encontrou uma base como medida necessária para a estabilização da sociedade civil. De acordo com Kevin Stenson (1993), o trabalho social profissional pode, portanto, ser descrito como "um elemento de práticas governamentais produtivas que criam e operam no âmbito de regimes da verdade" (p. 42).

Ainda assim, quando o trabalho social executa ações governamentais, ou para dizer isso de outra forma, encena e administra processos de normalização, há alguma coisa que possa ser feita além da submissão à estrutura de poder? As reflexões analíticas de poder, portanto, nos levam à resignação no que diz respeito a um projeto de trabalho social, como, por exemplo, Thomas Rauschenbach e Rainer Treptow assumem?

A perspectiva da teoria da comunicação, que é ancorada na teoria da língua alemã por meio da tradição da recepção explícita e também implícita da *Theorie Kommunikativen Handelns* [Teoria da Ação Comunicativa] de Habermas e da ética do discurso a ela associada não permitem a reflexão a partir de uma análise do poder.[2] Os modelos conciliadores da negociação consensual ("mesas-redondas", "conferências distritais", "fóruns do cidadão" ou "conferências de estudos de caso interdiciplinares") dominam os debates em uma área que não só é permanentemente confrontada pelo que são, em parte, processos de uma estratificação e de uma marginalização social radicais, mas recebe também sua legitimação por meio da produção e da simbolização de áreas de tais problemas sociais. As *linhas de conflito* que permeiam esses tipos de sistema podem assim tornar-se visíveis quando são entendidas como situações de interação, inclinadas ao conflito porque heterogêneas em termos de interesse e estratificadas por meio de relações historicamente específicas de poder e controle. Em seu modo inimitável e quase sarcástico de *Politics and ethics*, Foucault (1994b) responde à questão das estipulações de consenso: "Chegaria mesmo a dizer que talvez não se deva ser a favor do consentimento mútuo, mas contra o não-consentimento" (p. 707).

A tarefa de reunir sistemas sociopedagógicos é tornar possível ver a lógica da estruturação subjacente às ações sociopedagógicas (governamentais) que permanentemente a reproduzem. As convicções sobre as quais se baseiam essa conduta são o resultado de acordos historicamente específicos e assim particulares para a sistematização do campo social. Em outras palavras, as interpretações dominantes apresentam um certo preenchimento ético de lacunas universais. O desafio sociopedagógico requer que se perceba um conteúdo particular inevitável e sua conexão para com uma universalidade igualmente inevitável e intangível. Poder-se-ia apontá-la: as perspectivas analíticas de poder e controle mais do que as perspectivas da teoria da comunicação são inevitáveis. O trabalho social não escapa das estruturas de poder. É parte constitutiva do governo do social. Não obstante, a partir dessa perspectiva, a conclusão não é a de que ele tenha de submeter-se às estruturas de poder. Em vez disso, deve ajudar seus usuários a tornarem-se tão independentes quanto possível – ainda assim, no âmbito da estrutura do poder. Pois, no final, trata-se da habilidade de não governar, e de não ser governado, de tal maneira sociopedagógica.

NOTAS

1 Todas as citações de Foucault foram traduzidas da versão alemã.

2 Uma tentativa de definição ainda eficaz hoje descreve o trabalho social como uma instituição intermediária entre sistema e ambiente.

REFERÊNCIAS

Bäumer, G. (1929). Das Jugendwohlfahrtswesen. In N. Hermann & L, Pallat (Eds.), *Handbuch der Pädagogik*, Fünfer Band, (pp. 18-26). Langensalza: Beltz.

Brumlik, M. (1992). *Advokatorische Ethik: zur Legitimation pädagogischer Eingriffe*. Bielefeld: Karin Böllert.

Castel, R. (2003) *L'insécurité sociale. Qu'est ce quiêtre protegé?* Paris: La République des Idées/Seuil.

Decel, W. (1998). *Macht, Moral, Wissen: Foucault und die klassische Antike*. Frankfurt: Suhrkamp.

Fink-Eitel, H. (1997). *Michel Foucault zur Einführung*, (3rd ed.). Hamburg: Junius.

Foucault, M. (1978). *Wahrheit und Macht*. In M. Foucault, *Dispositive der Macht* (pp. 21-54). Berlin: Merve.

___. (1994a) *Discipline and punish: The birth of the prison* (A. Sheridan, Transl.). New York: Vintage Books (Original work published in 1979).

___. (1994b). Politik und Ethik. *Deutsche Zeitschrift für Philosophie*, 42(4), 703-708.

___. (1994c). Das Subjekt und die Macht. In H. Dreyfus & P. Rabinow (Eds.), *Michel Foucault: jenseits von Strukturalismus und Hermeneutik* (pp. 243-261), (2nd ed.). Frankfurt a.M.: Beltz Athenäum.

___. (1999). Der Wille zum Wissen: Sexualität und Wahrheit, Band 1. Frankfurt a.M.: Suhrkamp.

___. (2000). Der Gebrauch der Lüste: Sexualität und Wahrheit, Band 2, (6th ed.). Frankfurt a.M.: Suhrkamp.

___. (2002). Seine eigene Kultur in die Falle locken. In M. Foucault, *Schriften in vier Banden. Dits et Ecrits*. Band II, 1970-1975, 476-477. Frankfurt a.M.: Suhrkamp.

___. (2003). *Abnormal, lectures at the College de France* (1974-1975) (G. Burchell, Transl.). New York: Picador.

Habermas, J. (1998). *Der philosophische Diskurs der Moderne* (6th ed.). Frankfurt a.M.: Suhrkamp.

Heydorn, H-J. (1970). *Über den Widerspruch von Bildung und Herrschaft*. Frankfurt a.M.: Suhrkamp.

Kessl, F. (2005). *Der Gebrauch der eigenen Kräfte: eine Gouvernementalität Sozialer Arbeit*, Weinheim/Munich: Juventa.

Kessl, P., and Otto, H-U. (2003). Freed to pursue a new illusion? The new privatization of social services [retrieved on December 19th, 2005 from] http://www.unibielefeld.de/paedagogik/agn/ag8/Freed % 20 to % 20 pursue % 20 a % 20 new%2oillusion.pdf

Krasmann, S. (2003). *Die Kriminalität der Gesellschaft. Zur Gouvernementalität der Gegenwart*, Konstanz: UVK.

Lemke, T. (1997). *Eine Kritik der politischen Vernunft: Foucault Analyse der modernen Gouvernementalität*. Berlin, Hamburg: Argument.

Nohl, H. (1930). Das Verhältnis der Generationen in der Pädagogik. In H. Nohl, *Pädagogische Aufsätze* (pp. 111-120) (2nd ed.). Langensalza: Beltz (Original work published in 1914).

Peukert, D. J-K. (1986). *Grenzen der Socialdisziplinierung: Aufstieg und Krise der deutschen Jugendfürsorge von 1878 bis 1932*, Cologne: Bund.

Rauschenbach, T., and Treptow, R, (1984). Sozialpädagogische Reflexivitat und gesellschaftliche Rationalität. Überlegungen zur Konstitution sozialpädagogischen Handelns. In S. Müller, H-U. Otto, H. Peter & H. Sünker (Eds.), *Handlungskompetenz in der Sozialarbeit/ Sozialpädagogik II: theoretische Konzepte und gesellschaftliche Strukturen* (pp. 21-71). Bielefeld: AJZ.

Rehmann, J. (2003). Vom Gefängnis zur moderne Seele: Foucaults Überwachen und Strafen' neu besichtigt. *Das Argument*, Vol. 45(249), 63-81.

Reitz, T. (2003). Die Sorge um sich und niemand anderen. *Das Argument*, Vol. 45(249), 82-97.

Stenson, K. (1993). Social work discourse and the social work interview. *Economy and Society*, Vol. 22(1), 42-76.

Winkler, M. (1988). *Eine Theorie der Sozialpädagogik: über Erziehung als Rekonstruktion der Subjektivität*. Stuttgart: Klett-Cotta.

Capítulo 8

O "intra-empreendedor" e a "mãe": estratégias de "fomento" e "desenvolvimento" do empreendedor de si no desenvolvimento organizacional e na ação afirmativa

Susanne Maria Weber

INTRODUÇÃO

No setor privado alemão, o desenvolvimento organizacional e a ação afirmativa para as mulheres são conceitos correntes da mudança institucional. Oferece-se aqui uma perspectiva que focaliza a prática de normalização de sujeitos como também a reconstrução de culturas organizacionais. O "Poder-Conhecimento" torna-se uma categoria central. Com a lógica de "sistemas frouxamente encaixados", uma conexão entre a análise do discurso e o desenvolvimento organizacional é produzida (Weber, 1998, 2000). Enquanto a racionalidade encontrada no desenvolvimento organizacional cria o "intra-empreendedor" como o empreendedor que atua internamente na empresa, as iniciativas dominantes correntes de ação afirmativa para as mulheres na Alemanha as vêem como "empreendedoras da família". Ambos os conceitos enfatizam o princípio de "apoio/desenvolvimento" aos/dos recursos humanos.

Organizações diferentes usam as possibilidades de ambos os conceitos de maneiras diferentes. As variedades, inerentes às organizações, de conhecimento de roteiro, isto é, dos conceitos correntes da racionalidade estão fundamentadas, estão estabelecidas. As estratégias específicas para cada empresa tornam-se manifestas. As organizações lidam de maneiras específicas com este conhecimento, e elas podem ser integradas nas tipologias de "mercado", "clã" e "burocracia".

Nos conceitos de desenvolvimento organizacional e de sua realização, a racionalidade empreendedora pode ser analisada de um modo educacional visando ao aperfeiçoamento. Portanto, o conhecimento educacional tem de ser questionado: De que maneira e por meio de que intervenção prática ele pode ter efeitos normalizadores? Ele tem a tarefa de otimizar a eficiência dos recursos humanos. Constrói a aprendizagem duradoura do "empreendedor de si mesmo" em estratégias de um desenvolvimento organizacional. Ao mesmo tempo, vemos a estratégia de "fomento e desenvolvimento" de recursos humanos na mãe como "empreendedora da família", que é responsável pela otimização das qualidades da criança por meio da educação. Esse conhecimento é conhecimento estratégico porque ele forma o nexo entre a economia e a população (Weber, 2006a). Dessa maneira, o conhecimento educacional pode ser descrito como conhecimento normalizador no âmbito de um dispositivo de poder (Foucault, 1978a, b, c). Tal dispositivo de poder não é mais igual à forma piramidal da "burocracia" mecânica, mas igual ao modelo de poder em forma de rede do "mercado". Em nível de um construtivismo analítico discursivo, a organização possui o *status* de um cenário onde a "norma" pode expor a si mesma (Weber, 2006b). O conceito de "recurso humano" designa uma nova posição ao sujeito e à diferença de gênero. Na estrutura do "mercado", a diferença não é mais um déficit como era dentro da lógica da estrutura organizacional da "burocracia"; não é também mais uma fronteira como no conceito de "clã". Na verdade, é um recurso que está no escopo de um "gerenciamento da diversidade" (Weber, 1999).

A forma organizacional e a racionalidade da "rede" estão por todo lugar. Em seu livro "A corrosão de caráter" (*Der flexible Mensch*), Richard Sennett (1998) descreve de maneira impressionante um novo modelo organizacional que se torna claro por meio do seguinte exemplo de organização do trabalho na economia. Imaginemos a longa extensão da fábrica da Ford: à esquerda, a matéria-prima que chega à frente do portão da fábrica, a longa linha de montagem, e na direita, o produto final, um carro. O supervisor dá instruções, a construção do carro se divide em partes, toda pessoa executa um movimento e passa o produto parcialmente acabado ao restante da linha. O cronograma a ser cumprido é rigorosamente rítmico, a estrutura organizacional do trabalho é a mesma todo dia. Ao contrário disso, tem-se o modelo organizacional de rede. No centro de programação de Bill Gates, várias equipes trabalham em paralelo no desenvolvimento de um novo programa. Trabalha-se tarde da noite. Não há hierarquias, nenhum trabalho seqüencialmente organizado, não há relógios na parede: todos correm contra o tempo e contra a competição interna. Apenas a melhor das equipes vence o contrato – os outros perdem o jogo.

Esse modelo organizacional de redes competitivas não está apenas presente na economia. A rede como um modelo novo e básico aparece em muitos campos como a ciência política global, a tecnologia e o debate social tanto quanto nas ciências naturais. Em todo lugar ela se torna a base para as interpretações de "explanações de mundo" (Weber, 1999). Como isso deve ser considerado e avaliado? Os novos conceitos de administração, os novos conceitos de modelos deliberativos de política de moldura da nova vida social são apenas uma nova moda, um novo mito? E que *status* possui esse conhecimento no contexto da dinâmica da modernização global? Haverá uma tendência global de homogeneização dos conceitos de gerenciamento?

No contexto alemão, busquei as racionalidades presentes por trás dos conceitos e modelos de organização. Descobri a tese de que os modelos de "burocracia" e de "rede" são baseados em racionalidades que se opõem umas às outras e que a "rede" parece tornar-se cada vez mais a racionalidade dominante no comportamento social. Os seguintes resultados são baseados em um estudo empírico no qual novos conceitos de gerenciamento foram pesquisados como repertórios de conhecimento em sentido epistemológico. Usando o método da análise do discurso de Foucault (1992), eles foram analisados como "superfícies de um discurso", que se tornaram sociologicamente relevantes. Combinando a abordagem metodológica da análise do discurso com a fundamentação teórica (Strauss, 1991), analisou-se a aplicação empírica dessa prática discursiva em diferentes tipos de negócios na economia privada.

Primeiramente, constatei que o novo modelo organizacional do dispositivo de rede representa um novo tipo de poder. Tal conhecimento acompanha os efeitos subjetivantes do poder. Isso torna óbvio que não é suficiente estar no âmbito de um argumentação afirmativa ou ideologicamente crítica. É necessário questionar as racionalidades. De acordo com Foucault (1988), esta é a única crítica eficaz:

> A crítica ao poder imposto aos lunáticos não pode se restringir às instituições psiquiátricas: aqueles que questionam o direito de punir não podem estar satisfeitos em denunciar as prisões como instituições totalitárias. A questão é a de como tais relações de poder são racionalizadas, já que essa é a única maneira de impedir que outras instituições com metas iguais e com os mesmos efeitos tomem seu lugar (p.66).

A análise do poder operativo é uma análise de operações estratégicas. Ela examina de que maneira o conhecimento interage com novos conceitos de mudança e como é capaz de reatualizar seu significado. Intimamente relacionadas a isso estão as questões sobre como o poder-conhecimento específico se torna exitoso, como ele alcança posição hegemônica e como o poder-conhecimento garante sua existência. De maneira similar, tem-se de examinar quais estoques de conhecimento perdem a batalha pelo poder de definição (Hörster, 1993).

Portanto, Foucault (1978b) busca a "tática" do conhecimento e de seus "jogos" (p. 65). Ao fazê-lo, ele substitui uma matriz jurídica (voltada à lei) e negativa (fracassada) por um modelo de poder estratégico, policêntrico e voltado ao processo (Foucault, 1978c). O modelo analítico, tanto quanto o modelo foucauldiano de poder, permite que se aprenda mais sobre a relação entre os estoques econômicos, educacionais e culturais. O método da análise do discurso usa sistematicamente a "visão estrangeira" sobre o óbvio, o auto-evidente, sobre o mito da vida cotidiana (Barthes, 1964). A perspectiva de Foucault sobre as "superfícies", onde um discurso aparece, permite que se busquem tanto "problemas identificados" quanto "soluções identificadas" (Weber, 1998). Encontramos ambos não apenas no desenvolvimento organizacional, mas também nos comentários sobre o estado da família. Assim será demonstrado que o conhecimento do poder cria duas posições diferentes dos sujeitos – "intra-empreendedor" e "mãe". Como veremos, os problemas são diversos e podem ser abordados na organização – e na família.

DIAGNÓSTICO DE PROBLEMAS: RISCO, AUMENTO DE COMPLEXIDADE E FALHA DE CONTROLE

Nos diagnósticos atuais o mundo parece extremamente complicado. O atual debate social, por exemplo, é sobre o risco crescente de uma dinâmica da modernização que se torna independente e incontrolável. As soluções do passado são os problemas de hoje. As estratégias institucionais de resolução de problemas criam novos problemas que mal são calculáveis, quantificáveis e ajustáveis. Em face dos efeitos crescentes da ação instrumental, a falha do controle e a complexidade crescente são diagnosticados. A pesquisa e a prática lidam com questões do *se* e do *como* o imprevisível pode tornar-se previsível.

RISCO

O risco tem de ser calculado mesmo quando não pode ser limitado e previsível. Desse ponto de vista, a Sociedade tornou-se uma "sociedade de risco" (Beck, 1986).

A entrada na sociedade de risco ocorre no mesmo momento em que ameaças sociais e, portanto, socialmente produzidas, dissolvem os sistemas de segurança válidos de cálculos de risco já existentes no estado de bem-estar: riscos atômicos, químicos, ecológicos e de engenharia genética, de maneira diferente do risco da primeira era industrial, a) não devem ser delimitados nem localmente ou temporariamente, b) são incalculáveis, de acordo com as regras de causalidade, culpa e responsabilidade, c) são irreparáveis e "não-seguráveis" (Beck, 1993, p. 451)

A categoria de risco refere-se à vida dos sujeitos e sua identidade, à mudança institucional, às estratégias do estado-nação, bem como ao desenvolvimento global. Toda estratégia de ação transforma-se em um projeto arriscado que sustenta poderes criativos tanto quanto a possibilidade de falha. Os problemas se expandem, transformando-se em riscos que ameaçam a existência. O risco não é apenas crucial em nível nacional – no debate sociológico, o mundo propriamente dito se transforma em uma sociedade de risco mundial (Beck, 1997). O risco está sendo identificado tanto nas organizações quanto nas famílias.

AUMENTO DE COMPLEXIDADE

Neste debate, não se podem limitar os riscos ou controlá-los. Neste contexto, a discussão sobre "conseqüências não-pretendidas" que não são mais previsíveis e calculáveis, sobre os assim chamados "paradoxos do ativismo instrumental" começou. Isso leva à confrontação com o fato de que as estratégias parciais e redutoras não oferecem soluções, mas apenas criam novos problemas. A ação institucional sofre de desconfiança pública; Beck descreve isso como sendo irresponsabilidade organizada.

A situação é marcada pelo rápido aumento dos problemas e desafios sociais tanto quanto pelo reconhecimento do fato de que cinco ou seis bilhões de seres humanos são afetados por esses problemas (Gruppe Von Lissabon, 1997, p. 20). Eles afetam todas as áreas: política, economia, cultura e ecologia. "Os novos perigos ambientais são globais, têm efeitos que vão além do seu lugar de origem e que são, às vezes, invisíveis: destruição em larga escala, o buraco na camada de ozônio, o derretimento polar, a poluição dos oceanos" (Beck 1997, p. 9). Situações problemáticas não podem mais ser resolvidas pelo uso das estratégias lógicas causais da ação instrumental. O objetivo é não pensar nas relações de causa-e-efeito, mas chegar a uma compreensão das cadeias de efeito. No desenvolvimento organizacional, como nos programas de ação afirmativa, o aumento da complexidade é considerado um problema.

FALHA DE CONTROLE

Um terceiro aspecto torna-se óbvio: a falha de controle. Trata-se de um modelo de percepção que concerne ao desenvolvimento global tanto quanto à ação organizacional. Esse problema produz categorias de perda de controle em diferentes níveis de ação. Para Messner (1998), há um perigo de "espirais declinantes intensificarem-se mutuamente" (p. 35) no afastamento gradual de ricos e pobres na integração econômica e na marginalidade social: "O ciclo de corte de impostos em nível mundial e as crises financeiras dos estados que resultam disso, corridas pela desregulamentação, baixas de salários, problemas de ordem social e ambiental" (p. 35) cada vez mais estreitam o âmbito de ação para a estruturação das políticas sociais. O mundo parece ter ficado maluco. Os riscos de um aumento contínuo de inter-relações complexas são ainda controláveis? Se o são, como? Entre os cenários apocalípticos e descrições eufóricas do futuro, é consenso que os velhos mecanismos de controle não mais funcionam. Um mundo que muda tão rapidamente – assim como o "senso comum" – precisa controlar os mecanismos que são diferentes das rotinas burocráticas estabelecidas.

Os negócios são discutidos como algo cada vez mais freqüentemente em risco de estar exposto às políticas públicas. Em um mundo cada vez mais inseguro, mesmo os projetos industriais se tornam uma tarefa política (Beck, 1997b). Eles são forçados a comunicar-se (Munch, 1992). Beck considera que as instituições do estado-nação da moderna era industrial estão em profunda crise (modernização reflexiva). A velha coalizão pelo progresso perde a confiança de que antes desfrutava (Beck, 1997b).

Os riscos, o aumento da responsabilidade e a falha de controle no discurso e como problemas, são igualmente relevantes no nível da ação local, mundial e organizacional. No nível organizacional o risco é visto como incapacidade de competir por causa de estruturas organizacionais rígidas e burocráticas. Em um mundo de mudanças rápidas a orientação unilateral em direção à manutenção do *status quo* é considerada disfuncional. A "burocracia" é cada vez mais considerada estática, hierárquica e segmentada. Observando o lado da família, o modelo tradicional de uma relação hierárquica e patriarcal não é mais aceito. Os ideais do casal igualitário e da relação igualitária entre crianças e pais vêm à tona – assim como na privacidade as formas tradicionais de controle parecem perder terreno.

VELHO E NOVO PODER-CONHECIMENTO DE CONTROLE: "BUROCRACIA" E "MERCADO"

Burocracia e mercado são dois modelos organizacionais e têm neles próprios duas racionalidades que são diametralmente opostas entre si. A tipologia da organização de acordo com Ouchi e colaboradores (1993) explicita a diferença entre "burocracia", "mercado" e "clã". Enquanto a burocracia é baseada em canais oficiais, promoção, especialização e hierarquia, o clã tem como foco o envolvimento, o compartilhamento de lucros, aconselhamento, consenso, antigüidade e emprego duradouro por uma vida inteira. O mercado, por outro lado, baseia o envolvimento de seus empregados em uma orientação pronunciadamente voltada a atingir objetivos, uma prática de contratação e demissão de acordo com suas necessidades momentâneas, um sistema de pagamento baseado em realizações e empregos para uma pessoa ou equipe.

No debate científico, assim como dos profissionais, acerca do desenvolvimento organizacional, os casos ideais de burocracia e mercado são contrastados entre si. O aparato burocrático é criticado por ser excessivamente controlado, inovativamente fraco, rígido, supercomplicado e superestabilizado. Por causa de sua política de "cumprir as regras", sua orientação em direção à segurança e à vontade calculada de realizar de seus empregados, as organizações são consideradas incapazes de preencher as exigências de hoje. As burocracias públicas, em particular, são acusadas de fracasso político. Seu poder de estado institucionalizado é percebido como um obstáculo e frustração (Jaenicke, 1986). São criticadas por terem um quadro de funcionários exageradamente grande e pela máquina administrativa, realização de trabalhos duplos e precisão e controle excessivos. Pela separação entre os trabalhos prático e teórico, o conhecimento específico e o poder inovador de seus subordinados parece ser deixado de lado, o que impede o desdobramento de sua eficiência (Bosetzky e Heinrich, 1980).

A estrutura organizacional da burocracia é criticada por colocar as decisões e as habilidades no topo e pelo fato de as relações serem lineares. Diz-se que a burocracia funciona independentemente das pessoas, porque vê os seres humanos como um fator de insegurança que precisa ser controlado. A burocracia é criticada por tornar lenta a iniciativa humana: qualquer independência de espírito é imediatamente colocada de volta no trilho dos regulamentos e procedimentos. A burocracia impede qualquer movimento começado por conta própria pelos empregados. Essa "qualidade não democrática" do tratamento aos empregados é questionada. Diz-se que a burocracia diz respeito à ordem e à obediência e também ao coleguismo, mas somente de maneira abstrata. Diz-se que ela forma um quadro complexo dos regulamentos, com responsabilidades definidas, divisão de trabalho, descrições refinadas de empregos e canais dados de procedimento. As operações são "fixadas artificialmente, repetíveis, calculáveis e podem ser levadas adiante por outras pessoas" (Kuhl, 1994, p. 28). As tarefas são fragmentadas e segmentadas e todos os procedimentos são formalizados. A burocracia tem como foco o cálculo, a precisão, a confiança e a segurança absoluta de expectativas. A rotina domina os negócios do cotidiano. Na "burocracia mecânica" não há espaço para exceções e para "viagens extras". Ela conecta os seres humanos como se fossem engrenagens de procedimentos mecânicos. A burocracia mecânica opera, não luta. Foi feita para a estabilidade, não para a mudança. É estática e permanece como está, independentemente do lucro ou da perda.

Um novo modelo organizacional flexível é implementado contra essa prática hierárquica, segmentada e estática. E considera-se um modelo apropriado para ir ao encontro dos riscos da crescente complexidade e falta de controle, sendo divulgado como uma âncora de emergência para a eficácia da ação institucional. A lógica da produção e da organização mudou. Agora, espera-se que os sujeitos atuem autonomamente, sejam voltados à equipe e que estruturem a ação organizacional de modo orientado ao processo. Diz-se que os conceitos mudados de produção surgem da necessidade organizacional de mecanismos diferentes de coordenação (Esser, 1992). Não se trata mais de quantidade, mas de qualidade pelo custo mais baixo. Isso deve ser alcançado pelas estruturas organizadoras de maneira flexível e integrando funções em vez de segmentá-las (Boyer, 1992).

O controle de qualidade deve portanto não mais ocorrer no final, mas tem de estar integrado no processo de produção. O ideal organizacional não é mais piramidal, mas em forma de rede. A obediência a ordens de estruturas hierárquicas é confrontada com um "empreendedor de si mesmo". Os velhos limites de departamento são confrontados com as estruturas de equipe que vão além de tais limites, e a forma burocrática de organização centrada em manter o *status quo* tem agora de competir com "o processo contínuo de melhora".

REDES ECONÔMICAS: "INTRA-EMPREENDEDORES", EQUIPES E O PROCESSO CONTÍNUO DE MELHORIA

Quando se pesquisa a literatura atual da área gerencial sobre desenvolvimento organizacional é impossível evitar a figura da "rede" (Weber, 1998). Há uma demanda por estruturas organizacionais abertas e flexíveis que determinam tão poucas coisas quanto possível, de antemão. Ou como diz o consultor organizacional Kühl (1994): "Os processos de comunicação têm de ser organizados em uma rede permanente de retroalimentação. A conseqüência disso é que as organizações não são mais estruturas formadas, mas se transformam em um processo em que há retroalimentação e melhoria permanentes" (p. 133)

Com isso, o velho modelo organizacional burocrático tem de recuar; e o modelo de "mercado" baseado no princípio de rede é então celebrado. Esse modelo depende da competição completa e não tem como objetivo manter o *status quo*. A organização do trabalho é orientada para tarefas definidas holisticamente e para a autocoordenação interna dos grupos (Staehle, 1988).

Idealmente, as pessoas têm de ser empreendedoras (intra-empreendedoras) no mercado. Esse mercado existe tanto dentro quanto fora da empresa. O mercado interno da empresa transforma antigos colegas em "provedores de serviço" e "clientes" (Moldaschl e Schultz-Wild, 1994, p. 23). Esse modelo de mercado modifica também as funções dos departamentos e de sua interação. Os departamentos são reestruturados como centros de lucro. O conceito de centros de lucro é baseado na descentralização e na localização do gerenciamento. Cada unidade é autônoma e economicamente responsável por si.

O sociólogo americano Richard Sennett (1998) observa:

> A pedra angular da administração moderna é a crença que as redes livremente conectadas são mais abertas a reestruturação fundamental do que

as hierarquias piramidais que dominaram o modelo fordista. A conexão entre os pontos centrais é mais frouxa, pode-se remover partes sem destruir outras partes, pelo menos em teoria. O sistema é fragmentado, e isso permite uma possibilidade de intervenção (p. 60). O princípio básico da rede é a flexibilidade. A campanha pela mudança institucional é conduzida sob o termo guia da flexibilidade (p. 62).

Sennett afirma que a flexibilidade pertence a um sistema de poder, que consiste nos elementos de reestruturação descontínua das instituições, diferenciação flexível da produção e concentração de poder sem centralização.

Aqui, os dois modelos confrontam-se em nível conceitual. Isso abre a questão de *se* e *como* a nova racionalidade da administração é realizada em contextos institucionais e qual relevância ela pode defender ao fazê-lo. Na seção seguinte, três exemplos de organização esclarecerão a variação da racionalidade da rede. Eles não são exemplos singulares ou casos que possam ser transferidos aos modelos de burocracia, clã e mercado. As três categorias não podem ser limitadas ao setor social, todas elas podem também ser encontradas no estado, na economia e em setores da sociedade civil. Não obstante, representam diferentes qualidades e recursos no que diz respeito à negociabilidade mercadológica* e aos recursos de solidariedade e igualdade. Em uma perspectiva de governamentalidade, pertencem a diferentes regimes de poder: razão de estado, "política" e "mercado". Como será demonstrado, elas se relacionam com posicionamentos dos sujeitos em relação ao sexo (Weber, 2006a).

OS MODELOS ORGANIZACIONAIS: BUROCRACIA, CLÃ E MERCADO

Na burocracia, todos os procedimentos são organizados formalmente por meio de canais formais e são independentes do fluxo de informação. Baseiam-se no hábito, na possibilidade de predizer e na confiança. Os procedimentos e as decisões devem ser calculáveis e transparentes.

As décadas de 1980 e 1990 presenciaram o desenvolvimento de novos objetivos e princípios orientadores também para as organizações burocráticas. Conceitos como "administração de qualidade total" foram elaborados para aumentar a capacidade competitiva das empresas. Elas precisavam adaptar-se ao mercado e melhorar seu *marketing* e "poder de ataque". O aparato funcional das burocracias está agora considerado "acabado" e carente de um reparo. Antigos departamentos são transformados em centros de lucro e mesmo a gerência mais alta deve mudar o conceito que tem de si. Eles agora têm a tarefa de tornar-se partidários de seus empregados: antes

---

* N. de T. No original, *marketability*.

as portas eram mantidas abertas para o "chefe", por causa de sua antigüidade. Agora, ele é um fornecedor de serviços para seus empregados. A duração do emprego é menos importante, e no caso de uma promoção, a antigüidade é menos relevante. A orientação voltada à eficiência é considerada uma grande prioridade. Aqueles que possuem talentos especiais devem receber apoio. A avaliação dos empregados, um instrumento que havia funcionado exclusivamente de cima para baixo, é agora usado de baixo para cima. Mesmo a gerência tem de provar sua capacidade.

A cooperação equilibrada entre iguais é uma demanda, mas os recém-criados empreendedores internos politizam a fim de sustentar seus próprios interesses. Os executivos usam medidas de reestruturação para seus próprios fins. Em vez do trabalho de equipe e da cooperação, o princípio da competição começa a atuar. O foco não está no lucro da organização mas no lucro do departamento de alguém. Em vez de nivelar a racionalização das hierarquias, ocorre a intensificação do trabalho e da terceirização. A meta de orientar-se para o desenvolvimento continua sem ser cumprida. Não há tempo de sobra para a participação ativa dos empregados nos processos de mudança ou na educação continuada relacionada a seus empregos.

O modelo organizacional de clãs é freqüentemente encontrado nos negócios familiares ou em organizações especializadas de alto desempenho (como, por exemplo, na indústria computacional). Como o nome já diz, um clã tem como base a familiaridade e as relações pessoais. O modelo do clã não lida com procedimentos formalizados e com definições claras das tarefas, mas com a improvisação, tomada de decisões situacional, "administração de qualquer jeito". Já que mal há quaisquer regras formais, o clã pode operar muito rapidamente no mercado e *ad hoc*. O clã lida com o aumento do lucro por meio de um papel na comunidade. O clã objetiva oferecer a seus empregados uma casa e uma família e trabalha com a solidariedade como recurso. Paz na empresa, harmonia entre os empregados e um bom ambiente social são muito importantes.

Ambientes legais formais formam a base para os contratos de emprego, ainda que soluções individuais sobrepujem a representação dos empregados organizada coletivamente. O empregador volta-se aos valores em prol de situações reais e das pessoas. Ele controla seu negócio por meio do "gerenciamento que circula pelo ambiente". O "chefe" se vê como um "pai". O modelo de clã enfatiza o princípio de "pastor e rebanho". O pastor presta atenção constante em seu rebanho e o acompanha todo o tempo. Corrige desvios e busca ovelhas desgarradas, mantendo o grupo unido.

Enquanto o clã tem como base o princípio de lealdade e cuidado, de pastor e rebanho, no mercado o que se tem é total competição. Em tal sistema, ninguém é igual e os desempenhos de ponta são alcançados; um alto desempenho individual é equivalente a alto lucro individual. O desenvolvimento organizacional não é apresentado por acaso e por decisões *ad hoc*, mas praticado sistematicamente. Um aumento estável do desempenho geral do negócio deve ser atingido por meio de orientação organizacional. Os empregados integram esse sistema de uma maneira diferente do clã. A estrutura do clã distribui as necessidades da empresa igualmente para todos os empregados; o mercado, pelo contrário, focaliza as habilidades dos empregados e os recursos individuais. Todos têm de contribuir de alguma forma. Não se buscam os pontos fracos de um indivíduo, mas os pontos fortes de cada pessoa para sustentá-los e desenvolvê-los.

A rede forma o modelo organizacional do mercado. Os objetivos são estabelecidos e buscados estrategicamente. Todos os fatores de sucesso são sistematicamente examinados e incluídos nos planos: no setor de serviços, por exemplo, a localização, o ambiente da loja, os uniformes, empregados sorridentes, etc. são fatores importantes para o sucesso. O cliente deve sentir-se à vontade. Aquela sensação de um negócio pequeno ou artesanal se foi: o logotipo, o equipamento do *designer*, as roupas dos empregados e o estilo dos anúncios indicam profissionalização.

O conceito funciona. O apoio aos recursos humanos, o acompanhamento de processos, o aumento da competição e a provisão de incentivos em conjunto com o controle técnico é o segredo do sucesso do "mercado" em expansão. As idéias e o *feedback* dos empregados são integrados em um processo contínuo de melhora. O reconhecimento dos empregados e o apreço pela realização são algo de alta importância. Ao mesmo tempo, há alta pressão pelo sucesso.

O modelo de mercado tem como foco o que é útil e empregável. A liderança é um processo emancipatório em que a administração torna-se o fornecedor de serviços para os empregados. O mercado sustenta e desenvolve os potenciais de seus empregados para aumentar o sucesso da empresa. A educação continuada tem de oferecer "competência de processos" e "qualificações extrafuncionais". Os empregados devem desenvolver uma percepção em que se vejam como aprendizes por uma vida inteira. Eles constantemente monitoram-se e trabalham seu aperfeiçoamento continuado. Ainda assim, nesse modelo, não há tempo de sobra para uma vida fora do trabalho.

CONHECIMENTO EDUCACIONAL, O SUJEITO QUE MELHORA POR CONTA PRÓPRIA E A POSIÇÃO DA NORMA

A matriz a seguir demonstra a posição do conhecimento educacional no discurso de otimização e melhoria e do posicionamento do "intra-empreendedor" e da "mãe". A burocracia, o mercado e o clã representam modos diferentes de poder-conhecimento e de suas representações institucionais. A burocracia é ainda baseada na hierarquia, segmentação e estruturas estáticas e funciona com a formalização e separação do público e do privado. O clã baseia-se em um princípio de baixa formalização. Ele integra o sujeito trabalhador em uma espécie de educação "baseada na família", em uma "unidade empreendedora" homogênea. O mercado, por outro lado, favorece o sujeito que busca sua própria melhoria e que se volta ao conhecimento educacional de apoio e desenvolvimento.

Esses três modelos organizacionais representam diferentes formas de poder que se opõem diametralmente: a racionalidade do poder piramidal e a racionalidade do poder da "rede" (Weber, 1998), no qual o conhecimento educacional de apoio e desenvolvimento tem uma função central. No terceiro modelo organizacional, o mercado, um novo modelo de controle aparece, descrito por Sennett (1998) como capitalismo flexível.

O conhecimento educacional tem a tarefa de gerar esse assim chamado sujeito que melhora por iniciativa própria. Ainda assim, a racionalidade de controle descrita aqui não deve ser manipulada de maneira afirmativa ou ideológico-crítica. Essa racionalidade tem uma qualidade subjetivadora e "percorre as partes internas do corpo" (Foucault, 1978c). Ela não representa um modelo de poder repressivo, mas um modelo que ativa o capital humano.

MODELO ORGANIZACIONAL	PRÁTICA	MODO	FORMA	ASPECTO PEDAGÓGICO	DIFERENÇA E POSIÇÃO DA MULHER	POSIÇÃO DO SUJEITO
BUROCRACIA	Ordem	Formalismo e lei	Pirâmide	Execução	Marginalização e terceirização	Recebedor de ordens
CLÃ	Conselho	Comunidade e moral	Círculo	Inclusão	Integração / marginalização	Membro de uma comunidade
MERCADO	Incentivo	Competição e lucro	Rede	Apoio e desenvolvimento	Definição, empregabilidade/ uso	Sujeito empreendedor

Abordagens de "gerenciamento" surgem como sem apêndice das possibilidades de controle tecnológico extensivo e da rede sistemática. Dessa maneira, o foco dos novos conceitos executivos muda, em sua orientação gerencial, do caso para o sujeito. Até o ponto em que cada função de controle é coberta por meios tecnológicos, o gerenciamento de pessoal torna-se primordialmente uma tarefa comunicativa. O controle é combinado com incentivos materiais baseados em pagamento por realizações. Nas relações pessoais, a criação de incentivos pode ser crucial. A desindividualização abre espaço para o calor humano, para relações pedagógicas primordiais, nas quais a confiança se torna um recurso empregável. O gerenciamento preventivo é, portanto, baseado na comunicação e no controle orientado aos processos. Isso se aplica no nível dos sujeitos tanto quanto aos níveis das equipes e das unidades organizacionais. Como "comunidades internas de realizações", as equipes são ao mesmo tempo unidades econômicas e sociais voltadas a realizações. Aplicando tal entendimento de uma organização, o gerenciamento torna-se uma tarefa de desenvolvimento e apoio. Enquanto o gerente se torna um "partidário e desenvolvedor" e "fornecedor de serviços" à sua equipe, uma espécie de mentor do desenvolvimento pessoal, o empregado se torna um "empreendedor de seu próprio desenvolvimento" enquanto compete com os outros.

Essa prática de poder tem caráter pedagógico e de apoio, além de implicar conexões e de ter um caráter convincente, tornando a não-comunicação um alto risco. Portanto, o gerenciamento preventivo tem de ser projetado como um monitoramento contínuo de processos. Por meio do conceito de aprendizagem de vida inteira, o sujeito se torna o sujeito que busca melhorar autonomamente e que tem de se emancipar e desenvolver-se de maneira constante. Assim, o sujeito é visto como um "sujeito pedagógico". Através do apelo "o sucesso está dentro de você!", o sujeito se torna um "sujeito autêntico em processo". Ao mesmo tempo, os imperativos de fato contraditórios de "inventar a si mesmo" e de "conhecer a si mesmo" entram em ação. Eles podem ser caracterizados como uma prática de autodefinição e auto-exame, que é ao mesmo tempo construtiva e investigativa. Nesse sentido, o negócio se desenvolve como em um laboratório de aprendizagem. No conhecimento pedagógico de apoio e desenvolvimento, a velha prática da confissão tanto em seu sentido religioso quanto secular entra em cena. O desenvolvimento da personalidade serve à criação de insights relativos ao eu interior. A crença é secularizada e focada no sujeito que hoje – sendo divino – tem de criar a si mesmo no que diz respeito a auto-realização e ao sucesso. Portanto, o conhecimento educacional se torna conhecimento da criação.

A autopercepção de tal relação empreendedor-empregado é socialmente desempenhada por meio do conhecimento educacional, pela norma de aprendizagem de vida inteira, e é oferecida como um conceito de identidade. Aqui a norma se apresenta. Ela não apenas tem uma influência nos negócios, mas se torna relevante como um padrão social geral de comportamento tanto quanto uma opção e apelo por novos conceitos de identidade. Assim, o conhecimento educacional assume uma posição sistêmica e estratégica no complexo poder-conhecimento do atual conhecimento da mudança. Ele está regulando o conhecimento no âmbito de um novo "repertório de conhecimento" ou "dispositivo de poder".

A TÁTICA: AUTO-ORGANIZAÇÃO, CONFIANÇA E APRENDIZAGEM

O conhecimento pedagógico do mercado funciona no âmbito do dispositivo de poder da rede. Seus mecanismos são auto-organização, confiança e aprendizagem. Esse conhecimento pedagógico incorpora-se na figura do intra-empreendedor como personalidade de aprendizagem auto-organizada, e na relação entre empregado e gerente como relação pedagógica. O intra-empreendedor é capaz de sobreviver à competição do mercado. Tal empregado torna-se um recurso humano e não mais recebe ordens. Ele é como "capital" da empresa, que não podia desenvolver todo o seu potencial no âmbito de hierarquias inflexíveis e de regras obtusas (Fuchs e Besier, 1996). Todos os empregados estão incluídos em um processo constante de melhoria. Eles estão sujeitos a uma aprendizagem que dura toda uma vida. A concepção de personalidade aplicada aqui usa o padrão básico de um "eu flexível" (Sennett, 1998). Isso se baseia no dado de que uma pessoa é geralmente capaz de mudar ao longo da vida, desde que tenha oportunidades para fazê-lo (Turk, 1981). Cada vez mais os sujeitos, tanto quanto as organizações, são rotulados como sistemas de aprendizagem. Aprender e trabalhar não mais se separam e nem são fases seqüenciais. Ao contrário, misturam-se: trabalhar é aprender (Suker e Zimmermann, 1996).

Ao considerar os riscos crescentes, o aumento da complexidade e a falha de controle, a aprendizagem se torna uma nova estratégia de adequação bem como um novo mecanismo de controle. Como demonstra o subcapítulo a seguir, o conceito de "apoio e desenvolvimento" transforma-se em conhecimento de controle e em um modo de ação para estratégias institucionais, a fim de aumentar a eficiência.

A TÁTICA DA AUTO-ORGANIZAÇÃO

O auto-organizado "empreendedor de si mesmo" não está mais na posição de um sujeito alienado. Ele "percebe a si mesmo por meio daquilo a que aspira e pela autopercepção. Na organização de rede, as unidades autônomas e os centros de lucro estão conectados de maneira mais solta. Eles podem agir flexivelmente e independentemente de outras partes do sistema. Por meio das atividade que lhe são próprias e por uma auto-regulação de amplo alcance de todas as unidades relativamente independentes, otimiza-se a regulação. As necessidades de cada situação não apenas podem acelerar, mas sim moldar a habilidade do sistema como um todo para reagir e agir proativamente. Assim, o sistema é menos guiado por meio de regras e regulações, funcionando, em vez disso, por meio de processos.

No contexto de uma organização, essa autonomia é ambivalente. De acordo com o princípio da rede, a descentralização e a (des)hierarquização criam uma mudança de poder, passando de um padrão centralizado para um padrão policêntrico. Por causa dessa estrutura policêntrica, o sistema se torna mais eficiente e vulnerável ao mesmo tempo. A atividade própria pode rapidamente mudar para uma dinâmica em que o intra-empreendedor poderia começar a representar seus próprios interesses em vez de representar os interesses da organização, tornando-se, dessa forma, político e incalculável (um exemplo clássico são as mudanças repentinas de gerentes e cientistas para o lado do "competidor"). Os homens se tornam um risco para o sistema. A organização como um todo se torna um mundo de interesses conflitantes. Portanto, estratégias de rede possuem muitas fontes estruturais de conflito em seu próprio âmbito.

A esse respeito, as estratégias de solução podem igualmente ser causas de problemas: elas fomentam o aumento de incalculabilidade e da complexidade na medida em que carregam em si mesmas seus riscos específicos e novas necessidades de regulação internas.

A TÁTICA DA CONFIANÇA

A ação preventiva pode limitar os riscos mais eficientemente como se demonstra a seguir.

A fim de não se tornar um risco, a aparente liberdade tem de ser aglutinada por meio de um mecanismo de controle suave.

Enquanto a criação de "centros de lucro" é uma estratégia para aumentar a flexibilidade organizacional, as redes são uma abordagem das empresas, que visa a organizar inseguranças e estabilizá-las. Colocada de outro modo, ela lida com a integração de elementos de estabilização organizacionais em relações circundantes turbulentas e instáveis (Kühl, 1994, p. 52)

As equipes, no discurso gerencial dos profissionais visualizadas como tripulações de navegação ou como bandas de *jazz*, constroem o corretivo para o intra-empreendedor. Aqui, os poderes de aglutinação dos grupos e das equipes atuam como um recurso. A utilidade do trabalho de equipe está na qualidade emocional da "localização", os recursos da solidariedade, mas também na dimensão do evitar o anonimato e, portanto, do controle social. Os novos conceitos de comunidade não devem ser confundidos com "a velha ideologia do mundo de negócios em que a empresa é vista como uma família" (Esser, 1992, p. 158). A diferença está na orientação coerente do intra-empreendedor e do grupo como um todo em direção a um objetivo empresarial comum. Os empregados são elos de uma cadeia e não "carregadores de realizações" isolados (Sommerlatte, 1996, p. 120). Nesse discurso, as equipes devem criar solidariedade, confiança e controle social.

A solidariedade, a confiança e o controle social tornam-se mecanismos de controle que ajudam a reduzir o risco de falha de controle como se encontra na literatura atual sobre desenvolvimento organizacional: "Todo dia, tentamos ser guiados pelo seguinte: rede, em vez de hierarquias, retornos constantes e reguladores em vez de regras fixas, mudança em vez de inflexibilidade, responsabilidade em vez de jurisdição, participação em vez de controle" (Ploenzke, 1996, p. 158f).

A empresa é projetada como uma "comunidade local". Liberdade e compromisso têm de estar equilibrados de maneira sensível. "Como é possível tornar um negócio uma área/espaço livre de hierarquia? Como é possível tornar-se uma casa para pessoas criativas?" (Ploenzke, 1996, p. 155f). Os protagonistas da "sociedade mundial" também exigem o princípio de equipe e cooperação. Os problemas apenas são considerados como passíveis de solução quando os protagonistas se orientam para uma solução comum (Messner, 1994, 1998). Nem a auto-organização de intra-empreendedores e sua integração em equipes "reunidas de maneira mais frouxa ou livre", nem a segurança preventiva de seu comportamento funcional para a organização por meio do recurso "confiança", pode levar em consideração uma orientação voltada ao processo e à segurança sistêmica. Essas demandas são atendidas pelo fator "aprendizagem".

A TÁTICA DA APRENDIZAGEM

Os sujeitos, assim como as organizações, precisam se tornar os elaboradores de suas vidas, de suas identidades e imagens. A possibilidade de dar forma cria uma pressão para que se dê forma. Enfrentar altos riscos, aumentar a complexidade e a perda de controle, fazem com que a questão "qual caminho é o melhor?" torne-se cada vez mais importante. Sob a pressão da mudança rápida e de desdobramentos imprevisíveis as estruturas lineares acabam parecendo cada vez mais mal aproveitadas. Portanto, as estratégias têm de ser flexíveis e precisam adaptar-se de acordo com a situação e de maneira temporária.

A aprendizagem facilita a forma e a otimização dos processos. As equipes conectam as realizações à aprendizagem (Katzenbach e Smith, 1993). As características da aprendizagem são mente aberta, não-linearidade, processamento de informação, integração de erros e *feedbacks* constantes. A aprendizagem parece ser um processo em forma de rede e holístico de informação no cérebro. Capra (1996) descreve claramente a relação entre o paradigma da rede e a aprendizagem:

> Pelo fato de as redes de comunicação serem capazes de criar *feedbacks* constantes, elas também são capazes de gerar a habilidade da auto-regulação. Por exemplo, uma comunidade que mantém uma rede ativa de comunicação será capaz de aprender a partir de seus erros, porque as conseqüências

se espalharão pela rede e retornarão ao ponto inicial. Isso possibilita à comunidade corrigir erros e sistematizar-se e se organizar (p. 101).

Contudo, torna-se claro que a aprendizagem tem uma significação muito mais abrangente. Por exemplo, o desempenho de toda e qualquer unidade individual é importante para um resultado geral de sucesso. O desempenho de cada "célula de um organismo", de cada sujeito ou protagonista de uma rede, de cada negócio em uma aliança estratégica se torna importante e é objeto de otimização. Intimamente relacionada ao tema da rede está a questão das competências. "A fim de alcançar resultados ótimos, temos de apoiar a criatividade e a comunicação" (Ploenzke, 1996, p. 153). O princípio orientador é o do indivíduo auto-organizado, aberto à rede e à aprendizagem. Ele é um

> jogador com um novo tipo de razão. Os indivíduos e as organizações que estão prontos para desenvolver esse tipo de espírito são aqueles que participam de um novo tipo de jogo depois de tomarem sua decisão. E são os indivíduos e as organizações que permitem a todos nós fazer o lucro ser utilizado por todos, o que significa levar para casa o que é seu, as bolinhas, enquanto o mundo muda rapidamente (Lynch e Kordis, 1992, p. 25).

Em conexão com a competência de redes e da realização dela em grau certo, a aprendizagem tem significação especial. Considerando os sistemas em que a aprendizagem não é um risco, ela pode tornar-se uma estratégia parcialmente complementar. A aprendizagem no nível dos sujeitos, as organizações e as redes organizacionais podem adotar uma ação terapêutica contra tais riscos. Por exemplo, em conexão com a rede de organizações há uma demanda pela "cooperação em vez da competição". Esse novo tipo de relação torna-se um objeto de aprendizagem para os sujeitos e organizações e uma estratégia abrangente de segurança sistêmica, baseada em uma racionalidade de prevenção e em "sistemas organizados mais livremente".

ESTRATÉGIAS DE "LIBERDADE", "SISTEMAS ORGANIZADOS MAIS LIVREMENTE" E "SEGURANÇA SISTÊMICA"

A atividade autodirigida do intra-empreendedor, a organização conectada por meio de equipes poderosas, os empregados que aprendem de maneira permanente e a organização que constantemente se otimiza são elementos de um discurso-estratégia.

A ESTRATÉGIA DA PREVENÇÃO

Em que tipo de racionalidade está baseada a prevenção? A prevenção define os tipos de risco e presume que eles pioram se nenhuma intervenção ocorrer. Intervenções precoces e/ou oportunas prometem reduzir riscos. Em estratégias preventivas, medidas são estabelecidas e conceitualizadas como "auxílios". Tal problema padrão é institucionalizado e pressiona outras organizações para que desenvolvam medidas similares. Assim, os interesses e as "reais necessidades" daqueles que foram afetados são levados em consideração (Hellerich e Wambach, 1983). A prevenção se desenvolve sob a forma de interação que busca delimitar o incalculável e impedir possíveis males por meio de medidas sociais e por uma prática de segurança. A prevenção como metainteração busca decidir sobre o processo de interação para o sujeito (Schulein, 1983).

Que papel a racionalidade da prevenção desempenha nos conceitos organizacionais? A integração de intra-empreendedores em equipes altamente aglutinadas, a aprendizagem contínua dos intra-empreendedores e o aumento dos poderes inovadores de organização por meio da aprendizagem são estratégias de prevenção. Também a regulação do processo, o monitoramento e o controle são preventivos, durante todo o processo. Eles funcionam com *feedbacks* constantes, com o processamento permanente de informação e com o conhecimento otimizado, a fim de lidar como os riscos da complexidade crescente e da falha de controle.

A ESTRATÉGIA DE SISTEMAS ORGANIZADOS LIVREMENTE

Qual é a racionalidade dos sistemas organizados livremente? O modelo de controle de conexões rígidas não mais funciona para os sistemas de alta complexidade, por causa dos altos graus de dependência. "Quanto mais rígida for a conexão entre as partes de um sistema, mais alta a possibilidade de que desordens locais afetem outras partes do sistema" (Perrow, 1987, p. XI). O princípio dos sistemas organizados mais livremente prova-se superior ao princípio de sistemas rígidos, porque o primeiro pode ocorrer independentemente de cada um. Está construído sobre unidades auto-controladoras, que participam do processo em conjunto, mas sem ser em uma relação causa-efeito (Perrow, 1987). O princípio de rede é em si mesmo o princípio de conexão frouxa e mais livre de partes do sistema que são independentes uma das outras.

Como se aplica o princípio de sistemas organizados livremente aos conceitos de desenvolvimento organizacional? Novas estratégias evitam estritamente as estruturas inflexíveis (Weber, 1998) como se demonstra com o exemplo das ferramentas de controle de comportamento.

O método suave de controle de comportamento por meio do mito (programas mentais) leva em consideração que as metas e também as condições de atuação em organizações são ambíguas, complexas e contraditórias, o que leva à introdução de cláusulas vagas como "poderes discricionários", "intuição", "senso comum", "aproveitamento de oportunidades", etc. para garantir a capacidade de ação em casos do colisão entre normas (Neuberger, apud Weber, 1998, p. 133).

Fortes laços são sempre criados por meio de configurações seja no discurso sobre o trabalho de rede em pequenas redes no campo social, ou na "empresa como comunidade local", seja o negócio de equipe entendido como uma *jazz band* ou tripulação de um navio. O "procedimento de navegação" das imagens corresponde ao princípio de sistemas organizados livremente. As imagens criadas discursivamente não impõem normas sociais nem morais. Elas atuam de maneira regulada deixando que as imagens "fluam", o que tem efeitos normalizadores. "O poder de tecnologias de relacionamento se baseia em nada impor, nem novas nem velhas normas sociais. Ele permite que ambas naveguem lado a lado até que cheguem a um ponto de equilíbrio" (Donzelot, 1979, p. 220).

A ESTRATÉGIA DA SEGURANÇA SISTÊMICA

A estratégia da segurança sistêmica integra a tática da liberdade, comprometimento e aprendizagem. Nessa estratégia ampla de segurança, a aprendizagem se torna um direito individual. Os "direitos" correspondem a "livre escolha" – você pode exigi-los, eles dão opções ao sujeito. Assim, por exemplo, no nível do sujeito isso se chama o direito à educação continuada. Por meio da aprendizagem organizacional, aprender sistemas complexos é algo que deve supostamente refletir e otimizar seus padrões de ação (Weber, 1998). As estratégias sistêmicas funcionam com efeitos amplos e totalitários de poder e autoridades de controle. Com a otimização como orientação durante o processo, o sujeito, tanto quanto a organização e a rede, deve decifrar a si mesmo – para descobrir seu eu autêntico – e para chegar a conhecer a si próprio. Essa abordagem é muito próxima das velhas técnicas de confissão e da prática cristã da reflexão e da confissão. O sujeito, a organização e a rede têm de dizer a verdade sobre si próprios. A comunicação tem de ser autêntica e simétrica. Os recursos e as ferramentas de cooperação, como a confiança, a comunicação discursiva, a negociação e o consenso entram em ação (Weber, 1998). Eles garantem a transparência e a confiança, servem ao processo de monitoramento, fornecem o ponto de vista sistêmico, o amor pelos detalhes e a possibilidade de correção por meio dos *feedbacks* constantes dos sistemas de aprendizagem. O dispositivo da rede pode ser demonstrado como se mostra na tabela a seguir.

FIGURA DE CONHECIMENTO	AUTONOMIA	GRUPO	DESENVOLVIMENTO DO EU
Problemas identificados	Hierarquia	Segmentação	Estático
Desenvolvimento organizacional como solução institucional	Intra-empreendedor	Equipe	Processo contínuo de melhoria
Riscos identificados	Politicização	Perda de controle	Falha de controle
Prática de táticas de conhecimento	Auto-organização e livre arbítrio	Confiança e modelos guias em redes socioeconômicas	Aprendizagem, apoio e desenvolvimento
Prática de estratégias de conhecimento	Prevenção	Sistemas livremente integrados	Segurança sistêmica

GERENCIAMENTO DE GÊNERO E DIVERSIDADE NAS REDES ECONÔMICAS?

Quando buscam as posições de "diferença" e a categoria de "gênero" em modelos diferentes de organização, três diferentes localizações se tornam aparentes: exclusão, marginalização e uso. O discurso sobre diferenças contém igualmente diferenças de gênero, culturais e físicas. Três posições aparecem aqui.

NEGAÇÃO E EXCLUSÃO DA FÊMEA: A "BUROCRACIA"

A burocracia ocorre em espaços públicos. Alegadamente neutro, o espaço público prova ser um clube masculino em que a autoridade feminina não está simbolizada. Não há espaço para a "privacidade", a qual está conectada à feminilidade. Que papel as medidas de apoio para as mulheres desempenha nisso? Enquanto conceitos de "gerenciamento de qualidade total" supostamente ajudam a burocracia altamente rígida a tornar-se mais flexível e eficiente, a ação afirmativa para as mulheres mantém-se a mesma. Elas ainda são consideradas como sociopolíticas, portanto, como estratégias de baixa prioridade, um fardo, passível de ser negligenciado quando se precisa reduzir custos. Especialmente durante a reorganização de procedimentos empresariais e/ou com política de racionalização, as mulheres têm de dar um passo para trás. A ação afirmativa para as mulheres transforma-se em uma ferramenta para a integração das mulheres na família e para excluí-las do mercado de trabalho. As mulheres que recebem uma "licença remunerada para maternidade" são compensadas com prêmios em troca do direito de retornar a seu trabalho antigo depois da licença. Muito embora o novo modelo de administração indague-se sobre qualidades como habilidades de comunicação e de trabalho em equipe, não inclui gerentes do sexo feminino, mas é voltado para novos e jovens gerentes do sexo masculino. Tal desdobramento organizacional reforça velhas relações de gênero. As mulheres não são vistas como intra-empreendedoras no âmbito da empresa, mas como "mães". A mulher tem uma face mais econômica como mãe, porque ela oferece o apoio à próxima geração e garante a "qualidade" das crianças da família. Em termos organizacionais, o gênero é um déficit, uma ausência e um problema.

MATERIALIZAÇÃO DA MULHER: O "CLÃ"

Que posição as mulheres e a feminilidade têm no discurso analisado e no modelo organizacional do "clã"? O "clã" tem uma cabeça: é masculina e prontamente entendida como um "pai" ou um patriarca. Na maior parte das vezes, ele decide pessoalmente se as mulheres tem alguma chance no negócio ou não. Em um clã tradicional, nenhuma mulher é aceita para ser treinada ou então todo o departamento administrativo é do sexo masculino. A ação afirmativa para mulheres é vista como uma estrutura de apoio clássica para as famílias, e não para sustentar a ascensão das mulheres na empresa. E os clãs altamente profissionalizados na indústria da computação representam uma irmandade de especialistas do sexo masculino.

O desenvolvimento organizacional não ocorre sistematicamente, mas *ad hoc*. A ação afirmativa para mulheres também não é vista como parte substancial do desenvolvimento organizacional no clã, em que a diferença de gênero é considerada a "vontade de Deus". A família é a unidade básica da competição. A vida econômica depende da sobrevivência do mais apto, onde os homens têm sucesso. As mulheres são a indispensável "estação de recarga" para o empreendedor e a reserva de energia que atua nos bastidores. Mas o princípio do clã não exclui as mulheres como um todo. O sistema as integra em posições marginais e subordinadas.

USO DOS RECURSOS EMPRESARIAIS FEMININOS: O "MERCADO"

O terceiro tipo de organização, o "mercado", usa recursos. O modelo de mercado apenas sustenta os "capazes". Aqui, apenas as realizações contam. As medidas de apoio para as mulheres e o desenvolvimento pessoal são uma só coisa. (Diz-se que) as mulheres possuem "habilidades femininas", tais como as habilidades de comunicação e talento para vendas, sendo vistas como um recurso. O modelo de mercado funciona para as realizações e é, portanto, menos discriminatório do que a burocracia ou os modelos de clã. Contudo, ele define o que é feminino usando todas as característica e traços. Por exemplo, a amizade e uma atitude simpática integram o ato de vendas como "qualidades de serviço".

Aqui, a diferença não é mais um risco de ação econômica, política ou educacional. Não é também simplesmente o horizonte e a matriz de um ser subjetivo. Juntamente com a expansão do dispositivo da rede e da operacionalização do conhecimento de poder, a diferença se torna diversidade cultural. A diversidade substitui a simplicidade ignorante e que sabe tudo. Tem vozes múltiplas e não uma voz só, diálogo e não ordem, busca unificada por soluções e não receitas de cima para baixo. Durante os anos de 1970, as figuras da auto-organização, de trabalho em rede e criação de processo podiam ser encontradas no discurso político sobre aumento da eficiência e de realizações (Weber, 1998). A auto-organização de protagonistas culturais coloca a complexidade e a orientação para o processo contra a simplificação e os sistemas estáticos. A perspectiva múltipla encontrada no conceito de "gerenciamento da diversidade" corresponde às demandas dos modelos de regulação orientados para a complexidade e situacionais. Por meio da influência do dispositivo de rede e da extensão da racionalidade econômica, a diversidade cultural se torna um recurso utilizável.

NOTAS

1 Baseia-se em minha tese "Organisationsentwicklung und Frauenförderung. Eine empirische Untersuchung in drei Organisationstypen der privaten Wirtschaft" (1998).

REFERÊNCIAS

Barthes, R. (1964): Mythen des Alltags. Frankfurt a. M: Suhrkamp.

Beck, U. (1986). Risikogesellschaft. Frankfurt a. M: Suhrkamp.

___. (1993). Risikogesellschaft und Vorsorgestaaat-Zwischenbilanz einer Diskussion. Nachwort In F. Ewald, *Der Vorsorgestaat* (pp. 535-558). Frankfurt a.M.: Suhrkamp.

___. (1997). *Weltrisikogesellschaft, Weltöffentlichkeit und globale Subpolitik.* Wien: Picus.

Bosetzky, H., & Heinrich, P. (1980). Mensch und Organisation. Aspekte bürokratischer Sozialisation. Köln: Kohlhammer.

Boyer, R. (1992). Neue Richtungen von Managementpraktiken und Arbeitsorganisation. Allgemeine Prinzipien und nationale Entwicklungspfade. In A. Demirovic, H-P. Krebs & T. Sablowski (Eds.)., *Hegemonie und Staat. Kapitalistische Regulation als Projekt und Prozeß* (pp. 55-103). Münster: Westfälisches Dampfboot.

Capra, F. (1996). *Lebensnetz. Ein neues Verständnis der lebendigen Welt.* Bern.: Scherz.

Donzelot, J. (1979). *Die Ordnung der Familie.* Frankfurt a.M.: Suhrkamp.

Esser, U. (1992). *Gruppenarbeit. Theorie und Praxis betrieblicher Problemlösegruppen.* Opladen.: Westdeutscher Verlag.

Foucault, M. (1978a). Wahrheit und Macht. Interview mit Michel Foucault von Allessandro Fontana und Pasquale Pasquino. In: Foucault, Michel, *Dispositive der Macht. Michel Foucault über Sexualität, Wissen und Wahrheit* (pp. 21-54). Berlin: Merve.

___. (1978b). Historisches Wissen der Kampfe und Macht Vorlesung vom 7. Januar 1976. In Foucault, Michel, *Dispositive der Macht. Michel Foucault über Sexualität, Wissen und Wahrheit* (pp. 55-74). Berlin. Merve.

___. (1978c). Die Machtverhältnisse durchziehen das Körperinnere. Gespräch mit Lucette Finas. In Foucault, Michel, *Dispositive der Macht. Michel Foucault über Sexualität*, Wissen und Wahrheit (pp. 104-117). Berlin: Merve.

___. 1988, Für eine Kritik der politischen Vernunft. In: lettre international. Sommerausgabe (pp.58-66). Berlin: Verlagsgesellschaft Lettre International.

___. (1991). *Sexualität und Wahrheit, Bd. 1. Der Wille zum Wissen*. Frankfurt a.M.: Suhrkamp. (Original work published in 1976)

___. 1992, Archäologie des Wissens. Frankfurt a.M. Suhrkamp. (Original work published in 1973)

Fuchs, J., & Besier, K. (1996). Personalentwicklung mit Perspektive. In J. Fuchs (Ed.), *Das biokybernetische Modell. Unternehmen als Organismen* (pp. 181-204). Wiesbaden: Gabler.

Gruppe Von Lissabon (1997). Grenzen des Wettbewerbs. Die Globalisierung der Wirtschaft und die Zukunft der Menschheit. München.: Luchterhand.

Hellerich, G., & Wambach, M. M. (1983). Risikoprognose als Prävention. In M. M. Wambach (Ed.), *Der Mensch als Risiko* (pp. 126-136). Frankfurt a.M.: Suhrkamp.

Hoerster, R. (1993): Normale Regulierung der Delinquenz und Sozialpädagogik. Methodologisch Überlegungen zur Analyse einer diskursiven Praxis in pädagogischer Absicht. Frankfurt/Main, (unveröffentlichte Habilitationsfassung).

Jaenicke, M.(1986). Staatsversagen. *Die Ohnmacht der Politiker in der Industriegesellschaft*. München: Piper.

Katzenbach, J. R., & Smith, D. K. (1993). *Teams. Der Schlüssel zur Hochleistungsorganisation*. Wien: Ueberreuther.

Kühl, S. (1994). *Wenn die Affen den Zoo regieren. Die Tücken der flachen Hierarchien* Frankfurt a.M.: Campus.

Lynch, D. & Kordis, P. (1992) *Delphin-Strategien. Management-Strategien in chaotischen Systemen*. Fulda: Paidia.

Messner, D. (1994). Fallstricke und Grenzen der Netzwerksteuerung. PROKLA. *Zeitschrift für kritische Socialwissenschaft*, 97(24), 563-596. Münster Westfalisches Dampfboot.

___. (1998). Die Transformation von Staat und Politik im Globalisierungs-prozess. *Entwicklungspolitik Heft 13*, 31-40. Frankfurt a.M.: Evangelischer Pressedienst.

Münch, R. (1992). *Dialektik der Kommunikationsgesellschaft*. Frankfurt a.M.: Suhrkamp.

Moldaschl, M., & Schultz-Wild, R. (Eds.). (1994). *Arbeitsorientierte Rationalisierung. Fertigungsinseln und Gruppenarbeit im Maschinenbau*. Frankfurt/New York: Campus.

Ouchi, W.; Johnson, J.B.; (1978): Types of organizational control and their relationship to emotional well-being. In: *Administrative Science Quarterly, June, Vol. 23*, lthaka;New York, 293-317.

Perrow, C. (1987). *Normale Katastrophen*. Frankfurt a.M.: Campus.

Ploenzke, K. C. (1996). Führen in Netzwerken-Der Manager als Dienstleister. In J. Fuchs (Ed.), *Das biokybernetische Modell. Unternehmen als Organismen* (pp. 149-160). Wiesbaden: Gabler.

Schülein, J. A. (1983). Gesellschaftliche Entwicklung und Prävention. In M. M. Wambach (Ed.), *Der Mensch als Risiko* (pp. 13-28). Frankfurt a.M.: Suhrkamp.

Sennett, R, (1998). *Der flexible Mensch. Die Kultur des neuen Kapitalismus*. Berlin: Berlin.

Staehle, W. H. (1988). Human Resources Management (HRM). Eine neue Managementrichtung in den USA? *Zeitschrift für Betriebswirtschaft, 58*(5/6), 576-587. Wiesbaden: Gabler.

Strauss, A. (1991). Grundlagen empirischer Sozialforschung. *Datenanalyse und Theoriebildung in der empirischen soziologischen Forschung*. München. Fink.

Sommerlatte, T. (1996). Lernende Organisationen. In J. Fuchs (Ed.), *Das biokybernetische Modell. Unternehmen als Organismen* (pp. 113-122). Wiesbaden: Gabler.

Sülzer, R., & Zimmermann, A. (1996). *Organisieren und Organisationen verstehen*. Wege der internationalen Zusammenarbeit. Opladen: Westdeutscher Verlag.

Turk, K. (1981). *Personalführung und soziale Kontrolle*. Stuttgart: Enke.

Weber, S. (1998). *Organisationsentwicklung und Frauenförderung. Eine empirische Untersuchung in drei Organisationstypen der privaten Wirtschaft*. Königstein/Taunus: Ulrike Helmer.

___. (1999). Dispositive der Macht: Von der „Pyramide" zum „Netz". In V. Aithal, N. Schirilla, H. Schürings & S. Weber (Eds.), *Wissen, Macht, Transformation*. Interkulturelle und international Perspektiven (pp. 165-184). Frankfurt: IKO.

___. (2000). Fördern und Entwickeln: Institutionelle Veränderungsstrategien und normalisierendes Wissen. *Zeitschrift für Erziehungswissenschaft 3*, 411-428. Wiesbaden: VS Verlag.

___. (2006a). Der „ Intrapreneur" und die „Mutter". Pädagogische Gouvernementalität am Kreuzungspunkt von Ökonomie und Bevölkerung. In S. Weber, S. Maurer (Eds.), *Gouvernementalität und Erziehungswissenschaft. Wissen-Macht-Transformation Transformation*, (pp. 139-162). Wiesbaden: [VS Verlag].

___. (2006b). Gouvernementalität der „Schulgemeinde". Zwischen experimenteller Demokratie und Improvisationstechnologie. In S. Weber, S. Maurer (Eds.), *Gouvernementalität und Erziehungswissenschaft. Wissen-Macht-Transformation Transformation*, (pp. 77-100). Wiesbaden: [VS Verlag].

Capítulo 9

Pensando a governamentalidade "a partir de baixo": o trabalho social e os movimentos sociais como atores (coletivos) em ordens movíveis/móveis

Susanne Maurer

As considerações deste capítulo tentam explorar a noção foucauldiana de governamentalidade relacionada aos auto-entendimentos, perspectivas e experiências coletivas no contexto do trabalho social crítico/"radical" que está historicamente conectado aos movimentos sociais (por exemplo, "ação social"). A expressão "ordens movíveis/móveis" que aparece no título refere-se a processos de transformação radical que afetam a noção de sociedade como um todo – o conceito (e a experiência coletiva) dos estados nacionais como estados de bem-estar social. Contra esse pano de fundo, estou perguntado como isso afeta os movimentos de crítica (movimentos sociais) e práticas de cuidado (trabalho social). Finalmente, apresento a seguinte questão aberta: Nós, depois de sua desconstrução, precisamos de outra "virada" em direção à "identidade" – no sentido de (auto)localização e pertencimento?

Para uma rápida revisão da "história de meu pensamento presente" relacionado à governamentalidade, gostaria de mencionar alguns poucos pontos: tendo sido uma ativista e também uma "historiadora", uma "pensadora" no contexto dos movimentos feministas alemães, também estou fazendo pesquisa e ensinando na área do trabalho social. Ao mesmo tempo, estou interessada nas relações entre gênero, memória e democracia em um contexto transnacional. Minhas reflexões neste capítulo certamente se desdobrarão para ir ao encontro desses pontos de referência. Teoricamente, sinto-me inspirada pelo pensamento foucauldiano – e ainda pela teoria crítica da tradição da Escola de Frankfurt, e de como ela se desenvolveu de acordo como o ponto de vista de pensadoras feministas como Seyla Benhabib (1992) ou outros.

Primeiramente, quero apresentar o trabalho social – "produto" e ator da mudança social após a Revolução Industrial, desenvolvendo-se ao final do século XIX e juntamente com ele, representando tanto uma resposta reparadora para os conflitos sociais e lutas quanto dando voz à experiência humana da miséria e da necessidade. Na minha perspectiva, o trabalho social – ao lado (e juntamente com) suas práticas e efeitos de subjetivação e normalização que são normalmente mais enfocados pelas reflexões foucauldianas – pode também ser considerado como um ator da problematização dos conflitos sociais.

Falando em trabalho social como produto e como ator em um processo profundo de dinamização da sociedade, o mesmo pode ser dito sobre os movimentos sociais: eles representam tentativas diferentes de transformação – seja na perspectiva da "segurança" (no que diz respeito às necessidades existenciais e aos riscos que são historicamente novos, ver Ewald, 1993), seja na perspectiva de abertura do modelo da vida das pessoas para novas possibilidades (como a educação e a participação democrática). As qualidades mais importantes dos movimentos sociais – independentemente de certas ideologias e programas – são (sobre):

* expressar / "dar voz"/ representar a rebelião contra restrições e demandas recebidas e experimentadas (*Zumutugen*);

* buscar a transformação da sociedade como um todo;

* formular um horizonte (utópico) de esperança, de "uma vida melhor em uma sociedade melhor", onde as necessidades humanas e os desejos humanos serão atendidos de maneira mais adequada, "melhor".

Contudo, os movimentos sociais são "produtos" de experiências específicas de "vida em sociedade" e estão produzindo/criando/constituindo novos contextos (e culturas) de tais experiências. Para esclarecer a conexão aqui abordada entre trabalho social e movimentos sociais, eu gostaria de fazer uma pausa e voltar à virada do século XIX.

MOVIMENTOS SOCIAIS E TRABALHO SOCIAL NA ALEMANHA IMPERIAL

O texto a seguir é sobre duas diferentes, ainda que comparáveis, "correntes" no processo histórico que tornou o surgimento do trabalho social na Alemanha tanto necessário quanto possível: o movimento da classe trabalhadora e o movimento feminista na Alemanha imperial em relação à política social e ao trabalho social. Quero enfatizar como ambos os movimentos sociais de fato desenvolveram uma certa percepção e perspectiva e, por último mas não menos importante, como de fato desenvolveram políticas práticas para lidar com as mudanças sociais e os conflitos relacionados ao processo de industrialização e ao surgimento da moderna sociedade burguesa. Em outras palavras, estou interessada no "poder da problematização" que está conectado aos movimentos sociais, de acordo com a noção foucauldiana de uma "história da problematização" (i. e., criar um tópico a partir de algo que depois será reconhecido como relevante e significativo), criando um tópico a partir da desigualdade social e suscitando a questão da justiça social.

Aqui está um esboço do pano de fundo histórico: Na Europa Ocidental, a transição de uma sociedade feudal para uma sociedade capitalista durante os séculos XVIII e XIX trouxe consigo uma mudança política, social e cultural radical. Uma nova ordem de sociedade surgiu – uma classe trabalhadora formada de uma nova maneira, uma burguesia ambiciosa como força sociocultural, uma moderna burocracia ("científica") e um novo conjunto de disciplinas. Os pensamentos do Iluminismo e do Romantismo (*Aufklärung* e *Romantik*) assim como a revolução civil de 1848 (ainda que não muito exitosa na Alemanha) tiveram um impacto importante, e os debates relativos às reformas sociais refletem sentimentos ambivalentes sobre o completamente racionalizado – e racionalizante! – *Dampfmaschinenkapitalismus* (capitalismo da máquina a vapor).

Os conceitos e modos de vida conhecidos, a comunidade e também a ordem familiar se romperam (ou pelo menos foram "perturbados" ou "problematizados"), e novos padrões de comportamento, novas qualificações e novas orientações sociais tiveram de ser encontradas. (Esse último duradouro processo de transformação é historicamente e ideologicamente conectado ao desenvolvimento do "sujeito iluminado" o "sujeito trabalhador" – ambos "naturalmente" conceituados como sendo do sexo masculino).

"*Die Soziale Frage*" (o problema social) da época referia-se ao novo fenômeno da pobreza e da necessidade então causada pelas guerras, colheitas fracassadas, privação econômica e também por um novo tipo de mobilidade forçada e um enorme crescimento da população. Essa miséria multifacetada tornou necessárias novas formas de "*Hilfe*" (ajuda/auxílio/assistência) e foi também um desafio para as novas idéias de reformas educacionais. Assim, a educação e a ajuda tornar-se-iam motivos centrais dos debates sociais e das controvérsias durante os séculos XVIII e XIX.

A virada do século (1900) aparece como um período especialmente ambíguo de mudança radical: A atmosfera social está, por assim dizer, oscilando entre uma crítica romântica da tecnologia e uma firme/não diminuída/destemida confiança no mito do progresso. Esse período é de alguma forma moldado por qualidades polarizadas, como guerra e paz, velho e novo, urbano e rural, tradicionalismo barroco e expressionismo, verve democrática e imobilidade monarquista. Os conflitos culturais e sociais desenvolvem-se dinamicamente e provocam novas respostas – pela quase paralela extinção das organizações socialistas e da segurança nacional posta pelo *Reichskanzler* Bismarck (*Sozialistengesetze und Sozialversicherung*).

Sinnkrisen and Kulturkritik (as crises de significado e a crítica da cultura) tornam-se um grande desafio para e educação – e sugerem uma variedade de pedagogias sociais (*soziale Pädagogiken*). Aqui eu gostaria de mencionar, por exemplo, a idéia da pedagogia social no contexto da sociedade como um todo ("a mudança de pessoas nos processos de aprendizagem e a mudança de situações sociais pela política social", ver Salomon, 1926).

Agora, por que enfatizo a classe trabalhadora e também o movimento feminista na Alemanha em relação ao desenvolvimento da pedagogia social, da política social e do trabalho social no sentido moderno que surgia com o século XX? Ambos representam uma abordagem diferente, mas estruturalmente conectadas, do *Soziale Frage* (o problema social da desigualdade, pobreza e justiça social). Representam uma experiência prototípica da realidade, um foco prototípico nos conflitos sociais da época, e uma estratégia prototípica de política e prática social.

Aqui não é o lugar para apontar as realidades complexas e de múltiplas camadas desses dois movimentos sociais. Eles são controversos e ambíguos em si mesmos (como é a situação social como um todo). Seu próprio espectro inclui muitas posições diferentes e perspectivas, que lutam às vezes ferozmente entre si. Tenho de esboçar o quadro muito grosseiramente então – levando em consideração o fato de que os movimentos sociais não são nem entidades homogêneas nem muito claras sobre onde começam e onde terminam, sendo seu caráter de uma espécie mais fluida.

Tanto a classe trabalhadora quanto o movimento feminista iniciam-se com a realidade da pobreza e da exclusão (embora percebam e experimentem a pobreza e a exclusão de maneiras bastante diferentes). Ambos desenvolvem ou são inspirados por uma crítica profunda do *status quo* e ambos desdobram visões de uma melhor sociedade futura (utopia). Isso quer dizer que ambos lidam com problemas de desigualdade e com a questão da participação e de governo. Sua principal diferença está no modo como fundamentalmente lidam com isso.

Pode-se dizer que o movimento da classe trabalhadora em primeiro lugar quer "mudar a situação" (mais ou menos a sociedade como um todo) enquanto o movimento feminista enfatiza a mudança (e o "crescimento pessoal") da pessoa (para mudar a situação!). Defendo esse ponto não para depreciar o movimento feminista. Eu mesma "sendo uma feminista" estou obviamente interessada no reconhecimento das contribuições do movimento. Gostaria de oferecer idéias analíticas que com sorte pudessem levar a um melhor entendimento sistemático dessa parte feminista da história. Como mencionei, Michel Foucault nos ensina que vale a pena prestar atenção à história da própria problematização enquanto se reconstrói historicamente os processos de mudança social e o – tão óbvio quanto sutil – estabelecimento de novas ordens sociais (e mentais!). Portanto, estou *muito* interessada nos padrões de percepção e interpretação da experiência social que estruturam (e criam) teorias tanto quanto práticas de diferentes movimentos sociais. No âmbito de meus próprios estudos o seguinte poderia ser explorado (ver Maurer, 2004): o foco específico no movimento da classe trabalhadora permite-nos perceber as relações de poder em conexão com um certo tipo de economia; permite-nos perceber as contradições de classe e os interesses políticos e econômicos divergentes dos diferentes grupos sociais. A relevante "posição social" é a posição de classe, e a metáfora escolhida relacionada à transformação social é "luta" (luta por justiça/ luta por liberdade) – e se não for "luta", será, pelo menos, "política de ação" ou simplesmente "política".

O foco específico do movimento feminista permite-nos perceber as relações de dependência "direto no ponto mais delicado da alma"; permite-nos perceber as relações de poder não apenas em sua conexão com a economia, mas também com a moralidade e a identidade (aqui está o ponto em que a educação entra). A "posição social" relevante (que será freqüentemente interpretada como uma posição bastante "natural"/biológica) é a posição de gênero. A metáfora escolhida relacionada à transformação social é "contribuição" ("a contribuição feminina em especial"), e na "política" tende a ser "maternalista" (*siehe "geistige Mütterlichkeit"*) pelo menos, ou principalmente, no que diz respeito a protagonistas mais moderadas do movimento.

Ainda assim, a diferença indicada aqui que apenas pode ser grosseiramente caracterizada neste ponto, não é um resultado/efeito de um *insight* ou "decisão" que poderiam ser melhores ou piores, mais ou menos adequadas. Em vez disso, é algo influenciado pela experiência social relacionada a posições muito diferentes (provavelmente subjetivas) no contexto da sociedade como um todo, que é estruturado não apenas pelas contradições de classe mas também por uma ordem social especificamente de gênero. Aqui está uma ilustração: o movimento da classe trabalhadora como um todo não parece ter muito problema (discursivo) de legitimação – a luta heróica pela liberdade e justiça talvez baste a si mesma. O movimento feminista, contudo, de fato deve (ou tem de?) investir muita energia discursiva na legitimação de sua própria demanda de estar totalmente integrado no desenvolvimento do moderno sistema social. Enquanto a idéia de classe e, portanto, de posição de classe, permite (e também força!) a experiência da "identidade coletiva", a posição de gênero permanece conectada à experiência individual. Embora "coletiva" sob muitas formas, é específica da Europa Ocidental do século XIX, ou mais precisamente, da versão alemã burguesa que continuamente privatiza, individualiza e naturaliza a posição de gênero – mesmo no contexto (e por meio!) do movimento feminista propriamente dito.

Contudo, a importância da experiência individual é exatamente o ponto em que o trabalho social feminista entra em ação: Começando com a experiência e a realidade da miséria individual, as assistentes sociais feministas e os educadores da Alemanha imperial puderam desenvolver conceitos complexos e abrangentes das práticas sociais. Eles não só se tornaram fundadores e profissionais de muitas organizações que criaram culturas sociais e que ofereceram ajuda concreta onde era necessário; também pesquisaram e elaboraram análises no contexto da antiga sociologia e da economia nacional. Assim, o impacto de sua contribuição social não pode ser apenas descrito como "moderador de conflitos sociais" ou de "apaziguamento ou reconciliação de classe", mas deve ser também percebido e reconhecido como algo que "faz uso de seu poder específico para problematizar problemas estruturais do capitalismo" – em termos de classe e de gênero. (O fato de que a freqüentemente exaltada e amplamente praticada política maternal conduza a novas armadilhas do sistema de gênero é parte da história, mas tem de ser contada em outro contexto. Ver Maurer, 2004.)

O movimento da classe trabalhadora, contudo, não podia – pelo menos nos pontos mais radicais de seu espectro – integrar dimensões da experiência individual. O movimento cooperativo, com sua idéia de ajuda mútua/recíproca, com a idéia de organização coletiva do trabalho reprodutivo, foi tolerado e tornou-se importante em termos práticos. Contudo, politicamente, tanto quanto teoricamente, com freqüência permaneceu depreciado.

OS MOVIMENTOS DE EMANCIPAÇÃO DO FINAL DO SÉCULO XX E A SEDUÇÃO DO NEOLIBERALISMO

Novos movimentos como o da Nova Esquerda, os direitos civis e o movimento estudantil dos anos de 1960, o impulso antiautoritário da "oposição extraparlamentar" (APO) na Alemanha criaram e formaram novos conceitos de política. Assim, de uma certa maneira, respondendo a outras tendências de reabertura e de desestrututração da(s) esfera(s) política(s). Os novos movimentos feministas, entre outros, contribuíram para politizar a esfera "privada" (vida e eu). Assim, "o político" perdeu suas fronteiras – foi reconhecido, conceituado e praticado como um modelos de mudança, e apareceu, juntamente com o mesmo processo, como algo sem localização precisa e sempre presente, como sempre e nunca atingível (ou passível de ser distinto).

Por outro lado, os movimentos do final do século XX transformaram antigas noções de emancipação (em um sentido mais jurídico ou formal) em "subjetividade" – entendida como um processo interno e externo de autoliberação e auto-realização. É aí que entra a noção foucauldiana de governamentalidade. Nicolas Rose e outros autores mostraram como governar no novo sentido do neoliberalismo vai ao encontro da "emancipação" (ver Rose, 2000).

Michel Foucault fala sobre aspectos traiçoeiros do "poder" que são recepções que atraem e ao mesmo tempo não atraem tanto quanto energias de luta de forças opostas em direção a formas/modos de governo que já historicamente perderam seu peso. O aspecto ainda mais traiçoeiro aqui parece ser o fato de que isso aconteça com a ajuda e/ou por meio da teoria crítica (ver Foucault, 1997).

Em outro contexto, trabalhei com os pensamentos sobre os aspectos sedutores do neoliberalismo para os assistentes sociais críticos/radicais – estimulada por Foucault, e sempre interessada em saber como o governo funciona e trabalha.[1] Foi interessante, para mim, perceber que aparentemente quase todo aspecto do âmbito dos conceitos emancipatórios do trabalho social é de alguma forma atendido por uma "promessa" neoliberal. Seguem-se alguns exemplos:

❋ a promessa de "liberdade" (por exemplo, de movimento e mobilidade) em uma "terra de oportunidades sem limites ou fronteiras", também o conceito de "eu empreendedor" vai ao encontro do desejo de autonomia;

❋ a promessa de autodeterminação vai ao encontro da aspiração por (está conectado com a atração por) poder de definição, formatação/projeto e controle;

❋ o desafio de mover-se e mudar constantemente, a demanda de flexibilidade vai ao encontro do desejo de escapar de estruturas petrificadas ou de situações emperradas;

❋ o discurso sobre (e a promessa de) qualidade, no contexto do trabalho social conectado com a noção de evolução orientada ao processo e cooperativa e de processos de controle/categorização ao mesmo tempo, vai ao encontro do desejo de fazer a qualidade que é criada no próprio contexto de trabalho mais reconhecível, visível, executável, "pronta para a competição";

❋ juntamente com as novas formas/modos de documentação, avaliação e categorização do trabalho social há uma promessa de simplicidade que vai ao encontro do desejo por clareza, controle e mesmo solução de problemas complexos.[2]

Em poucas palavras, a própria conexão entre "emancipação" e orientações neoliberais refere-se ao "coquetel" específico típico da última – a mistura de fantasias de onipotência e, de outro lado, a evocação de autorresponsabilidade (tais como "conduta por autoconduta"...).

Mas, como Richard Sennett (2002) ou Zygmunt Baumann (1999) deixaram claro, os recursos e opções para jogar o jogo neoliberal de "liberdade" e "flexibilidade" são distribuídos de maneira muito desigual. E Lisa Adkins e Célia Lury já argumentaram, a partir de uma perspectiva feminista da teoria social, que, por exemplo, a desigualdade de gênero ainda ocorre e é reproduzida novamente quando se relaciona à identidade como recurso performativo (ver Adkins e Lury, 1999; ver também Soiland, 2005).

Na lógica/"mundo" neoliberal você tem de ser forte (força, competência ou poder é uma de suas seduções!), enérgico e altamente eficaz em seu desempenho. Não há espaço para a fraqueza, a necessidade, o desespero ou a exasperação. Por exemplo, estando ciente de novas reflexões sobre a noção de "redes" (que não mais surgem ou são criadas por iniciativas comuns, mas serão cada vez mais uma estratégia de organização normativa e coercitiva), repentinamente percebi a "crueldade própria àquilo em que há relação"* (como as redes que forçam as pessoas a ter uma atitude performativa ininterruptamente, pois você tem de "exibir-se", ser ativo, e nunca parar, para "merecer" ser parte daquele contexto específico).

Esse é um momento crucial em que o saber do movimento social (especialmente o feminista), e o do trabalho social, de outro, poderiam ser produtivos e subversivos ao mesmo tempo. Deixe-me desenvolver esse argumento, a partir de um ângulo talvez incomum.

TRABALHO SOCIAL COMO MEMÓRIA SOCIAL DA SOCIEDADE SOBRE OS CONFLITOS SOCIAIS

Aqui gostaria de chamar a atenção para uma dimensão raramente abordada no trabalho social: sua função como "lugar da memória" no que diz respeito aos conflitos sociais do passado e do presente. Dado o fato de que o trabalho social pode ser considerado como uma resposta específica para os problemas sociais de uma época, suas instituições, conceitos, métodos e também rotinas diárias podem ser entendidos como "traços" que foram inscritos na superfície da sociedade documentando lutas sociais mais antigas. Eles podem ser lidos como efeitos das ações políticas, como práticas condensadas, "materializadas", institucionalizadas (i. e., no contexto de estratégias de governança, movimentos sociais ou desdobramentos da ciência e da educação). Assim, as verdadeiras aparências/desempenhos ou "formas" do "trabalho social" em cada sociedade representam debates controversos sobre desigualdade, injustiça e exclusão. Representam certas percepções e também perspectivas específicas e, por último mas não sem maior importância, políticas práticas para lidar com as mudanças sociais e os conflitos relacionados aos processos de transformação (veja a passagem relacionada à Alemanha imperial).

Sem intenção de apenas navegar a "onda da memória" a fim de (re)construir e estabilizar uma identidade de uma profissão ou disciplina, estou interessada no potencial político da (re)construção histórica em relação ao trabalho social. Ainda mais: os processos de recordação (que também incluem a contra-recordação) são uma maneira produtiva de desenvolver uma perspectiva analítica relacionada ao trabalho social e ao "poder-conhecimento"?

Qual é agora a base (de pesquisa, analítica e política) de meu argumento segundo o qual "o trabalho social pode ser analiticamente considerado

---

* N. de T. No original, *cruelty of relationality*.

como a memória da sociedade sobre os conflitos sociais"? Primeiramente, a pesquisa sobre a "história do trabalho social", reconstruindo os problemas sociais (em sua relação aos movimentos sociais) tanto quanto a criação e o desenvolvimento das "paisagens" e dos conceitos do trabalho social, aqui especialmente feita em uma perspectiva sensível ao gênero (ver Maurer, 2004; Kessl e Maurer, 2005). Em segundo lugar, a pesquisa sobre a "história dos movimentos feministas" reconstruindo conexões históricas entre o feminismo e o desenvolvimento do trabalho social em um contexto alemão, relações entre as gerações nos movimentos feministas, o nexo/problemática da memória coletiva e do gênero e, no mesmo contexto, as possibilidades de "construir uma tradição" em um sentido crítico referente à "experiência coletiva" e ao "conhecimento do movimento". Em terceiro lugar, a ação política e a teoria crítica, "dentro e fora" do trabalho social tanto quanto "dentro e fora" da esfera acadêmica, tentando estar ciente da complexa dinâmica da tematização e não-tematização enquanto se analisam as características dos movimentos oposicionistas e do pensamento oposicionista. E, finalmente, o foco nas teorias relacionadas ao poder e a análise do trabalho social, seguindo os estudos e pensamento de Michel Foucault.

Como já mencionei, isso se refere aos conceitos, procedimentos e práticas cotidianas do trabalho social; os instrumentos teóricos e metódicos do trabalho social; as instituições e "atores" (profissionais como voluntários) do trabalho social. Qualquer desses aspectos e "realidades dadas" tem uma história específica ligada a recepções específicas dos problemas sociais ou conflitos tanto quanto a tentativas específicas de trabalhá-las/ "resolvê-las" ou, pelo menos, responder a elas. Caso esse conhecimento histórico extravie-se, quero afirmar que a dimensão política e também (auto)crítica do trabalho social tenderá a ser neutralizada. Ao mesmo tempo, não quero declarar que qualquer tipo de conhecimento histórico esteja funcionando como "memória crítica" dos conflitos sociais. Tem de se perguntar que tipo de memória é necessária se o potencial "explosivo" (político) do trabalho social for "desnudado".

Assim, o que digo e o que não digo quando falo de "trabalho social como memória da sociedade sobre os conflitos sociais" precisa ser mais bem definido. Quatro aspectos diferentes desenvolvem essa noção: primeiramente, "memória coletiva" e "processos coletivos de recordação" (Halbwachs, 1985); em segundo lugar, "memória cultural" (Assman e Assman, 1995) e processos de "transmissão cultural transgeracional" que são organizados por certas (i.e., hegemônicas) narrativas; em terceiro lugar, "Lugares de memória" (*lieux de memoire*, Nora, 1998) que podem ou têm a intenção de representar "a experiência coletiva" em um certo contexto nacional ou cultural; em quarto lugar, a "memória social" (Burke, 1991; Welzer, 2001), referindo-se a todos os tipos e práticas diferentes de recordação em um contexto social e cotidiano – esses modos de recordação que são mais efêmeros, quase não-perceptíveis mas, ainda assim, eficazes.

Cada uma dessas diferentes, embora conectadas, abordagens aproxima-se da dimensão do conflito e há sempre uma noção de poder relacionada a ela. Cada uma delas também lida não tanto com "eventos reais do passado", mas mais com as práticas políticas e sociais verdadeiras que se referem a tais eventos. Assim, eles compartilham um certo interesse no "uso do passado", um interesse em "lutas sobre o passado". Com Foucault poderíamos dizer que isso diz respeito às "esferas da verdade".

Em contraste aos conceitos de "memória social, cultural ou coletiva", gostaria ainda de acrescentar as qualidades da dissensão, da diversidade e a da multidão, levando especialmente em conta a dinâmica hegemônica e suas estratégias inerentes. Em um contexto alemão, as reflexões sobre o "uso do passado" não podem ser dissociadas da "política da recordação" relativa ao regime nazista do "passado alemão" (!). Muitas das minhas referências estão conectadas a essa história em especial. Mas os mesmos autores e textos também deixam claro que podemos aprender muito sobre as sociedades e o modo como lidam com seu passado de uma maneira muito geral e estrutural, também. Estudos sobre a "política da recordação" em estados e sociedades diferentes começam com a necessidade de criar uma história comum ("comunidades imaginadas", ver Anderson, 1983) como uma forma de dar a eles mesmos um peso também mensurável no "espaço do tempo".

Isso, quero sustentar, é também relevante para um campo como o do "trabalho social". Refere-se à sua autocompreensão e às suas alegações de ser a "força" legítima da sociedade que lida com certas tarefas relativas a problemas e conflitos sociais. Aceitar isso poderia também significar construir e estabelecer uma tradição não-crítica como uma forma de "simplesmente" confirmar e estabilizar uma identidade de uma disciplina e de uma profissão. Essa não é certamente a questão que quero abordar. Ao contrário, estou convencida de que o campo contestado e questionado do trabalho social pode obter alguma autoconsciência e força não pela contradição neutralizadora, tensão e estados fragmentários do ser, mas pelo cultivo de processos vívidos de reflexão controversa e recordação.

As memórias e contramemórias estão circulando no campo do trabalho social. Traços dos conflitos passados têm com freqüência múltiplas camadas e são contraditórios. Tais memórias "perturbadoras" podem irritar o processo de construir uma "tradição" – podem também iluminá-lo de maneira crítica. Minha noção de "trabalho social como memória da sociedade sobre conflitos sociais" de fato constrói-se sobre o último ponto, assumindo que um "lugar de memória" de fato tem o potencial para funcionar como um lugar de um novo debate político, assim "reabrindo o passado", e não petrificando-o.

Ao dar mais destaque aos processos de múltiplas camadas da "invenção de tradições" (e também esquecê-los, talvez ao mesmo tempo) em suas funções muito específicas para certos "atores" sociais (profissionais, ativistas, projetos, instituições, etc.) e para "participantes" do "complexo do trabalho social", a visão mais estrutural da "memória" também será aberta a uma visão mais dinâmica pela noção de "recordação". "Recordação" permite observar as diversas lutas sobre o passado, as tentativas diversas e controversas de transmissão cultural, a fim de construir algum tipo de "tradição", a fim de construir ou (re)estabilizar uma "comunidade imaginada" (consciente ou inconscientemente).

Pelo dado de as "lutas sobre o passado" estarem tornando as "diferenças" visíveis e acessíveis, elas estão potencialmente reabrindo-as para a política. Em outras palavras, a (re)construção histórica pode (re)abrir o trabalho social ao debate político desde que permaneça algo perturbador, algo irritante.

PERSPECTIVAS

Finalmente, gostaria de ampliar a idéia de como as perspectivas da crítica poderiam ser pensadas ou conceituadas – levando em consideração à análise de Foucault sobre a governamentalidade.

Primeiro de tudo, os movimentos sociais e os de teorização em uma perspectiva crítica têm de ser reconhecidos em sua qualidade/aspectos – passos para "abrir" são freqüentemente seguidos, ou até mesmo acompanhados por passos para "fechar" – como forma de estabelecer, "garantir" e também "conservar" experiências e "sucessos" das lutas sociais (ver de novo aqui o significado e função de relembrar-se e trazer a memória!). Isso se relaciona ao que Seyla Benhabib (1992) tentou mostrar no que se refere à teoria crítica, e o que tentei desenvolver ao buscar reconstruir e analisar experiências "individuais-coletivas" relacionadas à prática política, "autoconduta" e maneiras de viver e do pensamento oposicionista em meus próprios estudos sobre os movimentos feministas do início e no final do século XX (ver Maurer, 1996, 2004).

Inspirada por Foucault, busquei reconceituar minha própria noção de dinâmica concernente ao pensamento crítico e aos movimentos de oposição (ver Maurer, 2005). Muito perturbadora foi especialmente a súbita consciência de que minha, pelo menos teoricamente, preferida ênfase na fluidez, abertura, heterogeneidade e relacionalidade do pensamento (ver, por exemplo, Flax, 1990) e dos conceitos políticos poderia facilmente tornar-se um instrumento ou recurso bem-vindo no sentido da desregulação neoliberal. Assim, alertei e lembrei a mim mesma sobre um velho *insight* que podia me levar para "fora da armadilha". Em minha própria pesquisa, como que para des-totalizar, passou a ser produtivo reconstruir muito precisamente os "movimentos dentro de movimentos" – a própria busca/procura complexa por novas orientações, perspectivas, pontos de referência, o desejo de "romper e escapar", de "abrir caminho" pelas restrições experimentadas no próprio movimento social e em sua ideologia (ver Maurer, 1997), para atingir algo mais; a exploração de novas perspectivas que é, felizmente, um processo contínuo no contexto dos movimentos sociais. Assim, levar novamente a sério a noção de fluidez e heterogeneidade mas em um molde do movimento social coletivo, e tomando cuidado por experiências com tais/aqueles "movimentos dentro de movimentos" suscitou outras questões: Onde estão "salvas/guardadas" essas experiências e como elas podem ser avaliadas e trabalhadas em uma perspectiva futura?

Um certo espaço ou lugar em que as memórias de restrição e lutas com e contra essas restrições podem ser "salvas/guardadas" precisa ser criado. Tem de haver um lugar em que os processos de lembrança/memória serão cultivados de maneira crítica – nem que seja ao menos para se tornar ciente do envolvimento com e na "rede de relações de poder". A partir daí, novos impulsos para os movimentos críticos de mudança poderiam emergir. (veja também a seção sobre "trabalho social como memória de conflitos").

Certamente, nenhuma estratégia política pode ser somente "subversiva" – ela precisa sempre ser entendida como algo que deriva de constelações históricas e socioculturais. Ainda mais, quero enfatizar a qualidade mais abstrata da intenção transformadora. Quando Foucault aponta que os movimentos sociais, com suas atividades e tentativas "rumo à liberação" e todas as suas visões e conceitos de liberdade são ainda (e/ou tornar-se-ão) parte de um modelo completo que está criando (e é criado por) as relações de poder tanto quanto está governando de maneira mais eficaz (de acordo com as "necessidades do tempo"), ele de fato enfatiza a qualidade de *Zumutung* (demanda) quando demonstra como a conduta por auto-conduta funciona, e como a ética e a estética, essas práticas do eu, poderiam ser pensadas (e praticadas) de uma maneira que se relacione à liberdade. A própria passagem entre as dimensões individual e coletiva ainda não foi suficientemente enfocada.

NOTAS

1 Tendo feito pesquisa sobre a atração da ideologia/movimento nazista (!) e sobre as muitas maneiras pelas quais os homens e as mulheres poderiam atrelar-se (e atrelar-se-iam) "subjetivamente" não somente às promessas e visões, mas também às experiências do regime nazista e o que ele ofereceria e (tinha para oferecer). Ver Dorr, Kaschuba, Maurer, 1999.

2 Ao mesmo tempo, encarando esse cenário, pode haver uma variedade de práticas que poderiam ser caracterizadas como mais ou menos passivas ou "conservadoras", "práticas de resistência" – tentando sobreviver às novas tendências, ignorando-as, vivendo em "nichos".

REFERÊNCIAS

Adkins, L., & Lury, C. (1999). The Labour of Identity: Performing Identities, Performing Economies. *Economy and Society* 28(4), 598-615,

Anderson, B. (1983). *Imagined Communities.* London: Verso.

Assmann, J., & Assmann, A. (1994). Das Gestern im Heute. Medien und soziale Gedächtnis. In K. Merten (Ed), *Die Wirklichkeit der Medien* (pp. 114-140). Opladen: Westdeutscher Verlag.

Baumann, Z. (1999). *Unbehagen in der Postmoderne*. Hamburg: Hamburger Edition.

Benhabib, S. (1992). *Kritik, Norm und Utopie. Die normativen Grundlagen der Kritischen Theorie*. Frankfurt a. M.: Fischer-Taschenbuch Verlag.

Burke, P. (1991). Geschichte als soziales Gedächtnis. A. Assmann & D. Harth (Eds.), *Mnemosyne. Formen und Funktionen der kulturellen Erinnerung* (pp. 289-304). Frankfurt a. M.: Fischer-Taschenbuch Verlag.

Dorr, B., Kaschuba, G., & Maurer, S. (1999). *"Endlich habe ich einen Platz für meine Erinnerungen gefunden"– Kollektives Erinnern von Frauen in Erzählcafés zum Nationalsozialismus*. Pfaffenweiler: Centaurus.

Ewald, F. (1993). *Der Vorsorgestaat*. Frankfurt a. M.: Suhrkamp.

Flax, Jane (1990): *Thinking Fragments. Psychoanalysis, Feminism and Postmodernism in the Contemporary West*. Oxford: University of California Press.

Foucault, M. (1977): Der Wille zum Wissen. Sexualität und Wahrheit 1, Frankfurt a.M.: Suhrkamp.

Halbwachs, M. (1985). *Das kollektive Gedächtnis*. Frankfurt a. M.: Fischer.

Kessl, F., & Maurer, S. (2005). Soziale Arbeit. In F. Kessl et al. (Eds.), *Handbuch Sozialraum* (pp. 111-128). Wiesbaden: VS Verlag für Sozialwissenschaften.

Maurer, S. (1996). *Zwischen Zuschreibung und Selbstgsstaltung. Feministische Identitätspolitiken im Kraftefeld von Kritik, Norm und Utopie*. Tübingen: edition discord.

___. (1997, July). *Dogmatism in Feminism? Or How Feminists Succeed in Dissenting*. Paper presented at the Women's Studies Network Association Conference, Women, Policy and Politics, London.

___. (2002, August). *Social Movements and Social Work in Imperial Germany*. Paper presented at the German-Japanese Conference Sozialpädagogik in Japan und Deutschland: Historische Wurzeln, Theoriebezüge und Praxisprobleme, Tokyo Metropolitan University.

___. (2004). *Zum Verhältnis von Frauenbewegungen und Sozialer Arbeit um 1900 – Versuch einer historisch-systematischen* (Re-)*Kontextualisierung nebst Überlegungen zu einer reflexiven Historiographie in der Sozialpädagogik*. Hildesheim: Habilitationsschrift.

___. (2005): *Soziale Bewegung*. In F. Kessl et al. (Eds.), Handbuch Sozialraum (pp. 629-648). Wiesbaden: VS Verlag fur Sozialwissenschaften.

Nora, P. (Ed.) (1984-92). *Les lieux de mémoire*. Paris: Gallimard.

___. (1998). *Zwischen Geschichte und Gedächtnis*. Frankfurt a. M.: (Fischer-Taschenbuch Verlag)

Rose, N. (2000). Tod des Sozialen? Eine Neubestimmung der Grenzen des Regierens. In U. Brockling, S. Krasmann & T. Lemke (Eds.), *Die Gouvernementalität der Gegenwart* (pp. 72-109). Frankfurt a. M.: Suhrkamp.

Salomon, A. (1926). *Soziale Diagnose*. Berlin: Heymann.

Sennett, R. (2002). Respekt im Zeitalter der Ungleichheit, Berlin: Berlin-Verlag.

Soiland, T. (2005). Kritische Anmerkungen zum Machtbegriff in der Gender-Theorie auf dem Hintergrund von Michel Foucaults Gouvernementalitätsanalyse. Widersprüche, 25(1), 7-25.

Welzer, H. (Ed.). (2001). *Das soziale Gedächtnis—Geschichte, Erinnerung, Tradierung*. Hamburg: Hamburger Edition.

Capítulo
10

Somente o amor pela verdade pode nos salvar: falar a verdade na universidade (mundial)?

Maarten Simons e Jan Masschelein[1]

É claro que não há tempo – estamos enfrentando desafios importantes e nos confrontamos com amplas transformações em nossas universidades. O que está em jogo é nossa sobrevivência. Nossa sobrevivência como universidade, como grupo de pesquisa, como palestrantes, como pesquisadores. O que se precisa é de responsabilidade final. Tribunais econômicos mas também científicos são extremamente ativos e estão processando a todos como nunca se viu. Estar obcecado com a qualidade e com a excelência é a única maneira de garantir nossa sobrevivência. Já que não temos tempo, contudo, nos apressaremos para usar algum tempo e formular uma idéia.[2]

Com certeza, a velha idéia de universidade está morta. Enquanto isso, os "últimos acadêmicos" terminaram seu pranto – confessamo-nos à comunidade da equipe acadêmica empreendedora centrada na qualidade e na excelência. Mas sejamos honestos: embora essa comunidade ofereça-nos muitas chances, facilmente sentimo-nos mal por sermos parte dela; o futuro dela não é o nosso; seu *ethos* de trabalho está se tornando cada vez menos evidente. E já que pensamos que esse desconforto não é somente uma questão de atitude pessoal, gostaríamos de considerar essa situação uma oportunidade para trazer uma nova idéia sobre a universidade ao mundo, uma idéia a que nós mesmos nos sentimos atraídos. Essa idéia é fortemente inspirada por Foucault e mais ainda por seu *ethos* como alguém que fala a verdade – Foucault como nós o experimentamos.

Antes de expressarmos essa idéia, primeiramente investigaremos as concepções passadas e futuras sobre a universidade, dando atenção à orientação e também ao falar a verdade nessa instituição. Portanto, nosso interesse principal não é epistemológico (verdade relacionada à teoria e seus conceitos), mas o modo pelo qual o falar a verdade científico está sendo praticado e sendo distinguido do discurso não-científico. Trata-se da ética (e não da epistemologia) do falar a verdade. E é nesse nível (i.e., o nível do *ethos*) que gostaríamos de apresentar outra idéia da universidade.

AS ORIENTAÇÕES DA UNIVERSIDADE E O FALAR A VERDADE CIENTÍFICO

A ORIENTAÇÃO DA UNIVERSIDADE MODERNA

Usamos a expressão "universidade moderna" para nos referirmos à universidade como ela é conceituada ao final do século XVIII. Exemplar para essa conceitualização é a famosa proposta de Humboldt (1810) para a Universidade de Berlim. Não é nosso objetivo, contudo, discutir essa proposta e outras propostas durante tal período detalhadamente, mas apontar de maneira geral para os elementos básicos dessa maneira de pensar. Essa maneira de pensar não era influente apenas na Alemanha, mas em muitos outros países europeus, tanto quanto em partes do mundo anglo-saxônico. Nosso interesse principal está na orientação dessa "universidade moderna".

A universidade moderna é concebida como uma instituição para a ciência (i. e., ciência por meio da pesquisa). Essa pesquisa científica é uma atividade que encarna a busca científica pela unidade da verdade (a única verdade). O "espírito da verdade" guia essa atividade que aponta para os princípios universais da verdade em sua totalidade (como uma espécie de princípio regulador). Anrich (1960) reflete sobre essa orientação como sendo a submissão à "lei da sabedoria" e usou expressões como "O juramento de Hipócrates na universidade" ou "o dever de seguir o método" (p. 5). Devido a essa orientação, a prática da pesquisa na universidade é considerada uma prática edificante geral (*Allgemeine Bildung*, "educação geral"). Por meio de uma submissão à lei da sabedoria e, assim, por uma orientação ao universal, a pesquisa ocorre em um processo de auto-edificante. Em outras palavras, a pesquisa atua como uma prática para moldar a força dos seres humanos que esteja direcionada à unidade – sendo esta a premissa antropológica de tal concepção (*Formung seines innersten Wesens, der Formung seines Charakter*) (p. 5). Essas considerações sobre sabedoria, pesquisa e seu caráter edificante geral permitem que entendamos como a educação na universidade é considerada e como a sociedade confere um significado particular à universidade.

A educação científica na universidade é edificar-se por meio da participação na pesquisa. Essa participação permite que os alunos se submetam à lei da sabedoria e que se eduquem por meio da orientação voltada ao universal. Ou para usar a terminologia mais recente de Habermas (1990): os procedimentos de racionalidade comunicativa (estruturando as assim chamadas esferas públicas internas das disciplinas científicas) são parte da pesquisa (os pesquisadores submetem-se às asserções de uma discussão argumentativa) e implicam uma orientação para o consenso (universal). Assim, a participação dos alunos nessas discussões científicas implica que eles se submetam ao tribunal da racionalidade comunicativa e que façam parte de um processo de edificação geral por causa dessa orientação universal. De acordo com Habermas (1990), é esse o motivo pelo qual os processos de aprendizagem na universidade ocorrem por meio das formas comunicativas do argumento científico.

Portanto, a alegação é a de que a pesquisa científica e a educação científica são uma só coisa e que esse tipo de educação deveria ser distinguido de outras formas (mais baixas) de educação (para os alunos). Na Universidade, de acordo com Humboldt (1810), o pesquisador não está pelo estudante, mas ambos estão lá pela busca da erudição/sabedoria (ver também, Riedel, 1977). De maneira mais geral, poderíamos dizer que para esses autores a pesquisa e a educação estão orientadas para o universal e que falar na universidade implica uma submissão ao tribunal da erudição/sabedoria (ou ao tribunal científico). É claro que formulações diferentes das leis desse tribunal existiram durante os séculos XIX e XX (razão universal, o método, uma racionalidade teórica fundamental, os procedimentos comunicativos, etc.).[3] Contudo, permaneceu a idéia de um falar a verdade baseado na pesquisa, envolvendo a submissão a um tribunal.

Baseado nesse ponto de orientação e nesse tipo de tribunal, discute-se o significado de universidade e de seus acadêmicos para a sociedade ou, dito de outra forma, a sociedade reflete sobre o significado de universidade com base nisso. A universidade moderna vê no Estado uma garantia para sua autonomia (isto é, a lei da erudição/sabedoria como a condição para a pesquisa e educação livres e autônomas) e o estado deveria garantir que a universidade institucionalizasse essa autonomia.[4] A tradição alemã, no que diz respeito ao financiamento (público) da universidade e da indicação (neutra) de professores, ilustra essa organização externa (Ash, 1999; Nybom, 2003). Contudo, uma questão apareceu: por que o estado deveria financiar esse tipo de instituição (ou mesmo permitir sua existência?). Pois a universidade moderna alega que não é uma instituição de educação profissionalizante superior e que não oferece retorno imediato para a sociedade civil. Além disso, os professores universitários da tradição alemã distanciam-se de questões diretamente políticas e relacionadas ao estado em sua busca desinteressada pela verdade. Ainda assim, a universidade moderna tem um significado.

Como intelectuais, os acadêmicos entram no domínio público em nome da verdade e seu discurso depende da submissão ao tribunal científico. O que eles estão fazendo é reportar-se à sociedade em nome de alguma coisa a qual têm acesso e que está baseada nas leis do tribunal que bem conhecem. Isso transcende a organização real da sociedade. Em outras palavras, como intelectuais acadêmicos estão habitando o "reino da verdade" e se voltando ao "reino civil" e a seus habitantes (Hunter, 2000). Precisamente porque o tribunal científico da verdade serve como iluminação para a ordem civil, o falar a verdade científico do pesquisador – quando ele se volta à sociedade civil – é uma espécie de julgamento. O falar a verdade científico permite ao acadêmico julgar como um intelectual, quando ele fala à sociedade (fora da universidade). Em outras palavras, a "verisdição científica" (o falar a verdade baseado na lei da sabedoria científica) resulta em uma jurisdição intelectual no âmbito da sociedade civil. De acordo com Foucault (2001), poderíamos argumentar, portanto, que a posição do intelectual como intelectual universal ou como intelectual que se orienta para o universal relaciona-se (de uma perspectiva genealógica) à figura do jurista (Foucault, 2001). Em nome de um direito fundamental (e de seu acesso a esse direito) esses juristas julgaram o poder do estado e suas atividades ilegítimas. Da mesma forma, o acadêmico ilumina (ou emancipa, humaniza) a sociedade como um intelectual universal por meio de julgamentos baseados nas leis do tribunal científico.

O que nós gostaríamos de enfatizar aqui é que esse falar a verdade que julga é tanto um discurso que se dirige a alguém quanto um discurso pedagógico. É um discurso que se dirige a alguém porque o tribunal em relação ao qual alguém se posiciona também define o público. O público são aqueles que não (não ainda ou não suficientemente) se submeteram às leis do "reino da verdade" (i.e., aqueles que [ainda] não se orientam para o universal, mas para os outros, para o que o estado ou o mercado está prescrevendo), ou que vivem de maneira desorientada, aqueles que ainda não estão (ainda) elevados/edificados. Assim, o intelectual universal dirige-se a humanidade universal. Ou, mais especificamente, a humanidade é o destinatário que aparece quando o intelectual observa a sociedade civil em nome de seu (dele) tribunal científico. A humanidade – e o potencial e a promessa de humanidade real – é o sujeito que pode se realizar em uma orientação para o universal. Sem essa orientação, e sem essa universidade, a sociedade civil carece de orientação e/ou direção para o universal. Ou, para usar o argumento de Habermas (1990): o que está presente de maneira exemplar na universidade e nos procedimentos científicos de pesquisa é o que é necessário para a sociedade ter uma compreensão (comum a todos) de si mesma. O intelectual está desempenhando "o papel mediador de intérprete" em uma sociedade diferenciada que busca uma orientação geral e se dirige ao entendimento mútuo (Habermas, 1989). Isso esclarece imediatamente por que uma dimensão pedagógica (edificante) particular é parte desse falar a verdade. Desde o princípio, o objetivo do intelectual universal é guiar as pessoas para o "reino da verdade" e educá-las. E como defende Lyotard (1984): os intelectuais dirigem-se a todos como se fossem portadores ou embriões de uma entidade humana que deveria ser consumada. Como intelectual, o acadêmico vê sua tarefa, na sociedade e para os seus habitantes, como sendo a de ajudar a trazer à tona a orientação correta. Ou, pelo menos, considera que sua tarefa é dar uma direção para uma sociedade que ele considera cega (i. e. carente de luz), ou na qual, por exemplo, a humanidade está sendo sacrificada no altar da cidadania estatal e/ou da economia.

Mas a universidade ainda tem esse significado para a sociedade hoje? A pesquisa e a educação na universidade ainda são voltadas para o universal, e o acadêmico ainda se submete à lei da erudição/sabedoria científica? O dever de seguir o método ainda é significativo e o acadêmico está se posicionando como alguém que fala a verdade e que julga (de dentro) a sociedade? Não é nosso objetivo responder a tais questões com base em princípios ou teorias, mas respondê-las diretamente. Uma descrição geral da real concepção do papel da universidade expressa nos documentos da linha de ação européia permite-nos demonstrar que a universidade, dentro da real sociedade do conhecimento, tem outros pontos de orientação – ou, pelo menos, que se pede que ela os tome como idéias orientadoras.

A UNIVERSIDADE HOJE: ORIENTANDO-SE NA SOCIEDADE DE CONHECIMENTO

Uma referência de importância crescente para a universidade hoje é a sociedade do conhecimento e a economia do conhecimento. A Europa e os estados-membros formularam a meta estratégica de reformular a Europa, estabelecendo-a como uma das mais fortes sociedades de conhecimento e economia do mundo (A estratégia de Lisboa). Nesse contexto, uma comunicação recente da Comissão Européia (2003) alega que as universidades têm um papel singular a desempenhar nesse tipo de sociedade e economia. Esse papel refere-se à combinação de três atividades que são funcionais para o sociedade do conhecimento: a produção de conhecimento (pesquisa), a transmissão de conhecimento (educação) e o treinamento e desenvolvimento regional adicionais (serviço).[5] Contudo, a fim de serem funcionais, as universidades têm de lidar com desafios. Apresentaremos uma breve visão geral desses desafios para cada uma das funções.[6]

No que diz respeito à função da pesquisa, é crucial entender que a universidade produz conhecimento entre outros produtores tais como centros de pesquisa privada (e pública) e unidades de pesquisa e desenvolvimento das empresas privadas. Argumenta-se que esse novo posicionamento internacional/europeu da universidade resulta em desafios no que diz respeito à competição, colaboração e finanças. Além disso, como instituição internacional/européia para a educação superior, a universidade desempenha um papel importante no treinamento de novos "pesquisadores profissionais". A esse respeito, a universidade busca oferecer competências de pesquisa que capacitam as pessoas a produzir conhecimento de maneira autônoma. E já que os profissionais em uma sociedade de conhecimento também precisam de competências de pesquisa, o treinamento de profissionais de pesquisa é outro desafio para a educação na universidade. Na função de serviço, os desafios ocorrem em níveis diferentes. Primeiro, as universidades poderiam desempenhar um papel no desenvolvimento das plataformas locais de conhecimento. Segundo, elas podem também oferecer seu conhecimento especializado como um serviço para o desenvolvimento social e econômico de uma região. E, finalmente, são desafiadas a oferecer treinamento adequado em educação para adultos. Uma importante questão surge então: como deve a universidade, enquanto leva a sério esses desafios, orientar-se? Que direcionamento está disponível para a universidade multifuncional na sociedade do conhecimento?

A compreensão da universidade via conceito de funções não mais fundamenta a orientação da universidade em uma idéia (de humanidade) que transcende a sociedade. Contudo, essa observação preliminar não implica que a universidade multifuncional não mais se oriente.[7] O novo ponto de orientação é a excelência (isto é, a universidade busca a excelência para cada uma de suas funções: pesquisa excelente, educação excelente e serviço excelente) (ver também Readings, 1996). Contudo, para entender o que excelência de fato quer dizer, pode ser útil focalizar a atitude ou o olhar a partir do qual a universidade aparece como algo que poderia ser abordado em termos de excelência. Em outras palavras, a excelência trata de um julgamento, mas acima de tudo também sobre uma visão a respeito do que precisa ser julgado.

Em um ambiente mais competitivo, a universidade não dispõe de algo como uma norma fixa para a boa pesquisa, a boa educação e o bom serviço. Em vez disso, o ponto de partida é o de que a sociedade do conhecimento detém algumas funções e o de que algumas organizações recebem os recursos financeiros para "assumir" essas funções. Os indicadores de qualidade (i. e., julgar se algo é funcional para a sociedade do conhecimento e pelo qual essa funcionalidade poderia ser operacionalizada de maneira diferente) avaliam essas credenciais. Contudo, ser funcional para a sociedade do conhecimento permanece sendo o pano de fundo ou o horizonte para essa operacionalização. De certa forma, tudo pode ser escolhido como indicação de qualidade, desde que haja consenso que isso implique rendimentos para a sociedade. Essa maneira de pensar sobre a universidade e sua tarefa implica que a universidade se submeta (ou esteja se submetendo) a uma espécie de tribunal de qualidade permanente. Em outras palavras, a excelência tem um significado quase absoluto em relação ao pano de fundo desses indicadores relativos de qualidade.

Excelência não quer dizer apenas que uma universidade é funcional. De certa forma essa funcionalidade já está dada. Em vez disso, a excelência refere-se ao fato de que a universidade executa uma função (ou um grupo de funções) melhor do que outras organizações. Portanto, o tribunal da qualidade obcecado com a excelência liga-se aos ditames da comparação e da otimização. A universidade excelente, dado um conjunto de indicadores de qualidade, tem melhor desempenho do que outras instituições. Para uma universidade permanecer excelente (ou para se tornar excelente) é de importância estratégica que otimize cada uma das suas funções. As universidades excelentes avaliam a si mesmas permanentemente (antes que outras organizações o façam). Esses ditames de comparação (e comparabilidade) e otimização não apenas se aplicam em relação a outras universidades, mas também dentro da organização da universidade como ilustrado pelo desenvolvimento de "pólos de excelência" em pesquisa.

Aqui, enfatizamos que essa comparação (e a competição implicada) é também um mecanismo de direcionamento entre a universidade (com suas três funções) e as organizações fora da universidade que focalizam uma dessas funções. Na verdade, para cada uma dessas funções, a universidade lida com organizações que executam uma função particular. Na função de pesquisa, a universidade compete com centros de pesquisa (e com a pesquisa em empresas privadas). A competição em relação à educação ocorre com instituições de educação superior (profissionalizantes). Essas instituições, também, orientam-se à sociedade do conhecimento e tentam oferecer uma educação que estimule a capacidade de pesquisa. De fato, a atenção crescente dada ao "ensino baseado em pesquisa" (e para a educação que estimula a pesquisa) desenvolve-se principalmente em outras instituições de ensino superior além das universidades (e com uma função de pesquisa "real" limitada) (Brown e McCartney, 1998; Jenkins e Zetter, 2003). No âmbito da sociedade do conhecimento, a universidade finalmente oferece serviços como centros públicos e privados para consultoria, desenvolvimento regional e para treinamento.

Essa competição, ou pelo menos o fato de que possamos refletir sobre tais questões em termos de competição e comparação, implica reconhecer que cada uma das funções de uma universidade é também executada por outras instituições. Poderíamos argumentar, nesse ponto, que a educação de novos pesquisadores (pesquisadores profissionais) é exclusivamente uma função da universidade. Em documentos oficiais, esse direito de oferecer doutorados serve de fato como um tipo de definição (formal) para uma universidade (ver, por exemplo, a European University Association, 2003). Mas também outras instituições executam essa função, tais como as "escolas de pós-graduação" especializadas (nos Estados Unidos e cada vez mais na Europa). Elas focalizam principalmente o treinamento de novos pesquisadores e estão desligadas da universidade. Além disso, há o treinamento de pesquisadores profissionais em colaboração com empresas privadas. Assim, já que outras ou novas organizações desempenham essa função, a seguinte questão se torna ainda mais urgente: o que faz da universidade uma universidade?

De acordo com documentos oficiais, a singularidade da universidade está na combinação simultânea de três funções em uma organização. Assim, a excelência da universidade deveria estar relacionada ao modo pelo qual ela bem combina essas três funções. Contudo, por que é necessário combinar essas funções? A própria combinação é funcional para a sociedade de conhecimento? Ou não deveríamos alegar que tal combinação é bastante ineficiente? Por que ainda precisamos das universidades quando outras instituições monofuncionais podem possivelmente executar mais eficientemente (com maior excelência) cada uma dessas funções? Terá a universidade se tornado um tipo de organização ridícula que causa por conta própria uma competição "injusta" para consigo mesma? E não poderíamos dizer que a equipe acadêmica é explorada (em um sentido marxista clássico) sendo forçada a executar três diferentes funções, enquanto em outras organizações o membro de uma equipe executa uma função? Devemos concordar com Max Weber (1991), que há muito argumentava que *Innerlich ebenso wie äußerlich ist die alte Universitätsverfassung fiktiv geworden* ("Tanto no que diz respeito ao seu conteúdo quanto à forma institucional, a universidade tornou-se uma ficção" (p.240) [tradução nossa]).

Habermas também levantou essas questões, não para respondê-las de maneira direta, mas para argumentar que há razões por que a diferenciação funcional esperada não está completa e por que a universidade não se desmantela. De acordo com Habermas (1990), a persistente "consciência integradora" da universidade e de seus acadêmicos (a consciência de que a pesquisa, a educação e a crítica têm de estar unidas) está enraizada no mundo da vida e nos procedimentos comunicativos orientados para a compreensão mútua. Desde que a pesquisa na universidade esteja engastada no mundo da vida (e assim, não determinada completamente pelas leis do sistema econômico e do aparato de poder e pela lógica da diferenciação funcional), haverá uma orientação para a (compreensão) universal, e a universidade será mais do que uma organização multifuncional. De acordo com Habermas, essa orientação no âmbito da pesquisa garante que a participação seja um processo edificante geral (isto é, que a pesquisa é igual a um processo edificante, tanto para o pesquisador quanto para o aluno). Além disso, essa orientação dá ao pesquisador um fundamento para seu discurso "jurídico" na sociedade.

De acordo com outros autores, Habermas mantém-se preso de maneira teimosa a princípios e distinções sem qualquer valor da realidade. Os teóricos do sistema consideram inadequado tomar a distinção entre o mundo da vida e os sistemas funcionais como um ponto de partida e para fundamentar o significado da universidade para a sociedade nessa base.[8] Eles consideram a "consciência integrativa" (a relação interna entre pesquisa, educação e serviço) como um tipo de memória nostálgica sem qualquer significado factual, influência ou potencial orientador. O direcionamento real, em vez disso, é sistêmico por natureza. A universidade é, ainda, uma organização multifuncional porque seus subsistemas trabalham mais ou menos uns para os outros (por exemplo, devido à sua proximidade). A universidade continuará a ser multifuncional enquanto essa combinação for ela mesma funcional. Mas, como já se argumentou, a criação da sociedade do conhecimento européia implica o desenvolvimento e a otimização dessas três funções independentemente, com seu desempenho ótimo apoiando-se na competição. No âmbito desse foco, os desafios oferecidos pela sociedade do conhecimento poderiam ser entendidos como o começo do fim da universidade multifuncional e de seu sonho integrativo.

PROPOSTAS PARA A REORIENTAÇÃO DO FALAR A VERDADE NA UNIVERSIDADE

Em "nossa" sociedade do conhecimento, a universidade precisa aparentemente orientar-se (e diferenciar-se) de tal maneira que seja, ao mesmo tempo forçada a desmantelar-se. Portanto, perguntamos se a universidade ainda tem ou poderia ter outro significado para a sociedade que não o atual da sociedade do conhecimento de hoje. Para argumentar que esse significado não se relaciona a uma nova orientação (e a uma submissão a um novo tribunal), primeiramente discutimos tentativas recentes de reorientar a universidade.

Mittelstrass (1989, 1994, 2001, 2002 e 2003), por exemplo, enfatiza a necessidade de uma racionalidade edificante no âmbito da pesquisa científica, mas da mesma forma argumenta que tentamos dar nova forma ao *ethos* científico. Em sua visão, a ciência não deveria apenas oferecer uma espécie de *Verfügungswissen* (conhecimento positivo sobre causas ou *know-how* para resolver problemas) mas também um *Orientierungswissen* (conhecimento sobre a orientação) (1989, p. 9; 2003, p. 12). Este poderia guiar nossas ações, focos e metas e tenta responder à questão "O que devemos fazer?". Aquele é um "conhecimento positivo", enquanto este é um "conhecimento regulador". De acordo com Mittelstrass, esse conhecimento orientador e regulador é o que está faltando em nossa cultura técnica e científica. Sem esse conhecimento, a auto-realização humana não tem orientação ou qualquer destinação e não se relaciona a um tipo de um edificar geral (*Bildung*).

Mittelstrass (2002) argumenta que a condição para esse conhecimento orientador é um *ethos* científico ou forma de vida particular. Trazer à tona esse *ethos* requer que transcendamos a organização disciplinar (no nível da pesquisa e da educação) e o *ethos* disciplinar e especializado da ciência. Isso é possível pelo fato de a organização da ciência baseada em disciplinas ser um resultado do desenvolvimento histórico e não ter, ela própria, nenhuma fundação teórica. Além disso, é uma necessidade, já que esse *ethos* disciplinar (relacionado às disciplinas especializadas) não permite uma orientação para o universal. Mittelstrass é bastante direto a esse respeito: "Os especialistas, como os definimos hoje, não têm qualquer 'educação' ('edificação' ou *Bildung*)" (conforme citado em Kopetz, 2002, p. 99 – tradução nossa). Em relação a esse contexto, ele propõe a pesquisa transdisciplinar (e não a pesquisa interdisciplinar em que as disciplinas permanecem sendo o ponto de partida). Na pesquisa transdisciplinar, o ponto de partida são as questões e domínios de problemas como eles aparecem na sociedade de uma maneira geral (e não como eles aparecem no escopo limitado de disciplinas separadas). Esse tipo de pesquisa implica um tipo de orientação geral e oferece à universidade um novo potencial para um edificar geral (Mittelstrass, 2002).

O objetivo de Mittelstrass, portanto, é o de repensar a universidade (na tradição alemã) como uma universidade de pesquisa na qual a pesquisa transdisciplinar e o *ethos* correlativo têm um potencial edificante. Em outras palavras, é um argumento para uma "redireção" do *ethos* científico em nome de uma idéia de educação edificante geral que se orienta para a universalidade. Com isso, ele quer reavaliar a orientação para a excelência. Contudo, e como conseqüência de sua reformulação, o falar a verdade na universidade tem novamente uma dimensão de um discurso iluminista. O ser humano é considerado como alguém que pode "perder-se" em sua tentativa de auto-realizar-se e que tem necessidade, de acordo com Mittelstrass (2001, p. 3), de uma "competência de orientação". O falar a verdade nessa espécie de universidade não é apenas um orientar, mas nos diz primeira e principalmente que "apenas como uma forma de auto-realização edificante, a natureza razoável dos seres humanos está sendo realizada" (p. 11 – tradução própria). E, enquanto o especialista oferece à sociedade seus serviços com foco na aplicação, o acadêmico como intelectual pode julgar no âmbito da própria sociedade de acordo com as leis da razão. Embora Mittelstrass repense a universidade tradicional e leve em consideração os reais desafios, sua proposta reintroduz a idéia de que falar a verdade na universidade diga respeito à orientação, ao discurso orientado a alguém e à jurisdição.

De um ângulo bastante diferente, Derrida (2001)[9] oferece em *Université sans condition* uma perspectiva para reorientar a universidade. Uma característica do discurso científico (no âmbito das humanidades) é o de que ele cria uma realidade. Contudo, essa dimensão performativa do discurso científico não implica que os acadêmicos criem algo *ex nihilo*. Em vez disso, o discurso científico poderia e deveria ser considerado como um tipo de discurso comprometido. Esse comprometimento, contudo, não pode ser reduzido a uma escolha livre ou pessoal do acadêmico. O discurso científico é uma espécie de resposta (isto é, refere-se a uma demanda exterior e é, portanto, uma espécie de dever). Além disso, essa demanda externa pode apenas articular-se por meio do discurso científico É importante enfatizar que, de acordo com Derrida, essa "demanda" é ética. Contudo, a ética não se refere às normas ou regras gerais, mas a fazer justiça ao Outro. Nessa perspectiva, o dever do falar a verdade tem um fundamento ético e o falar a verdade ainda é um discurso jurídico, que poderia ser entendido de maneira bastante particular.

Para Derrida, o discurso jurídico não é um tipo de discurso autônomo que implica ao acadêmico estabelecer uma lei para si próprio e julgue de acordo com ela. Na perspectiva de Derrida, a lei é heterônoma, portanto capaz de nos orientar e pedir que façamos justiça. Justiça aqui não é o que está certo (de acordo com as leis) em um determinado contexto. A justiça precede a lei ou os direitos (embora os direitos sejam necessários para a justiça ter significado) (Derrida, 1994). Essa idéia de justiça (e a questão de fazer justiça) implica que o falar a verdade na universidade não encontre o fundamento para a verdade em si mesmo mas no Outro (e, nesse sentido é um tipo de discurso sem condições/incondicionado). Uma demanda de fora (o Outro) dirige nossa fala e pensamento e dá a eles sua dimensão ética ou dimensão de responsabilidade. O falar a verdade científico, portanto, não apenas envolve um tipo de atitude, mas também um tipo de obrigação ou dever (fazer justiça a...). E, de acordo com Derrida (2001), isso tem conseqüências importantes para a organização da pesquisa científica e da educação.

A ciência e a educação fundamentadas em disciplinas impedem que certos desafios e demandas externas entrem na universidade. De certa maneira, as disciplinas tornam-se prisioneiras de seus próprios discursos. Portanto, Derrida propõe orientar a universidade para a alteridade. Em outras palavras, aponta para um falar a verdade "fundamentado" em um dever que preceda todo tipo da responsabilidade e de engajamento que alguém tenha escolhido por conta própria.[10] É exatamente por essa razão, a fala na universidade permanece um discurso dirigido com implicações éticas ou educacionais. Dentro da sociedade e para ela, o acadêmico oferece um testemunho da demanda de ser responsável e de fazer justiça (isto é, em público, sua posição ou testemunho pessoal [um tipo de "profissão"] demonstra aos outros que a justiça não está sendo realizada nos direitos [reais, concretos] ou na lei).

Em resumo, nós argumentamos que, para Derrida, o *ethos* do falar a verdade na universidade implica um tipo de *pathos* (isto é, é um tipo de discurso e de pensamento apaixonado, contaminado pelas demandas que vêm de fora que são leais a uma inclinação indizível, ver Laermans, 2001). O falar a verdade na "universidade incondicionada" é um tipo de discurso apaixonado e ético que se submete a uma lei (além da lei, justiça além da lei real). É um discurso diante de um tribunal, embora este tribunal seja o que se deve procurar novamente. Esse tribunal transforma o acadêmico em um "sujeito que processa" (Jans, 2002), que se submete a um tribunal e a uma lei (envolvido, assim, em um processo) e que se julga também a si mesmo ("juridicamente"). Trata-se de um sujeito que procurar permanentemente por uma orientação e está em uma posição de "acusado" (responsável). Portanto, poderíamos argumentar que, na perspectiva modificada de Derrida, falar a verdade é ainda um discurso dirigido a alguém, um discurso jurídico que tem uma força educacional, já que visa a uma iniciação ao reino da justiça/verdade, ou pelo menos aponta para esse reino.[11]

OUTRA IDÉIA: UMA UNIVERSIDADE PROFANA SEM ORIENTAÇÃO

A universidade de hoje já não se orienta para uma idéia (de humanidade universal ou de racionalidade universal) que transcenda a si mesma. Em vez disso, move-se para a excelência e a qualidade (isto é, o que é funcional para a sociedade do conhecimento). Entretanto, em tal posição a sentença de morte da universidade parece estar assinada quando outras organizações (monofuncionais) executam as funções dela (pesquisa, instrução, serviço) e quando a combinação dessas funções já não é funcional. Embora a qualidade e a excelência sejam consideradas como a condição para nossa sobrevivência, esta orientação de fato parece ser o começo do fim da universidade (moderna). Portanto, é possível perguntar se nós ainda precisamos das universidades na era da globalização, com a diferenciação e a especialização crescente das funções. Em outras palavras, é possível que a universidade tenha ainda um significado? Essa pergunta não está centrada no fato de a pesquisa ser ou não ainda possível (ou no fato de devermos fazer a distinção entre pesquisa aplicada e fundamental, por exemplo), ou no fato de a educação ser possível (e se existe uma diferença entre um ensino baseado em pesquisa e "outro" ensino), ou se o serviço é ainda possível (ou se é possível a distinção entre especialistas da universidade e outros especialistas). *A pergunta é, ao contrário, se a educação, a pesquisa e o serviço podem estar ligados de tal maneira que seja possível rotular um tipo da pesquisa e de falar a verdade como sendo típicos da universidade?*[12] Alguns concordam que seja. Contudo, em suas propostas, o significado da pesquisa e do falar a verdade correspondem às modernas concepções (isto é, oferecem um novo tipo de orientação [orientação ética]). A pesquisa aqui dirige-se para um tribunal (orientador), e o falar a verdade baseado na pesquisa é tanto dirigido a alguém quanto jurídico. Nessas concepções, o *ethos* do falar a verdade na universidade relaciona-se a uma lei (uma norma ou *"nomos"*) e é considerado como um tipo da submissão com um potencial orientador (mesmo quando essa orientação tenha de ser sempre novamente buscada).

Essas opções são realistas? Com essa pergunta não queremos discutir se podem ser realizadas ou se são eficazes, mas desafiar o próprio *ethos*. Talvez a vontade de falar em nome de um reino (da verdade ou da justiça e de suas leis ou princípios) seja um sinal de decadência (segundo o modo que Nietzsche usa a palavra) (isto é, uma vontade de viver sob um monopólio protetor e imunizador e assim pensar que se pode impor a si mesmo as condições de vida). Não nos comportamos então como "pessoas que naufragaram" que tentam impor suas condições ao mar? (Sloterdijk, 2000a). Contudo, em nosso ponto de vista, devemos aceitar que não se trata de modo algum de orientação. Nós não devemos tentar encontrar uma nova orientação e deixar para trás a vontade de comportar-se como pessoas que querem julgar. Talvez seja possível formular outra pesquisa, outra forma de falar a verdade e outro significado para a universidade? Será que a idéia de iluminismo poderia ter outro significado? Acreditamos ser possível – e o próximo item é uma espécie de confissão.

Fazendo uso de Foucault (e principalmente de seu *ethos*), há outra idéia da universidade se estivermos preparados para desconectar o significado de universidade da busca excessiva por orientação e se desconectarmos o falar a verdade na universidade (isto é, "verisdição"*) do julgamento ou da jurisdição. Propor outra idéia de universidade implica que primeiro desistamos do conforto de ter uma posição (uma posição definida em relação a um tipo de tribunal e suas leis). Propor essa idéia é enviar um convite para praticar outro *ethos* (isto é, um *ethos* "experimental" caracterizado por uma exposição desconfortável em direção ao presente).

A PESQUISA DO PRESENTE[13] E O *ETHOS* EXPERIMENTAL

O que está em jogo é abandonar o conforto da proteção por um tribunal e fazer questão do presente (em vez de trazer o presente, ou a sociedade presente, a julgamento). Isso implica fazer a pergunta sobre o que está aconte-

---

* N. de T. No original, *verisdiction*.

cendo em "nosso" presente, o que está acontecendo "conosco", por meio de "nós" e por "nós" hoje e o que "nós" experimentamos. Esse "nós" poderia se tornar o foco da pesquisa e do nosso pensamento. Em outras palavras, como habitantes da universidade (em nossa idéia) não podemos evitar o presente e nosso envolvimento com o presente. Não é nosso envolvimento em uma doutrina ou tradição, nem o fato de pertencermos a uma comunidade ou à humanidade em geral, mas nosso pertencimento ao presente, a um "nós". Portanto, a questão é: o que somos "nós" hoje e o que "nos" está acontecendo?

É claro que se poderia argumentar que a pesquisa na universidade moderna estava/está também voltada ao presente. Mas essa era/é uma preocupação bastante particular. O pano de fundo dessa preocupação era/é ser capaz de julgar o presente (em relação a leis e princípios). Portanto, essa atitude de cuidado não tem interesse no presente enquanto tal. É uma atitude na qual se vê o presente a partir da perspectiva de um futuro particular (baseado nos critérios de razão ou humanidade, por exemplo), como algo que precisa de orientação, julgamento, fundamentos e, assim, um limitar e um guiar. A pesquisa do presente, em vez disso, deixa para trás essa atitude de querer orientar o presente. Ela envolve uma atitude experimental no pleno sentido da palavra: exposição ao presente e, assim, aceitação de ser tocada, infectada ou mesmo intoxicada[14], aceitação de pensar e tornar-se outro – sem se imunizar de antemão. Tal pesquisa implica desistir do conforto de uma posição (um lugar estabelecido, uma fundação, uma base) e expor-se (e expor seus pensamentos) até os seus próprios limites. O que se precisa portanto é de uma *ascesis*, colocar-se à prova ou exercitar seu pensamento.

Essa exposição ao presente é desconfortável por causa da falta de um tribunal e dos critérios, mas também porque se pertence ao presente e se tem sua própria posição em jogo. O objetivo não pode ser limitado a ganhar um *insight* sobre o conhecimento especializado ou a adquiri-lo. Acima de tudo, colocar-se à prova é uma prática de autotransformação sem a promessa de uma melhor posição no futuro.

FALAR A VERDADE: ASCETISMO E EXPERIÊNCIA

A universidade é um lugar para o falar a verdade científico que é principalmente uma prática. Com a prática, não nos referimos à idéia de que a fala enquanto tal tenha um efeito ou seja produtiva ou performativa. Falar a verdade como prática quer dizer que quem fala a verdade faz algo consigo mesmo e deve fazê-lo para ser capaz de falar a verdade. Falar a verdade implica trabalhar sobre si e sobre uma relação particular com o eu e com os outros. É isso que queremos dizer com *ethos*. Assim, falar a verdade tem uma dimensão ética porque como prática implica um *ethos* particular (e não porque poderia ter conseqüências éticas).

Na universidade moderna assim como na atual e na universidade de Derrida e Mittlestrass, o falar a verdade é um tipo de discurso confortável que implica uma posição bem-definida, constituída e autorizada por um tribunal e por suas leis. Essa relação para com a lei resulta, é claro, em dependência de suas sanções (e exclusão como uma solução final), mas oferece um tipo de conforto em uma terra ou reino prometido. Essa fala define seu público em relação a esse reino e tribunal e se volta a esse público de maneira orientadora em nome desse reino. Parece que não queremos desistir dessa posição, embora a idéia de uma orientação (e de um reino) pareça estar perdida hoje. Em outras palavras, parece que há ainda a vontade de ter ou encontrar uma posição confortável na qual não precisemos nos colocar à prova.

Contudo, em nossa idéia, o pesquisador e aquele que fala a verdade na universidade não mais tem um mandato de uma espécie de reino. De certa maneira, eles apenas têm o mandato de nosso presente, de nosso tempo. A pesquisa, portanto, não deve estar voltada ao problema da legitimização de fundamentos perdidos ou novos, nem à descoberta ou defesa de posições, mas com a "experiência" em um sentido literal (isto é, com o que está acontecendo para nós hoje). A fim de ter de dizer alguma coisa, o pesquisador deve contaminar-se com seu próprio tempo e problemas, com as doenças e eventos de hoje.[15] Trata-se de escutar o presente e de estar "presente no presente". Nesse sentido, o mandato do falar a verdade na universidade relaciona-se à "experiência pessoal" e, portanto, sempre tem uma dimensão existencial. Como alerta Sloterdijk (2000a), podemos nos referir à velha fórmula dos anos de 1960: "ciência na primeira pessoa". A primeira pessoa contudo não é o "eu", mas refere-se a um vocativo. Refere-se a alguém a quem se fala ou a quem é afetado.

E como Wittgenstein argumentou, devemos deixar para trás a fórmula "eu penso" e em vez disso dizer "isso é um pensamento", e descobrir como podemos nos relacionar a esse pensamento. Falar a verdade também implica um discurso apaixonado e febril. Mas é outra passividade, outro seqüestro diferente dos que estão implicado no dever em relação à lei. Essa paixão envolve ser entendido ou seqüestrado pelo presente em uma experiência pessoal.

Contudo, a "experiência pessoal" não tem nada a ver com a opinião pessoal, mas implica usar a si mesmo (tanto de maneira psíquica quanto somática) como um tipo de "meio" no qual algo possa ser gravado ou inscrito e pelo qual algo possa ser expressado ou articulado. A universidade, então, é o lugar para o pensamento experimental e para a pesquisa capturada pelo presente e que está sendo seqüestrada pelos "problemas mundanos" que se tem de carregar ou sustentar e comunicar. Dois elementos são exigidos:

um contato direto com o presente ou ser afetado por ele e práticas preparatórias e exercícios, ou ascetismo.

Aqui podemos situar o significado de "educação" para a universidade. A universidade não é educacional no sentido de iniciar os alunos em um reino de transmissão de habilidades e conhecimento, mas no sentido de oferecer a oportunidade de moldar e transformar a existência do sujeito por meio do estudo e da pesquisa experimental. Estes estudo[16] e pesquisa pedem atenção (isto é, estar presente no presente a fim de ser capturado pelo presente e comunicá-lo (compartilhá-lo, nos diferentes sentido de compartilhar). Novamente, estes estudo e atitude implicam uma atitude atenta que é tanto passiva quanto não-lisonjeira. Como resultado, a educação na universidade visa tornar as pessoas atentas e assim tornar possível que haja um tipo de afeição, toque ou finalmente experiência. Como foi comentado antes, dois elementos importam para atingir isso: unir literalmente (implicando entre outras coisas, mover-se, olhar, viajar...) e um "treinamento atlético" para usar a fórmula de Sloterdijk (2000b). O último poderia ser rotulado como prática preparatória e educacional, ou como ascetismo.

Atividades tais como exercitar-se, ler (os clássicos), escrever (e/ou copiar à mão), ouvir, repetir, recitar, etc. podem ser consideradas práticas educacionais disciplinares que colocam os alunos e os professores em uma condição na qual algo pode acontecer, em que uma experiência torna-se possível e na qual eles (sua relação com o eu e com os outros) pode ser transformada. Essas práticas educacionais, portanto, são também sempre um tipo de des-imunização* (deixar para trás uma posição e a submissão a um tribunal). Por outro lado, tais práticas oferecem a oportunidade de momentos educacionais. Esses momentos são, como a etimologia do verbo latino *educere* demonstra, em um sentido literal, momentos pelos quais somos conduzidos para fora de nós mesmos, para fora ou para o "mundo" ou "terra de ninguém" na qual somos expostos, sem proteção de uma posição (em um reino da verdade). Os momentos educacionais ocorrem quando o aluno e o professor são expostos um ao outro e ao "texto" ou ao presente. Nesses momentos algo pode ser notado ou dito que não era esperado ou previsto, momentos nos quais as palavras poderiam receber um novo significado. Não há necessidade desses momentos e eles não têm um lugar, mas podem ocorrer, podem acontecer. Nesses momentos, as pessoas estão de mãos vazias e não podem cobrir-se na ilusão de autonomia ou de heteronomia. Esses momentos não conhecem "clientes" ou "fornecedores" e não são o resultado de um investimento.

Essas práticas e momentos educacionais requerem tempo, muito tempo. Mas não é um tempo que resulta em lucro. Talvez seja um tempo escolar

---

* N. de T. No original, *de-immunisation*.

no sentido da palavra grega *scholè* (i. e., tempo livre ou tempo que não é ocupado com a necessidade de sobrevivência, excelência ou valor adicionado). É um tempo que podemos chamar de tempo mundano, tempo do mundo ou tempo de uma exposição ao presente. Em vez de tempo de lazer, o tempo escolar é difícil, duro (i. e., um tempo para lidar com a questão do presente e de viver juntos, de estar com as palavras, com os textos, coisas, com os outros). O que aparece nesse tempo é um mundo que nos confronta com perguntas (e não com soluções). Na escola e durante o tempo que passamos nela carregamos um fardo e não estamos envolvidos no processo de produção e transmissão do conhecimento. Ser parte do mundo, portanto, é não ter uma posição e estar exposto e confrontado com uma questão. E as práticas educacionais oferecem exatamente a oportunidade para entrar no mundo ou para tornar-se afetado por ele.

Isso explica por que nos prendemos à idéia da moderna concepção de universidade como o lugar e tempo de um tipo particular de falar a verdade (isto é, um falar a verdade baseado em um tipo particular de pesquisa ou pesquisa do presente que tem um potencial para edificar, já que implica um *ethos* particular). Esse *ethos* experimental combina um "ascetismo" (educação, exercício) com um *pathos*, um *pathos* de amor pela verdade ou de curiosidade (no sentido foucauldiano) e não um *pathos* do dever (em direção à lei). Esse ascetismo e esse *pathos* constituem o sujeito da verdade ou aquele que fala a verdade, não a memória de idéias imemoriais, a eleição feita por um deus ou a iniciação em uma tradição ou escola. Além disso, a fonte de autoridade (embora solapando a si mesma aqui e ali) desse falar a verdade está na própria experiência (e não no mandato de um reino). Falar a verdade dessa forma não se dá sem um risco (uma característica que tem sido sempre relacionada ao falar a verdade) e que exige coragem.[17] Em poucas palavras, o falar a verdade está conectado a uma atitude de arriscar-se a vida ou experimentar: estar preparado para expor-se, estar atento ao presente, estar em um mundo onde nossa alma e nosso corpo pode ser machucado, tornar-se passional (e diz-se que um dos preceitos da academia de Platão era o de que aqueles que não queriam ter relação eróticas não deveriam nela ingressar).

UMA FALA NÃO DIRECIONADA: UMA QUESTÃO DE AMOR?

Falar a verdade no mundo-universidade é algo que não se dirige a uma cultura, uma nação ou estado, nem à humanidade como tal. O que está em jogo é dirigir-se ao mundo ou, dito paradoxalmente, dirigir-se ao que não se podia dirigir. Não se está dirigindo a ninguém ou a ninguém no sentido de alguém em particular. Dessa forma, o objetivo do mundo-universidade é falar a verdade, e falar a verdade significa que quem necessita da verdade não se define de antemão. Esse falar a verdade não se dirige aos habitantes da sociedade do conhecimento (oferecendo-lhes um conhecimento produtivo). Em vez disso, o falar a verdade mundano abre o mundo na sociedade do conhecimento. E, portanto, falar do mundo-universidade é sempre um tipo de falar a verdade atemporal.

Um falar a verdade temporal ou dirigido a alguém é sempre um tipo de discurso focado e direcionado: direcionado aos alunos (em uma sala de aula), a outros pesquisadores (em revistas científicas) ou a profissionais (em palestras). Uma característica principal aqui é a presença de um tribunal: um regime educacional (currículos, exames), o tribunal da comunidade científica, o tribunal da aplicação. Falar em uma sala de aula, em revistas científicas, no domínio do trabalho não é tornar algo público, mas se relaciona à privatização. É claro que, no que diz respeito a esses lugares e a essas populações, o termo público está igualmente sendo usado, mas se refere então a levar algo (conhecimento, material de aprendizagem, resultados de pesquisa) a uma condição em que possa ser apropriado. Público quer dizer que todos podem fazer uso dele, não é de ninguém, não é propriedade de ninguém, ninguém pode apropriar-se dele com exclusividade. O horizonte dessa concepção é que algo pode ser apropriado, pode se tornar próprio. Dessa forma, o falar a verdade em público é desde o início um discurso ou fala com um público bem definido de usuários em mente.

O falar a verdade mundano ou discurso não-dirigido não trata de propriedade ou apropriação.[18] Falar no mundo-universidade leva em consideração a idéia de que no mundo ninguém é verdadeiramente especial, e que essa opinião ou hipótese relacionada à equidade requer um tipo particular de verdade. O mundo "pede" para falar a verdade sem dirigir-se a alguém em particular, e "pergunta" por idéias, palavras, gestos que são universais de certa forma. Eles não são universais porque todos em qualquer lugar deveriam entendê-los, mas porque eles respondem à questão de estar-com, de viver-juntos, ou de estar exposto e ser inspirado pela opinião da equidade. Dessa forma, é por meio do falar a verdade mundano que falamos sobre o mundo. Ou, para reformular essa idéia, o ato de tornar algo público ou mundano não enfatiza questões de direção ou acessibilidade, mas o fato de pura comunicação. No falar a verdade e com base sobre a pesquisa do presente uma idéia ou pensamento está sendo comunicada.

O caráter não dirigido dessa fala implica que quem fala a verdade na universidade não é um/uma homem/mulher sábio/a.[19] Uma mulher ou homem sábio/a toma a posição de alguém que permanece a maior parte do tempo em silêncio e que fala publicamente somente quando se pede. Devido à sua exposição ao presente, aquele que fala a verdade no mundo-universidade não pode ficar em silêncio. Em vez disso, é "incapaz de manter seus pensamentos para si mesmo e, portanto, coloca sua própria vida (e relações) em jogo (Arendt, 1994). O discurso não dirigido também implica que não seja um discurso de enigmas (isto é, um discurso profético que revela o futuro), nem um discurso que desvela o "ser" verdadeiro do mundo. Esse discurso diz "o que é".[20] Contudo, dizer "o que é" não é nem um ato de fala constatativo nem um ato de fala performativo (no sentido austiniano). O primeiro implica a possibilidade de legitimação e, portanto, uma espécie de julgamento. O segundo, também, poderia implicar uma legitimação (isto é, critérios relativos ao efeito e a um público definido). Já que o falar a verdade baseado na pesquisa do presente também estuda e põe em jogo os critérios do que pode ser pensado e do que pode ser dito (os critérios da ciência, por exemplo) e os limites do presente (limites das disciplinas e domínios reconhecidos, por exemplo), esse discurso não sabe de antemão a quem se refere, quem será seu juiz e em que critérios será julgado. Trata-se de um falar a verdade sem saber quem precisa ou espera por essa verdade. E, portanto, esse discurso experimental, como argumenta Lyotard (1984), sempre permanece algo como um "grito no deserto" (p. 69-70).

Novamente, enfatizamos que tal falar a verdade é apenas possível com base em uma exposição ou em estar fora de posição. De certa maneira, é uma fala que alguém faz em seu próprio nome, ou mais precisamente uma fala sem nome ou face e, assim, uma fala exposta, uma fala dentro e fora de uma exposição (dentro e fora do mundo como espaço público). É uma verisdição que não é ao mesmo uma jurisdição. Mas ainda, pode ter um significado. O discurso mundano ilumina em sentido literal: traz luz, torna visível e, assim, expõe o que é. A exposição – e tornar nesse sentido, o discurso público – implica que pode ser tocado e que pode tocar (-nos) por si (transforma-"nos" como sendo "sujeitos"). Lembramos que esse tipo de iluminação não é aquela oferecida pela razão, mas pela experiência. Portanto, o falar a verdade que não é dirigido a alguém não é um discurso irresponsável e poderia ter de fato significado para a sociedade.

OBSERVAÇÕES DE CONCLUSÃO

Com esses pensamentos sobre o falar a verdade na universidade, colocamos primeiro e principalmente nossa posição em jogo: quem somos nós como pessoas que falam a verdade? Baseados nisso, expressamos uma idéia e a comunicamos. Contudo, essa idéia não nos pede para julgar a universidade hoje. Isso não significa que seja somente uma idéia. Portanto, mencionaremos muito brevemente pontos específicos de atenção e práticas que articulam essa idéia.[21]

Espera-se que as universidades na sociedade do conhecimento organizem pólos de excelência: pesquisa excelente baseada em um sistema particular de indicadores. A pesquisa do presente e o falar a verdade mundano pede "pólos mundanos de atenção" que dizem respeito a problemas mundanos.

Um exemplo é talvez o de que a escassez (de comida ou energia) coloca os estados em uma posição bastante particular em relação aos outros. Isso não requer de uma universidade uma espécie de jurisdição ou tribunal (acusando as nações ou trazendo-as ao tribunal porque elas falhariam nesse aspecto), mas uma verisdição: um mundo-universidade pode demonstrar o que está em jogo, o que a soberania baseada em uma nação implica. Não pode ser a intenção de um discurso mundano submeter as nações a uma soberania nova, mais fundamental (de um reino da verdade e de suas leis), mas demonstrar que a soberania das nações resulta em certos problemas. O mundo "pede" à universidade que ela comunique isso, que o discurso demonstre isso e que centralize sua atenção nesses usos.

Nessa concepção, a comunidade acadêmica não está definida (ou não está se definindo) na confissão à mesma metodologia ou ao mesmo tribunal (o tribunal científico, o tribunal de qualidade, o tribunal da verdade), mas é uma comunidade de pessoas que compartilha a exposição em direção ao presente. Seu falar em conjunto não é um tipo de jurisdição, nenhum intercâmbio de julgamentos (e convicções), e suas discussões não são imitações de guerra com outros meios. É uma comunidade de pessoas curiosas que está cuidando do presente.[22] O que eles compartilham ou têm em comum não é uma linguagem (ou um código particular), mas um *ethos* e pensamentos. Eles não formam escolas nas quais as pessoas se tornam iniciadas (e cujos portões de entrada e hierarquias deveriam ser defendidos). Ser parte dessa comunidade é edificante porque a comunidade convida todos a colocarem-se à prova. Convida a "experimentar" e é ela própria um tipo de laboratório de experiências e de pensamento no sentido de trazer pensamentos para o mundo, que podem colocar algo nos limites e que pode jogar com o "nós" (em vez de fazer o inverso).

O mundo acadêmico atual e moderno como um reino da verdade não pode estar desconectado de uma atividade de controle sobre o acesso. As pessoas podem passar pelo portão de entrada se se submeterem às leis do tribunal da verdade (um julgamento feito com base no número de publicações em revistas científicas com revisão de pares, por exemplo). De uma perspectiva acadêmica autônoma, ela diz respeito à submissão à lei (nomos). A idéia de um falar a verdade mundano, em vez disso, poderia ser conectada a um tipo de profissão (nesse sentido referimo-nos novamente à idéia do juramento de Hipócrates).[23] Os membros da comunidade universitária, os acadêmicos talvez pudessem relacionar-se ao seguinte conselho de Cícero (1980):

> Nós, os acadêmicos, vivemos um dia de cada vez. Expressamos tudo o que nos toca por seu caráter convincente e, dessa forma, somos os únicos que são realmente livres. Desfrutamos de uma maior liberdade e somos mais independentes; nossa capacidade de julgar não conhece restrições, não

temos de seguir nenhuma prescrição, não temos de executar nenhuma ordem, eu quase diria que nada nos obriga a defender um caso precisamente como este (V, 11, 33; nossa tradução).

Os acadêmicos estão aí por ninguém, ninguém em particular.

NOTAS

1 A ordem de nomeação é uma opção puramente estratégica.
2 Ver também Derrida, 2001, p. 59.
3 Para outras concepções, ver Jaspers e Rosmann, 1961; Schelsky, 1963.
4 O título da proposta de Humboldt —"Über die innere und aüssere Organisation der Höhere wissenschaftlichen Anstalten"— esclarece esse conceito (Humboldt, 1810).
5 A tradução do significado crítico da universidade em função de serviço na universidade moderna/real é já uma indicação de uma transformação na auto-compreensão da universidade.
6 Essa parte baseia-se no relato do grupo de especialistas Strata-etan sobre a relação pesquisa-educação nas universidades européias (2003).
7 Já nos anos de 1960, Kerr (1963) refere-se à universidade como sendo "multi-versidade" porque há uma expansão do número de funções e porque a universidade tem um novo significado para a nova "sociedade do conhecimento".
8 Para esse tipo de argumentação (embora não explicitamente lidando com Habermas), ver Luhmann, 1992; Gutu, 1998; Laermans, 1999.
9 Não focalizamos suas primeiras publicações sobre a universidade (ver Derrida, 2004).
10 Em seu estudo "The university in ruins", Readings (1996) acaba tendo uma idéia similar de um *ethos* do dever.
11 Também o comentário de Foucault sobre a obra de Derrida é instrutivo: "... je dirai que c'est une petite pédagogie historiquement bien déterminée qui, de manière très visible se manifeste. Pédagogie qui enseigne à l'élève qu'il n'y a rien hors du texte, mais qu'en lui, en ses interstices, dans ses blancs et ses non-dits, règne la reserve de l'origine; qu'il n'est donc point nécessaire d'aller chercher ailleurs, mais qu'ici même, non point dans les mots certes, mais dans les mots comme ratures, dans leur grille, se dit 'le sens de l'etre'. Pédagogie qui inversement donne la voix des maîtres cette souveraineté sans limites qui lui permet indéfiniment de redire le texte" (Foucault, 1972, p. 267)
12 Como elaboraremos a seguir, acreditamos que tal ligação é ainda possível. Contudo, no contexto deste artigo, somos capazes de buscar nossa proposta na questão sobre o fato de tal ligação estar ou não atrelada a um certo "lugar" físico.
13 Isso não implica que não devamos ler textos "antigo". Bem pelo contrário. Não significa que o presente deva tornar-se um tipo de tribunal ou totalidade do "ser".
14 Ver Sloterdijk, 2000a.
15 Isso se baseia em Sloterdijk, 2003.
16 A educação na universidade está centrada no estudo, o que não é o mesmo que centrada no estudante. Portanto, concordamos com a idéia de Humboldt, segundo a qual os professores não estão na universidade para os alunos, mas que ambos estão lá pela verdade.

17 Este tema é discutido em Arendt, 1994.
18 A idéia de um discurso não-dirigido a alguém é também discutida em Walser, 2000.
19 Foucault está elaborando essa análise de falar a verdade de acordo com quatro "tipos" (o homem sábio, o profeta, o professor, o *parresiasta*) em suas últimas, e não publicadas, palestras no Collège de France (ver gravações a serem consultadas no IMEC em Caen).
20 De acordo com Arendt (1994), nenhum mundo pode sobreviver sem pessoas que estejam prontas para fazer o que Heródoto fez pela primeira vez de maneira consciente: dizer o que é (*"legein ta eonta"*), ou dar testemunho do que é e do que parece ser já que é.
21 O problema da institucionalização da idéia não será discutido, já que merece uma discussão em separado.
22 Veja também o sonho de Foucault: "Eu sonho com o intelectual destruidor da evidência e das universalidades, aquele que, nas inércias e nas restrições do presente, localiza e marca os pontos fracos, as aberturas, as linhas de poder, que incessantemente se desloca, não sabe exatamente para onde está indo nem o que pensará amanhã porque está por demais atento ao presente." (Foucault, 1989, p. 155).
23 Em contraste com os procedimentos reais de uma jurisdição, uma profissão e um juramento são bastante desconfortáveis quando nos colocamos à prova.

REFERÊNCIAS

Anrich, E. (1960). *Die Idee der Deutschen Universität und die Reform Deutschen Universitäten*. Darmstadt: Wissenschaftliche Buchgesellschaft.

___. (1994) Waarheid en politiek. In: *Tussen verleden en toekomst* (pp. 125-162).Leuven: Garant. (Original work published in 1967)

Ash, M. G. (Ed.). (1999). *Mythos Humboldt. Vergangenheit und Zukunft der deutschen Universitäten*. Wien:Böhlau.

Brown, R. B., & McCartney, S. (1998). The link between research and teaching: Its purpose and implications. *Innovations in Education and Training International*, 35(2), 117-129.

Cicero, Marcus Tullius (1980). *Gesprekken in Tusculum* (Tusculum Disputationes) (Vertaling C. Verhoeven). Baarn: Ambo.

Derrida, J. (1994). *Kracht van wet. Het 'mystieke fundament van het gezag'*. Kampen: Agora/Pelckmans.

___.(2001). *Université sans condition*. Paris: Galilée.

___. (2004). *Eyes of the university. Right to philosophy 2*. Stanford: Stanford University Press.

European Commiesion, Strata-Etan Expert Group, (2002). *Developing foresight for the development of higher education/research relations in the perspective of the European research area (ERA)*. (E. Bour-geois, Rapporteur)

___.(2003, February). *The role of the universities in the Europe of knowledge*.

European University Association (EUA) (2003, may). *Response to the communication from the commis-sion. The role of the universities in the Europe of knowledge*.

Foucault, M. (1972). Mon corps, ce papier, ce feu. In D. Defert, F. Ewald & J. Lagrange (Eds,), Dits et écrits II 1970-1975 (pp. 245-268). Paris: Gallimard.

Foucault, M. (1989) The end of the monarchy of sex. In S. Lotringer (Ed.) *Foucault live: Interviews, 1966-1984* (pp. 137-155) (D. M. Marchi, Trans.), New York: Semiotext(e). (Original work published in 1984).

___. (2001) Entretien avec Michel Foucault (With A.Fontana & P.Pasquino). In D. Defert, F. Ewald & J. Lagrange (Eds.), *Dits et écrits. II: 1977-1988* (pp.140-160). Paris: Gallimard Quarto. (Original work published in 1977)

Gutu, G. (1998). Zu Fragen der universitären Forschung. Mit Blick auf den philologischen Bereich an rumänischen Hochschulen. *Internet-Zeitschrift für Kulturwissenschaften, 3* http://www.inst.at/trans/3Nr/gutu.htm

Habermas, J. (1989). *De nieuwe onoverzichtelijkheid en andere opstellen*. Amsterdam: Boom.

___. (1990). De idee van de universiteit-leerprocessen. *Comenius*, 38 (10), 166-168.

Humboldt, von W. (1810). Über die innere und äussere Organisation der Höheren Wissenschaftlichen Anstalten in Berlin. In H. Weinstock (Ed) (1957), *Wilhelm von Humboldt* (pp. 126-134). Frankfurt a.M: Suhrkamp. (Original work published in 1810)

Hunter, I. (2000). *Rival enlightenments: Civil and metaphysical philosophy in early modern Germany*. Cambridge: Cambridge University Press.

Jans, E. (2002). Kritische Intoxicaties. Over cultuur, crisis en explosies. Etcetera, 20 (80), 5-9.

Jaspers, K., & Rosmann, K. (1961). *Die Idee der Universität: für die gegenwärtige Situation entworfen*. Berlin: Springer.

Jenkins, A., & Zetter, R. (2003). *Linking teaching with research in departments*. York: Generic Centre/Learning and Teaching Support Network.

Lyotard, J. F. (1984). *Tombeau de l'intellectuel et autres papiers*. Paris: Galilée.

Laermans, R. (1999). *Communicatie zonder mensen. Een systeem-theoretische inleiding in de sociologie*. Amsterdam: Boom.

___.(2001). Ruimten van cultuur. Van de straat over de markt naar het podium. Leuven: Van Halewijck.

Luhmann, N. (1992). System und Absicht der Erziehung. In N. Luhmann & K. E. Schorr (Eds.), *Zwischen Absicht und Person: Fragen an die Pädagogik* (pp. 109-124). Frankfurt a.M: Surhkamp.

Kerr, C. (1963). *The uses of the university*. New York: Harper & Raw.

Kopetz, H. (2002). *Forschung und Lehre. Die Idee der Universität bei Humboldt, Jaspers, Schelsky and Mittelstrass*. Wien: Böhlau Verlag.

Mittelstrass, J. (1989). *Glanz und Elend der Geisteswissenschaften*. Oldenburg: Bis Verlag. Retrieved from http://www.uni-konstanz.de/FuF/Philo/Philosophie/Mitarbeiter/ mittelstrass/ liste.htm

___.(1994). *Die unzeitgemässe Universität*. Frankfurt a.M: Suhrkamp.

___. (2001). *Bildung und ethische Masse*. Paper presented at McKinsey Bildet, Hamburg, Gallerie der Gegenwart. http://www.mckinsey-bildet.de/downloads/ 02_idee/ w2_vortrag_mittelstrass.pdf

___. (2002). *Die Modernität der klassischen Universität*. Marburg: Marburger Universitätsreden. Retrieved from http://www.uni-konstanz.de/FuF/Philo/Philosophie/ Mitarbeiter/mittelstrass/Marburg-2002.htm

Mittelstrass, J. (2003). *Das Mass des Fortschritts. Mensch und Wissenschaft in der'Leonardo-Welt,'* Köln: Karl Rahner Akademie.

Nybom, T. (2003), The von Humboldt legacy and the contemporary European university. In E. De Corte (Ed.), *Excellence in higher education* (pp. 17—32). London: Portland Press.

Readings, B, (1996). *The university in ruins.* Cambridge: Harvard University Press.

Riedel, M. (1977). Wilhelm von Humboldts Begründung der 'Einheit von Forschung und Lehre? als Leitidee der Universität. *Zeitschrift für Pädagogik,* 14, 231-247.

Schelsky, H. (1963). *Einsamkeit und Freiheit; Idee und Gestalt der deutschen Universität und Ihrer Reformen.* Reinbek bei Hamburg: Rowohlt.

Sloterdijk, P. (2000a*). Essai d'intoxication voluntaire. Conversation avec Carlos Oliveira.* Paris: Calman-Lévy.

___. (2000b) *Le penseur sur scène.* Paris : Christian Bourgeois.

___. (2003). *Ni le soleil ni la mort. Jeu de piste sous forme de dialogues avec Hans-Jürgen Heinrichs.* Paris: Pauvert

Walser, M. (2000). *Über das Selbstgespräch. Ein Flagranter Versuch.* Die Zeit, 13 January, 42-43.

Weber, M. (1991) *Wissenschaft als Beruf.* In M. Sukale (ed.), Max Weber. Schriften zur Wissenschaftslehre (pp. 237-273). Stuttgart: Philipp Reclam. (Original work published in 1919).

Capítulo
11

Foucault: a ética da autocriação e o futuro da educação

Kenneth Wain

ÉTICA E MORALIDADE

A última fase da obra de Foucault, coberta por seus dois últimos livros e últimos ensaios, é freqüentemente descrita como "ética". Isso significa que, em termos gerais, ele se voltou menos a descrever o funcionamento do poder disciplinar na sociedade moderna, como havia feito em seus primeiros escritos, e mais a definir os espaços para a liberdade que tal sociedade permite aos seus membros tanto na esfera política quanto na ética. Uma sociedade que, em seus primeiros relatos, ele descreveu como obcecada com sua própria segurança e como o policiamento eficiente de seus membros, mais do que com sua liberdade ou educação. A sociedade de aprendizagem que ele descreve em *Discipline and punish**(1991) em que os indivíduos passam de uma forma de dominação para outra[1]; uma sociedade que emprega um espectro de tecnologias disciplinares, um arsenal de técnicas pedagógicas repressivas que ela põe a trabalhar em suas instituições, e não apenas as corretivas. Uma sociedade panóptica que está obcecada com procedimentos gerais e práticas de policiamento e vigilância em suas várias formas, pondo-as sob a rubrica geral de governança e definindo-as em termos de biopoder e poder disciplinar. Foucault descreveu a sociedade de aprendizagem moderna/pós-moderna em termos tão asfixiantes que provocou um coro de objeções bem conhecidas por parte de uma variedade de

---

*N. de R. Ver nota da p. 16.

críticos que diziam que o procedimento havia retirado a liberdade de cena completamente, não concedendo a ela nenhum espaço em nossa vida diária e considerando o mundo sem sentido. Além de considerar também sem sentido a palavra educação. Essa é ainda uma percepção comum que se tem de Foucault. Para quem conhece sua obra, contudo, não é preciso dizer que a liberdade não era algo que o autor colocasse em contraste com o poder, pelo menos não em suas últimas obras. Ao contrário, ele queria descrever a liberdade *em termos* de poder, ou melhor ainda em relações de poder, como ele descrevia todas as outras coisas, inclusive sua ética, que ele percebia como a prática de liberdade ou libertação. É assim que ele resume a relação entre liberdade e ética: "Liberdade é a condição ontológica da ética. Mas ética é a forma deliberada assumida pela liberdade" (Bernauer e Rasmussen, 1994, p. 4). Em termos mais simples, isso quer dizer que não há ética sem liberdade, e que de fato a ética é a forma que se dá à prática da liberdade de alguém.

Deixe-me elaborar esse relato de ética e da relação entre ética, assim concebida, e moralidade. Em uma entrevista do outono de 1983 a Steven Riggins, Foucault definiu ética como "a relação que se tem consigo mesmo quando se age" (Kritman, 1990, p. 15), distinguindo-a, portanto, da moralidade, que tem a ver com a sua relação com os outros, com códigos de comportamento prescritos para todos, e que se relaciona com imperativos, regras de conduta ou ordens. Habermas (1994) faz uma distinção similar entre as questões éticas em que "queremos ser claros sobre o que somos e o que queremos ser, e questões 'morais' em que queremos saber o que é igualmente bom para todos" (p. 104). Em contraste com a ética, que tem a ver com a liberdade, a moralidade tem a ver com a verdade, com "jogos de verdade" como Foucault os chama. Ela, portanto, desempenha um tipo muito diferente de jogo de linguagem do que o da ética, o jogo da governo e controle, que é o mesmo jogo de linguagem da política. Foucault coloca um certo tipo de ética e a moralidade convencional entre as tecnologias de poder essencialmente repressivas, a que nos referimos antes, em que se está "sujeito a outras pessoas por controle ou dependência, e amarrado a sua identidade por uma consciência de autoconhecimento". Ambos os tipos de tecnologia sugerem "uma forma de poder que subjuga e torna sujeito a", ou, para usar o próprio verbo de Foucault, subjetivam (Dreyfus e Rabinow, 1983, p. 212). O jogo de linguagem em ambos os jogos de poder tem a *normalidade* como sua preocupação central. Em ambos, a *verdade* é representada como a expressão de uma normalidade, como uma questão de conviver com as normas estabelecidas, e a falsidade como o abandono ou traição dessas mesmas normas. Subjetivar é impor normas; "categorizar o indivíduo, marcá-lo por sua individualidade, atrelá-lo à sua identidade, impor um lei de verdade a ele e que ele deve reconhecer e que os outros têm de reconhecer nele" (p. 212). Em outras palavras, é impor uma ética a alguém, uma relação que se tem consigo mesmo que corresponda a uma moralidade convencional que se reconheça como verdadeira, e agir de um modo reconhecidamente aprovado por essa mesma moralidade. A moralidade convencional subjetiva mais sutil e eficazmente por meio do cultivo de práticas confessionais que estimulam o sujeito a dizer a verdade sobre si mesmo, a trabalhar sobre sua moralidade por meio da consciência.

Pode-se agora fazer uso, para fins de clareza, de uma explicação adicional sobre o entendimento foucauldiano da relação da ética à moral. O'Leary (2002) aponta que Foucault definiu a moralidade convencional de acordo com um esquema triplo de acordo com o qual ela é

> primeiramente um código moral que pode ser mais ou menos explicitamente formulado; segundo, o comportamento real de quem está "sujeito" a esse código; e, terceiro, o modo pelo qual os indivíduos se constituem como sujeitos morais do código – isto é, o modo que eles "conduzem a si mesmos" ou "levam a si mesmos" (*se conduire*) a obedecer (ou desobedecer) um conjunto de prescrições (p. 11).

O último aspecto é o de como Foucault entende a ética. Ela difere dos outros aspectos da moralidade no fato de que

> não é um campo de regras, princípios ou preceitos, é um campo de nossa autoconstituição como sujeitos. [Consiste em] um conjunto de atitudes, práticas e metas pelos quais guiamos nossa auto-compreensão moral. Nesse esquema, a ética é um subconjunto da categoria da moralidade. [É aqui que Foucault localiza] o aspecto da subjetivação (p. 11).

Mas a subjetivação não precisa significar o cancelamento da liberdade ou a perda total do poder, a não ser que tome a forma de dominação. É preciso entender como Foucault vê a relação da liberdade com o poder; não como uma antítese, mas ao contrário, como algo necessário. Não há liberdade sem poder, mas, igualmente, não há poder sem liberdade; um é condição do outro. A questão é similar entre poder e conhecimento. Como O'Leary (2002) afirma, para Foucault "a liberdade...não é um estado pelo qual lutamos, é uma condição de nossa luta" (p. 159). É também a condição da auto-expressão ética e da educação do indivíduo. Não ter poder é não ter liberdade, e vice-versa. É ser dominado pela vontade de outrem, carecer completamente de poder-liberdade. É estar em uma relação em que o poder é bloqueado, não circula; onde a relação com um professor toma a forma violenta de doutrinamento (Bernauer e Rasniussen, 1994). A aculturação não precisa tomar essa forma, e não o faz, pelo menos em teoria, nas sociedades modernas liberais que Foucault estuda.

Nas sociedades liberais, tanto a aculturação quanto o doutrinamento distinguem-se da educação, que se identifica com uma ética racionalmente autônoma. De acordo com Kant, o que distingue a autonomia da aculturação, nesse aspecto, não é a ausência de regras da primeira como algo distinto da segunda, mas a proveniência das regras. Uma ética autônoma envolve imperativos, sim, mas implica uma forma de governo da vontade não pelas leis externas ou máximas de uma moralidade convencional que governam uma vontade heterônima, mas por leis da razão que são universais. Foucault, é claro, dispensa a idéia kantiana de uma lei universal da razão, mas retém a idéia de autonomia como um sinal de maturidade moral e intelectual[2], e nos convida, mais radicalmente do que Kant, a criar "novas formas de subjetividade por meio da recusa desse tipo de individualidade que foi imposto a nós por vários séculos" (Dreyfus e Rabinow, 1983, p. 216), o que inclui a subjetivação de nossa consciência pela moralidade convencional. Ele continua:

> Talvez o objetivo hoje não seja descobrir o que nós somos, mas recusar o que somos. Temos de imaginar e construir o que poderíamos ser para livrarmo-nos desse tipo de "duplo-cego" político, que é a simultânea individualização e totalização das estruturas modernas de poder (p. 216).

Auto-recusa e autocriação são tarefas essencialmente nietzschianas, e não kantianas. Elas exigem uma leitura radical da exortação socrática ao "conhecer-se a si mesmo", que Sócrates considerava como indispensável para a ética como arte de viver, pela qual conhecer a si mesmo não é *examinar* a própria vida, olhar para dentro de si, pelas lentes de uma consciência socializada, mas saber como alguém se constitui como sujeito, subjetivado, pelas diferentes economias de poder, os processos e práticas que constituem o eu de alguém como um eu aculturado, inclusive como a consciência de alguém é constituída por uma moralidade convencional – uma tarefa para a qual as genealogias oferecem ferramentas adequadas.

A rejeição por parte de Foucault da moralidade convencional conecta sua ética com o famoso e notório imoralismo nietzschiano; o entendimento que Nietzsche tem da ética como uma transvaloração de valores; sua bem-conhecida tarefa de jogar a ética para além do bem e do mal. O'Leary (2002) cita a visão de Nietzsche de que a moralidade perecerá nos "próximos dois séculos" (p. 7) e observa que Foucault acreditava que esse evento seria inevitável e que, de certa forma, ele de fato já aconteceu, fazendo com que surja a questão de como devemos preencher o vazio por ele criado, como podemos viver sem moralidade. Mas a autocriação não é o único caminho. Em *After virtue* (1981), Alasdair MacIntyre narra a mesma perda, ecoando a visão de Nietzsche de que a morte de Deus nos ameaça com o niilismo, mas responde ao desafio que essa situação cria diferentemente de Foucault ou Nietzsche. A conclusão de MacIntyre de que a moralidade está em um estado de crise deriva de seu relato do estado de nossa linguagem moral hoje e, em particular, de nossa incapacidade de resolver desacordos morais, geralmente os considerando intermináveis e agressivos, uma situação que, ele acredita, desnorteia as pessoas comuns que querem uma orientação para suas vidas morais e não sabem onde encontrá-la. Assim como Nietzsche, MacIntyre localiza a causa desse estado de desorientação profundamente na cultura modernista, que ele descreve como *emotivista* em sua essência.[3] Sua resposta para isso é re-situar uma moralidade da virtude aristotélica no mundo moderno que daria à vida das pessoas um sentido de propósito e direção. Em outro texto, MacIntyre (1987) também reclama de uma perda da educação no mundo moderno, que ele também atribui à nossa cultura modernista. Ele a atribui à incapacidade crônica das escolas modernas de resolver a tensão entre as tarefas simultâneas que lhes são conferidas para socializar os jovens em papéis que a sociedade requer e para torná-los indivíduos. Isso ocorre porque, segundo argumenta, nossa cultura modernista pluralista prescreve a noção de um público educado tal como o encontrado na Escócia do século XVIII; um público com um "pensamento único", aderindo a uma filosofia do bom senso. A educação hoje requer a reconstituição de tal público, que, como o público escocês, operava com uma só filosofia e moralidade.

MacIntyre descreve a cultura modernista como uma cultura burocrática e manipuladora no contexto público e caoticamente permissiva no privado, na esfera da ética. Foucault compartilha dessa avaliação do mundo moderno, mas rejeita a política do público educado, da qual há uma versão liberal kantiana endossada e propagada por Habermas e outros, que é diferente da versão escocesa de MacIntyre.[4] Sua resposta para a permissividade da ética moderna é, como veremos, diferente. Isso acontece porque, contra MacIntyre, Foucault apóia o projeto do Iluminismo que também colocava a ética contra a moralidade na forma da doutrina kantiana de uma vontade autônoma, compartilhando dela, como disse antes, quando ela propõe que deveria expressar-se em conformidade com uma lei universal da Razão. Ou, para dizê-lo de maneira mais geral, que precisa expressar-se em conformidade com *uma* moralidade. A esse respeito, embora louve a maturidade do Iluminismo, ele quer ir além. Mas isso não quer dizer que ele conceba a ética de maneira niilista; como a ausência de qualquer moral. De fato, ainda que, como Nietzsche, ele queira cortar a cabeça do rei por meio da dispensa completa de moralidades *universais*, ele não, não mais do que Nietzsche, sugere dispensar a moralidade, como obediência a regras, como tal; ele somente a coloca diferentemente do que Kant, não na Razão, mas em um lugar diferente, no próprio indivíduo, e o mesmo vale para a educação.

ÉTICA NA ESFERA PRIVADA

Tanto para Nietzsche quanto para Foucault, a ética, como trabalho que o sujeito faz sobre si mesmo, e a educação são uma e a mesma coisa. Nietzsche define ambas como autocriação, portanto localizando-as tanto na esfera moral quanto na estética. O mesmo vale para algumas diferenças importantes, para Foucault. De acordo com sua definição, educação é *auto-educação*, mas isso não quer dizer que não requeira professores, grandes educadores, como

Nietzsche os chama. Mas esses são apenas exemplos a seguir. Nietzsche com desprezo dispensou a relação do discípulo como sendo a adequada para com o educador, em seu próprio caso, os exemplos que ele reconheceu foram Wagner e Schopenhauer. Richard Rorty o segue nesse aspecto, ao referir-se a uma educação por exemplos, mas Foucault não o faz e nem usa, segundo o sei, a expressão autocriação como tal. Ele parece preferir a expressão "autoconstituição". O relato de Rorty sobre a autocriação é interessante no fato de que ele impõe uma relação com a educação que não é compartilhada nem por Nietzsche nem por Foucault. Começa em *Philosophy and the mirror of nature* (1980), em que ele declara simpatia não para com Nietzsche mas para com a "noção romântica do homem como auto-criador" de Gadamer (p. 358). Gadamer define a educação-autocriação como *Bildung* ou "edificação" (p. 359-360). Bem mais tarde, Rorty atrela a autocriação ao experimentalismo pragmático de James e Dewey (Saatkamp, 1995). Ao mesmo tempo, ele utiliza amplamente o termo em *Contingency, irony and solidarity* (1989), em que Nietzsche é seu ponto de referência. Em *Philosophy and the mirror of nature*, sob a influência de Gadamer, a edificação é descrita como algo que é adquirido socialmente, por meio do engajamento conversacional, de maneira que, com efeito, ele vê a educação como MacIntyre e Habermas, como requerendo um público – um público liberal como o de Habermas. As coisas mudam muito drasticamente, contudo, em *Contingency, irony and solidarity*, em que ele descreve a autocriação-educação como o cultivo de ironia privada. No livro, ele reconhece Nietzsche como alguém que "via o auto-conhecimento como autocriação. O processo de vir a conhecer-se, confrontar sua contingência, rastrear suas causas até a origem", um processo que descreve como "idêntico ao processo de inventar uma nova linguagem – isto é, de pensar em novas metáforas (p. 27). A ética da autocriação-educação torna-se uma questão de re-descrição do eu, de redescrever-se em termos de um vocabulário irônico para o qual a noção de contingência é central.

Mas Rorty também faz limitações e qualificações nessa própria re-descrição, ou autocriação, como ele a vê; é o eu privado *apenas* que se recria por meio de uma redescrição irônica ou poética. O eu público de alguém, quando o sujeito é um cidadão, é redescrito diferentemente; por meio de processos democráticos de conversação, diálogo e negociação pragmática. Aqui, seu ponto de referência, como ele mesmo diz, não é Nietzsche, mas Dewey (e outros "concidadãos", como Marx, Mill, Habermas e Rawls) (Rorty, 1989, p. xiv). A autodescrição privada ou ato-criação, diz ele, e isso *é* Nietzsche, é uma questão de lidar com sua solidão, de fazer seu próprio significado em um universo contingente. É aí que autores como Nietzsche, Kierkegaard, Baudelaire, Proust, Heidegger e Nabokov, diz Rorty, podem ajudar; eles são exemplares, são os educadores, aqueles que ilustram "o que a perfeição privada – uma vida humana auto-criada, autônoma – pode ser"

(p. xiv). Qualquer outro uso deles, nessa visão, qualquer uso político deles seria errado e perigoso. Eles não têm uso na esfera pública onde o discurso é um discurso de solidariedade, não de autocriação. Rorty enfatiza que, de fato, a solidariedade e a autocriação não podem estar juntas em um projeto comum e deveriam, portanto, ser confinadas aos domínios, separados, do privado e do público. De maneira não surpreendente, portanto, ele não é simpático, para dizê-lo de maneira leve, com as redescrições irônicas, ou desmascaramento, feitas por Foucault, das estruturas de poder de um estado moderno liberal-democrático e de suas instituições e de suas melhorias de subjetivação, embora a ética do ironista também contemple uma reavaliação radical das verdades convencionais com que se é criado em casa e na escola e sobre as quais o sujeito constrói sua identidade na infância e na juventude.[5] A ética de Foucault, contudo, toma forma na esfera pública por meio de sua auto re-descrição como um ativista e um intelectual específico que pratica a *parrhesia*, que é a prática não da ironia mas da verdade, e em que a inspiração é Sócrates mais do que Nietzsche.[6]

É claro que a diferença entre Rorty e Foucault, como o próprio Rorty (1989) diz é de uma atitude simpática em relação às instituições liberais, às quais Foucault, influenciado por Nietzsche, é hostil. Rorty defende a idéia de que a ordem liberal-democrática seja a única rota para o progresso social e político disponível no mundo de hoje, e suas sociedades as únicas que permitem que o ironista ou o poeta auto-criador floresçam. Ele alega que o liberalismo contém tudo que é politicamente importante em Nietzsche, e o que não for pode ser descartado de maneira segura. David Owen (1995), contudo, argumenta com razão que o "perspectivismo liberal" de Rorty seria mais acuradamente contrastado com a política agonística do perspectivismo de Nietzsche do que aproximado a ela. A auto-constituição de Foucault como um intelectual específico da esfera pública, por outro lado, em sua sustentação de uma política agônica e particularista, é de inspiração Nietzschiana. A prática da *parrhesia* foi, nesse aspecto, *um lado de sua ética*, de seu trabalho sobre si mesmo. De maneira não surpreendente, além de suas diferenças políticas, Rorty e Foucault falam línguas morais muito diferentes também; enquanto a de Rorty é uma língua de solidariedade que ele traduz em uma moralidade de intenções-nossas, e que apela à psicologia moral, nomeadamente a nossa capacidade imaginativa de ver os outros, entre eles os estranhos, como "um de nós" (1989, p. 193-194), a moralidade de Foucault, como veremos, fala em vez disso uma língua da governança, e da operação de campos de força que empregam e operam com um tipo muito diferente de ética do cuidado de si. Retorno a ética de Foucault e à sua moralidade mais tarde, enquanto Rorty defende um ponto de vista sobre a autocriação e sua relação com a educação que é criticamente importante e verdadeiro: nomeadamente, o de que não há autocriação sem aculturação, sem a indução primeiro a uma moralidade convencional, em um eu a recusar. A linguagem da autocriação, da liberdade, ele diz, é sempre em algum sentido, parasita da linguagem da verdade convencional. A autocriação, ele argumenta (1980), não é possível *ex nihilo*, de maneira que uma moralidade convencional não pode ser dispensada, embora possa ser repudiada, mesmo que radicalmente, em nome da autocriação. De maneira que a educação, entendida como autocriação, é sempre também parasita da aculturação.

AUTOCRIAÇÃO E IMORALISMO

Até que ponto a ética de Foucault foi influenciada pelo imoralismo de Nietzsche? Que ele foi influenciado pela ética de Nietzsche em geral não há dúvida e é algo que ele mesmo reconhece. O imoralismo de Nietzsche foi também autodeclarado. De fato, ele usou o termo "imoralista" para si mesmo em uma variedade de contextos. O mesmo não aconteceu com Foucault. Nietzsche descreveu-se como "o primeiro imoralista"; identifica Zaratustra como a realização do imoralismo – "a auto-superação da moralidade, a partir da veracidade"; e argumenta que a palavra imoralista é "um símbolo e um emblema de honra para mim" (Berkowitz, 1995, p. 280n). Nietzsche descreveu a si mesmo como imoralista em uma carta a Carl Fuchs em que também se refere ao imoralismo como "a mais alta forma até agora de 'integridade intelectual'" (Berkowitz, 1995, p. 280n). Em outro texto, Nietzsche descreve sua realização como *a auto-sublimação da moralidade* [itálico no texto original] (Berkowitz, 1995, p. 280n). Em *A gaia ciência*, em uma seção nomeada "Nossa última gratidão à arte", ele escreve sobre a jocosidade do imoralista, que ele compara com a jocosidade do bobo e do artista. Ele escreve sobre a *"liberdade acima das coisas* que nossos ideais exigem de nós". E mantém a idéia de que "seria um *recaída* para nós com nossa honestidade irritável envolvermo-nos inteiramente com a moralidade", e continua, referindo-se a pessoas que se tornam muito absorvidas pelas moralidade como "monstros virtuosos ou espantalhos". "Deveríamos ser *capazes* de também pairar *acima* da moralidade", ele continua, "e não apenas esperar com a obstinação ansiosa de um homem que tem medo de escorregar e cair a qualquer momento, mas também que flutue acima dela e brinque" (Nietzsche, 1974, p. 164). Nietzsche é claro quanto ao tipo de moralidade a que essas declarações negativas se referem; uma que "treina o indivíduo para ser uma função de uma horda e que confere valor a si mesmo apenas como função", como um instrumento. Pelo fato de que haverá hordas e comunidades diferentes, diz ele, haverá muitos diferentes moralidades – "Moralidade é o instinto de rebanho no indivíduo" (Nietzsche, 1974, p. 175). O imoralista, por outro lado, é o individualista, alguém que "se sente responsável apenas por sua vontade e ações, e que encontra o orgulho em si mesmo" (Nietzsche, 1974, p. 164). Nietzsche (1974) sente uma virada a seu favor. No passado, tal individualidade era considerada não como um prazer mas uma punição, estava-se sentenciado "à individualidade". [Era vista como] algo doloroso e como uma verdadeira tristeza [e associada com] todo medo e tristeza, [e a expressão de] "livre arbítrio" estava intimamente associada com má consciência; e quanto mais "não livre" fossem as ações de alguém e quanto mais o instinto de rebanho, mais do que qualquer sentido pessoal, encontrassem expressão em uma ação, mais moral o sujeito se sentia. (p. 175).

É importante entender neste ponto que o imoralismo de Nietzsche e sua ética da autocriação não foi um ataque sobre a moralidade como tal. Seu imoralismo não deveria ser lido como o abandono da moralidade. Como aponta Leiter (2002), Nietzsche: (a) abraçou explicitamente a idéia de uma "moralidade superior" em sua escrita, uma moralidade que informaria as vidas de "homens superiores" e (b) ele "visa oferecer uma reavaliação dos valores existentes de uma maneira que parece, ela mesma, envolver um apelo a padrões 'morais' mais amplos de algum modo" (p. 74). Leiter (2002) cita o prefácio de Nietzsche em *Aurora*: "Neste livro a fé na moralidade [*Moral*] está ausente – mas por quê? *Pela moralidade* [*Moralitat*]! Ou de que mais deveríamos chamar isso que o informa – e a nós?" [não há] dúvida de que um "tu deves" [*du sollest*] nos fala também" (p. 74). Então, não é que possamos viver sem imperativos morais, mas que os imperativos devam ser os nossos próprios e originais imperativos, não os imperativos do rebanho, mas os imperativos, afinal, do autodomínio. O que confunde os temas, como aponta Leiter, é que ele usa "a mesma palavra alemã – tipicamente *Moral*, e às vezes *Moralitat* – tanto para o que ataca quanto para o que preza" (p. 74). Leiter também exclui a visão de que Nietzsche estava simplesmente atacando uma moralidade específica , a judaico-cristã ou européia (ainda que ele mesmo fosse europeu). O que ele estava atacando mais geralmente era o tipo de moralidade, a moralidade do "último homem" que é contrária à afirmação da vida, que é, por sua vez, a preocupação com o "homem superior", o super-homem. Na famosa passagem em que Zaratustra nos mostra o último homem, ele o descreve como alguém que inventou a felicidade, o calor e o conforto, igualdade, certeza e reconciliação, como seus grandes valores. O último homem "pisca" perante os valores que ampliam a vida, como o amor, a criatividade, a saudade e a aventura que são, por outro lado, os valores do super-homem.[7]

Quando falamos em benevolência, Nietzsche (1974) diz, precisamos distinguir

> entre o impulso para apropriar-se e o impulso para submeter-se, e perguntar se é o mais forte ou o mais fraco que é benevolente. Alegria e desejo [ele continua] aparecem juntos no mais forte, que quer transformar algo em uma função; alegria e o querer ser desejado aparecem juntos no mais fraco, que quer tornar-se uma função (p. 176).

Pena é a forma que a benevolência tomará com o primeiro, o super-homem, para quem a vontade de poder é forte – as mulheres são típicas do segundo. O que aprendemos com os artistas, diz ele, é como podemos "fazer as coisas belas, atrativas e desejáveis para nós quando elas não são" (1974, p. 240). Apenas para o artista "esse poder sutil geralmente chega a um fim em que a arte termina e a vida começa; mas queremos ser poetas de nossa vida – primeiramente nos menores e mais cotidianos assuntos" (p. 240). Os poetas acreditam que a vida não é algo a ser contemplado, mas feito, a ser criado, a ser formado; eles precisam ser distinguidos dos espectadores e atores; aqueles que meramente observam a vida e "os assim chamados seres humanos que aprendem tarefas e traduzem tudo para a realidade, para o cotidiano" (1974, p. 242.). Ser um poeta é dar a alguém estilo " 'dar estilo' ao personagem de alguém – uma arte grande e rara!" (p. 232). É pesquisar todos os pontos fortes e fracos da natureza de alguém e "então encaixá-los em um plano artístico até que todos apareçam como se arte e razão e mesmo a fraqueza encantasse o olhar" (p. 232). É necessária uma longa prática e trabalho diário consigo mesmo; acrescentar, remover, esconder, reinterpretar e tornar sublime, refinar e moldar, "quando o trabalho está finalizado, torna-se evidente como a restrição de um simples gosto governou e formou todas as coisas, as grandes e as pequenas" (p. 232). O que importa, de fato, não é tanto se esse "gosto" é bom ou mau, mas que é único, unificado e original. Personalidades fracas são dissolutas, carecem dessa unidade do super-homem e também carecem de poder sobre si mesmas. Elas nunca podem ser poetas porque "*odeiam* a restrição de estilo", do único, do unificado, do original. Em última análise, continua Nietzsche (1974), uma coisa é necessária, a de que

> um ser humano deva *chegar à* [itálico no original] satisfação consigo mesmo, seja por meios dessa ou daquela poesia ou arte; só então, [ele argumenta] é algo tolerável ao olhar. Toda pessoa que não estiver satisfeita consigo mesma está continuamente pronta para a vingança, e nós, os outros, seremos suas vítimas, mesmo que seja apenas por ter de suportar sua horrível figura. Pois a visão do que é feio nos torna maus e obscuros (p. 233)

Sem dúvida, há um elemento de narcisismo na motivação do poeta descrita dessa forma, como um meio de chegar à satisfação consigo mesmo, e na ética da autocriação como tal. Mas o narcisismo de Nietzsche não é um tipo de auto-absorção; ele toma a forma de um interesse pelo estilo, e o estilo é público. Nietzsche sabia melhor do que ninguém que o perigo da auto-absorção pode tornar-se uma narcisismo mórbido e contrário à vida. A italicização de *chegar a* na citação anterior conecta a realização da autocriação poética – o chegar à essa autocriação – à educação. Se estivermos interessados na ética da autocriação de Nietzsche, o que nos colocará sob a influência dos educadores será a poesia deles, seu estilo demonstrado em sua arte de viver. Considerá-los como exemplos do estilo impede-nos de ser indevidamente capturados pelo conteúdo de suas vidas e de seu trabalho e nos capacita a afastarmo-nos deles e até ir contra eles (como Nietzsche fez com Schopenhauer e Wagner, e, na visão de Nehama (1998), embora de maneira perversa, com Sócrates); a rejeitá-los a fim de encontrar o próprio caminho e estabelecer a própria originalidade. "Recompensa-se mal um professor", diz Zaratustra, "quando se permanece para sempre um aluno" (1969, p. 103). Como vimos antes, o trabalho da educação, para Foucault, é, como o de Nietzsche, "recusar o que somos" a fim de promover "novas formas de subjetividade". Em uma entrevista a Catherine Porter, ele também defendeu, em sintonia com a linha de ação de Nietzsche, que "a chave para a atitude poética pessoal de um filósofo não deve ser buscada em suas idéias, como se pudesse ser deduzida delas, mas sim em sua filosofia-como-vida, em sua vida filosófica, seu *ethos*" (Rabinow, 1984, p. 374), em sua "maneira de ser" um filósofo (p. 377). A questão central da educação, para Nietzsche, não é promover novas formas de subjetividade, mas descobrir "como alguém se torna o que é", como ele coloca no subtítulo de *Ecce homo;* descobrir o seu eu autêntico. Processo que requer *amor fati*, uma noção que não encontra espaço em Foucault:

> o fato de que um homem não deseje que nada seja diferente, no que diz respeito ao que está à sua frente ou atrás dele, ou por toda eternidade. Não só deve o necessário ser suportado, e de forma alguma escondido... mas deve também ser amado o fato de que se esteja perfeitamente satisfeito com a vida que se tem vivido (Nietzsche, 2004, p. 54).

A diferença entre eles pode ser pelo fato de Foucault parecer infeliz com a descrição da educação como autocriação (embora essencialmente seja assim que ele a considere, embora não na forma forte descrita por Nietzsche) e optar pelo termo "autoconstituição".

A ética de Foucault não contém nenhuma das armadilhas do imoralismo de Nietzsche, embora ele subscreva a mesma busca pela inflexibilidade da integridade e da autenticidade intelectual e compartilhe da fonte filosófica do imoralismo de Nietzsche, nomeadamente seu perspectivismo, seu ceticismo quanto à defesa da verdade objetiva sobre qualquer coisa, não somente a moralidade. Jonathan Glover (2001) demonstra como a lógica perspectivista leva a uma ética da autocriação. Se o mundo não tem significado intrínseco, deparamo-nos com uma destas duas opções: conviver com sua falta de sentido ou criar nosso próprio sentido e impô-lo ao mundo, ou àquela parte do mundo que é tocada por nossas vidas. Seja o que for que escolhamos, o colapso do significado objetivo nos deixa livre para criar nossas próprias vidas e nós mesmos. E Foucault está com Nietzsche nessa conclusão (2001). A repugnância de Nietzsche a impor qualquer modelo de autocriação a alguém, aponta Glover, também deriva de sua rejeição da idéia de um eu nuclear que impõe um padrão geral ao comportamento humano e à experiência. Foucault também compartilha essa rejeição; de maneira similar, nega a noção de um eu nuclear e rejeita a imposição de qualquer modelo de autocriação a alguém. Foucault, como veremos, também deu uma dimensão estética à ética e a conectou com dar a si um estilo. A compreensão de Nietzsche da autocriação, como aponta Glover, era masculina. Nietzsche, diz ele, não acreditava que a autocriação fosse possível para as mulheres, pois ele a identificava com qualidades que, por seu próprio relato, eram tipicamente masculinas: com a autodisciplina, com uma vontade forte e autocontrolada; com uma atitude de rigidez para consigo mesmo, com o egoísmo e com a superação da "má consciência". Na parte I de Zaratustra, Glover (2001) aponta, ele identificou o homem superior que se autocria

> com a figura do guerreiro; com os filósofos *rígidos* do futuro, [com] filósofos cuja rigidez seria a rigidez de um martelo; rígido para consigo mesmos e para com os outros – sabendo como manusear a faca – em *Além do bem e do mal* sabendo como ser cruel (p. 13).

Ao mesmo tempo, ele concorda que a "idéia de Nietzsche de autocriação tem um grau de verdade", naquilo em que, se há certos aspectos da identidade que não se pode escolher, "há também a identidade que as pessoas criam para si mesmas, tipicamente elaborando ou desviando-se dessa identidade 'dada'" (p. 145). Ele também não nega que o valor dessa "autocriação" "dá parte da sensação que as pessoas têm de suas vidas valerem a pena" (p. 145), e argumenta que se pode subscrever a idéia da autocriação sem necessariamente acompanhar Nietzsche; que as "frias conclusões nietzschianas não derivam de suas premissas sobre o valor da autocriação e da ausência de uma lei moral externa" (p. 17).

Glover (2001) de fato sugere uma redefinição de autocriação e reconhece que ela pode ser "na melhor das hipóteses apenas parcial"; que a identidade "dada" de alguém está sempre a caminho (p. 402) e que "valorizar a autocriação não é necessariamente pensar que ela seja o único objeto da vida, que tenha de dominar todas as outras coisas" (p. 17). A autocriação não precisa absorver a vida ao ponto de que seja ilimitada e se torne o egoísmo implacável admirado por Nietzsche. Poderia ser encaixada em uma ética de cuidado por outras pessoas. "Meu cuidado sobre o tipo de pessoa que sou motiva o projeto da autocriação. Por que meu cuidado em relação a outras pessoas não deveria estabelecer limites a ele?" (p. 17). Essa parece ter sido a última visão de Foucault também. Sua última obra foi de fato dedicada à exploração de uma ética do cuidado de si, uma moralidade na qual o projeto ético de autocriação poderia estar contido de uma forma diferente da de Nietzsche. Não poderia ser de outra forma para Foucault, já que, como se disse antes, ele entendia o eu como sendo um construto social. Ele diz, como forma de explicar seu interesse pela ética, que:

> Eu diria que se agora estou interessado de fato na maneira pela qual o sujeito se constitui de maneira ativa, pelas práticas do eu, essas práticas não são, não obstante, algo que o indivíduo invente por si. São modelos que ele encontra em sua cultura e que são propostos, sugeridos e impostos a ele por sua cultura, sua sociedade e seu grupo social (Bernauer e Rasmussen, 1994, p. 11).

Em poucas palavras, como Rorty e Glover, Foucault declara a inevitabilidade da aculturação; sua contínua influência que espreita sobre a vida do sujeito. O modo como ele redefine a autocriação no âmbito desse cuidado de si será o tema do próximo item. Embora o entendimento que Foucault tem da autocriação seja menos radical e mais fraco do que o de Nietzsche, é mais radical e forte do que o de Glover. Ele quer que a autocriação seja algo mais, muito mais, que a "elaboração" ou "desvio" de uma dada identidade. Como Nietzsche, ele quer que seja uma *recusa*, uma superação de uma dada identidade, do modo pelo qual a pessoa se sujeita por meio "da individualização simultânea e da totalização das estruturas de poder modernas". Como Nietzsche, ele considera essa auto-superação como algo violento e doloroso; uma "experiência-limite", que implica a "tarefa de 'dilacerar' o sujeito de si mesmo" (Foucault, 1991, p. 31). Ao mesmo tempo, as "novas formas de subjetividade" que ele quer que busquemos, que constituamos em nome da educação, implicam uma compreensão muito menos obsessiva, uma abordagem mais fluida, incerta e aberta no que diz respeito à ética, do que a defendida pelo projeto de um só objetivo de Nietzsche da autocriação como sendo o modo pelo qual alguém se torna o que é.

A AUTOCRIAÇÃO E A ÉTICA DO CUIDADO

Com efeito, a ética de Foucault é complexa e multidimensional. Alguma referência foi feita antes sobre uma dimensão – sua autocompreensão e autoconstituição na esfera pública como um cidadão-intelectual, em que ele adota a ética de um *parrhesiasta*. Há de fato duas outras dimensões. Uma, o aspecto poético, privado e esteticista a que Rorty se refere no contexto da autocriação de seu ironista, que tem a ver com a maneira com que se lida com a "solidão no mundo", como Rorty (1989) diz, e que coincide, como vimos antes, com sua percepção de sua vida filosófica. É a este ponto que Rorty envia a atividade filosófica também. O outro aspecto é o público-privado, em que se interage e inter-relaciona com os outros não como cidadão mas como um ser humano, como uma pessoa, como tendemos a dizer, com quem se pode compartilhar todo um espectro de relações, da mais íntima a mais casual. Essa dimensão interpessoal e informal de nossa relação com os outros como seres humanos é a moral. É geral e informalmente regulada por imperativos morais, autônomos ou heterônomos, enquanto nossa relação com os outros como cidadãos é formalmente regulada por leis, estatutos, constituições, etc. Em geral nos referimos a essa última como relação política, mas as relações morais são também políticas, como Foucault insistiria, no sentido de que envolvem relações de poder. Elas não são, para Foucault (diferentemente de Nietzsche), como a ética da cidadania, essencialmente agonística, nem envolvem uma ética da estética da autocriação, mas uma ética do cuidado, do autocuidado mas também cuidado para com os outros. A ética do autocuidado, como a ética kantiana da autonomia, que Foucault localiza no reino da moralidade é uma ética da auto-regulação entendida nesse caso como uma ética do autodomínio mais do que da submissão à lei natural. Para isso, ele não vai a Nietzsche, nem à modernidade, mas à Antigüidade para inspirar-se.

Os gregos antigos, diz Foucault, conectavam a ética com a "conduta e com a maneira de comportar-se" (Bernuer e Rasmussen, 1994, p. 6). Eles, portanto, afirmavam sua dimensão pública e estética. O que está em jogo no entendimento grego da ética como prática da liberdade é "o modo de ser do sujeito e uma certa maneira de agir visível aos outros" (Bernuer e Rasmussen, 1994, p. 6). O *ethos* de alguém, para os gregos antigos, "era visto pelo vestir, pelo portar-se, pelo equilíbrio com que se reage aos eventos, etc". Essa demonstração pública de si mesmo era "a expressão concreta" da ética como uma ética da liberdade. Foucault dá a essa ética a dimensão estética relacionada à sua vida filosófica a que se referiu antes: "...para mim, o trabalho intelectual se relaciona ao que você chamaria de esteticismo, significando transformar a si mesmo" (Bernauer e Rasmussen, 1994, p. 6). Não se trata, conforme ele elabora em outro lugar sobre essa obra, "da transformação do mundo, e menos ainda do *status* acadêmico do que estou fazendo... Meu problema é minha própria transformação por meu próprio conhecimento", que é "algo muito mais próximo à estética da experiência. "Por que deveria um pintor trabalhar", ele pergunta para ilustrar o que quer dizer, "se ele não é transformado por sua própria pintura?" (Dreyfus e Rabinow, 1983, p. 14).

Há, nesse aspecto estético da ética, como ele a entendia, tanto uma afinidade com a noção grega antiga de dar a si mesmo um estilo, relacionado ao comportamento e à aparência públicos, quanto com a compreensão nietzschiana de dar a si mesmo um estilo relacionado ao trabalho da autocriação, que ele também, como vimos, ilustrou por meio da mesma metáfora do artista. Foucault refere-se ainda a uma terceira fonte: a ética da modernidade como descrita por Baudelaire, nomeadamente como *"dandismo"*: "o ascetismo do dândi que faz de seu corpo, de seu comportamento, seus sentimentos e paixões, sua própria existência, uma obra de arte... o homem que tenta inventar a si mesmo" (Foucault, 1997, p. 312). Esse é o aspecto estético da educação entendida como autocriação.

Contudo, uma vez que se retira a ética do reino ascético-estético e que se volta ao reino do interpessoal, especialmente o da moralidade, para-se de falar a língua da autocriação ou autoconstituição e se volta à língua do autodomínio e do governar. Começando com o autodomínio: a moralidade antiga "supõe que se estabeleça para si mesmo uma certa relação de dominação, de domínio, que foi chamada de *arché* – poder, autoridade" (Bernaeur e Rasmussen, 1994, p. 6). A noção de autodomínio, na verdade, como a autocriação, está, contudo, no âmbito do reino da liberdade (do domínio de outros ou por outro), e no âmbito do controle e do governar. De fato, existe na tensão entre os dois. Ao contrário, como a autonomia, o autogovernar-se implica obediência a regras que se faz para si mesmo. Foucault resume a relação entre cuidado de si e moralidade. Ele diz:

> O cuidado de si é naturalmente conhecimento de si – esse é o aspecto socrático-platônico – mas é também o conhecimento de um certo número de regras de conduta ou de princípios que são ao mesmo tempo verdades e regulações. Cuidar de si é prover-se dessas verdades. É aí que a ética se relaciona ao jogo da verdade (Bernauer e Rasmussen, 1994, p. 5),

(i. e., o jogo da política e da moralidade). Mas há também o outro lado: "Eu não acho", ele diz, "que possa haver uma moralidade sem um número de práticas de si" (Kritzman, 1990, p. 260). Em outras palavras, toda moralidade tem suas próprias práticas éticas. É assim que, para retornar a O'Leary (2002), a ética é "um subconjunto da categoria da moralidade" (p. 11). Isso se aplica tanto às moralidades convencionais (i. e., onde o trabalho que se faz para si mesmo é limitado por "estruturas sistemáticas, constritivas e de acordo com códigos"), quanto à moralidade entendida simplesmente como um foco ao redor do qual a reflexão se desenvolve, onde "as práticas de si tomam a forma de uma arte de si relativamente independentes da legislação moral" (p. 260). Assim se entendia na Antigüidade, mas a cristandade reforçou o princípio da estrutura legal e codificada, mesmo quando as práticas de ascetismo continuavam a dar importância às práticas de si. Com a "cristandade, com a religião do texto... passamos de uma moralidade que era essencialmente a busca de uma ética pessoal a uma moralidade como obediência a um sistema de regras" (p. 49).

A primeira delas, aprovada por Foucault, requer uma sensibilidade ética mais alta do que a que se baseia na obediência a regras impessoais (Conolly apud Moss, 1998). No mundo antigo, como uma maneira de viver a liberdade, relacionava-se negativamente à não-escravidão, positivamente a ser justo com o outro, mas também consigo mesmo e com suas inclinações. Em ambos os aspectos, como na ética aristotélica, era uma questão de autocontrole, de governar o comportamento excessivo, mais do que uma questão de satisfação, de áreas de total proibição. Esperava-se que cada um exercitasse sua moderação tanto no governo de si mesmo quanto dos outros. Dessa maneira, o autocuidado era identificado com a prática de governar-se contra a excessiva auto-indulgência. No reino moral, onde o que está em jogo é o cuidado para com os outros, ele responde a uma sensibilidade ética que reconhece tal cuidado como uma extensão necessária do cuidado de si. Reconhece que o governar de nossas relações com os outros não está separado de nosso próprio autogoverno. Mais do que isso, é intrínseco a ele. Embora seja essencialmente o caminho que se busque para si e em que se busque escapar de todas as dependências e escravizações, uma ética do autocuidado, argumenta Foucault, (1990, p. 65) não significa escapar das responsabilidades sociais e políticas. O contrário é o caso. Embora isso implique um *certo* narcisismo marcado por uma sensação de deleite "como algo que tanto se possui quanto se tem diante dos olhos" requer "uma intensificação de relações sociais" (p. 53) e um enfraquecimento do eu que o próprio Nietzsche sugeriu em sua obra tardia, onde o destaque à ética como um conflito de forças é colocado mais no objetivo da autoproteção do que no da auto-afirmação, e nunca guiado pela vontade de dominar. É assim que Foucault o descreve:

> O cuidado de si é ético em si mesmo; mas implica relações complexas com os outros na medida em que esse *ethos* de liberdade é também uma maneira de cuidar dos outros... o problema das relações com os outros está presente no desenvolvimento do cuidado de si.

Seu interlocutor na entrevista que estou citando de Rabinow (1997, p. 287) sugere que talvez ele tenha querido dizer que "o cuidado de si sempre objetiva o bem-estar dos outros; objetiva lidar com o espaço de poder que existe em todas as relações, mas lidar com ele de uma maneira não-autoritária". Foucault não discorda e passa a descrever "a posição particular do filósofo" como "o homem que se importa ou cuida do cuidado dos outros", e não, como diria Rorty, que cuida de sua própria solidão. Mas não, diria Foucault, alguém que coloca o cuidado dos outros à frente do cuidado de si. Ao contrário, "o cuidado de si", ele insiste, "é eticamente anterior na medida que a relação consigo mesmo é ontologicamente anterior".

O que penso que ele esteja dizendo com "ontologicamente anterior" é que a questão do cuidado de si, como cuidado de seu próprio eu, é sempre mais imediata e premente do que o cuidado para com o outro, no sentido de que, em última análise, é sempre o indivíduo e seu próprio comportamento que está em questão e sobre o qual se tem o controle mais imediato, mesmo quando o que está em questão é a relação com outra pessoa ou outras pessoas. Foucault não está, contudo, sugerindo qualquer ordenamento seqüencial de preocupações, com o cuidado de si precedendo o cuidado para com o outro, nem que a auto-recusa precise preceder a auto-afirmação. Ao contrário, ele é muito claro em minha citação anterior de que o cuidado pelo outro é intrínseco ao cuidado de si, e não algo que se lhe siga, justamente como a auto-recusa ocorre no próprio processo da auto-afirmação, e não antes dela. Estamos sempre, como diz Levinas, no processo de cuidar do outro porque a face do outro está sempre presente para nós e convoca nossa resposta-responsabilidade. Foucault entende essa resposta-responsabilidade como uma ética do autodomínio que abrange um governar próprio da relação com o outro na prática da liberdade própria (isto é, um uso do poder com relação ao outro que sempre respeita sua liberdade). Uma ética que evita dominar este ou aquele, ou aqueles, de todas as formas, e que é, portanto, moral, porque requer regras mesmo que sejam auto-impostas. O imoralista, por outro lado, é alguém que não deseja ou não pode responder moralmente à presença dos outros em nossas vidas; é alguém que não deseja vê-los como uma característica intrínseca de seu próprio projeto ético, que é, sempre e de qualquer maneira, como Glover (2001) sugere, social, alguém, enfim, que não está, portanto, isento de dominar.

NOTAS

1 Ver Wain, K. (2004). *The Learning Society in a Postmodern World,* Peter Lang (New York).

2 Ver o ensaio tardio de Foucault "What is Enlightenment" (1997, p. 305).

3 MacIntyre (1981, p. 11) define emotivismo como "a doutrina de que todos os julgamentos avaliativos e mais especificamente todos os julgamentos morais não são *nada mas apenas* [itálico no texto original] expressões de preferência, expressões de atitude ou de sentimento, na medida em que são moral ou avaliativas em seu caráter".

4 Para uma discussão de ambos os públicos e das diferenças entre eles, ver Wain, K. (2004) citado em (1).

5 Ver "Education without Dogma" (1990) Dialogue, nº. 2, 44-47.

6 Foucault adota a noção de *parrhesia* mais extensivamente em uma série de palestras que deu na Universidade da Califórnia, Berkeley, no outono de 1983, que foram publicadas mais tarde como um livro editado por Joseph Pearson (2001) intitulado *Fearless Speech,* Semiotext(e). Nesse livro, o termo *parrhesia* é definido precisamente dessa forma, como "discurso sem medo"; "o *parrhesiasta*," diz Foucault, "primeiramente escolhe uma relação específica para si mesmo: ele prefere a si mesmo como aquele que diz a verdade e não como um ser vivo que é falso para consigo mesmo". (p. 17).

7 Ver o Prólogo 5 do livro.

REFERÊNCIAS

Berkowitz, P. (1995). *Nietzsche: the ethics of an immoralist*. Cambridge: Harvard University Press.

Bernauer, J., & Rasmussen, D. (Eds.). (1994). *The final Foucault*. Cambridge: The MTT Press.

Dreyfus, H. L., & Rabinow, P. (1983). *Michel Foucault, beyond structuralism and hermeneutics*. Wheat-sheaf, UK: Harvester

Foucault, M. (1990). *The care of the self*. London: Penguin Books.

___. (1991a). *Discipline and punish: the birth of the prison*. London: Penguin Books.

___. (1991b). *Remarks on Marx*. New York: Semiotext(e).

___. (1997). "The Ethics of Concern for Self as a Practice of Freedom". In Rabinow, Paul (ed.) *Michel Foucault the essential works 1, ethics*, London: Alien Lane, The Penguin Press.

___. (2001). Fearless Speech. Los Angeles: Semiotext(e).

Glover, J. (2001). *Humanism*. New Haven, Ct: Yale University Press.

Habermas, J. (1994). *The past as future (Interviews with Michael Haller)*. Oxford: Polity Press.

Kritzman, L. D. (Ed.). (1990). *Michel Foucault: Politics, philosophy, culture*. London and New York: Routledge.

Leiter, B. (2002). *Nietzsche on morality*. London and New York: Routledge.

MacIntyre, A. (1981) *After virtue*. London: Duckworth.

___. (1987). "The idea of an educated public". In G. Haydon (Ed.), *Education and values* (pp. 15-36). London: London Institute of Education.

Moss, J. (Ed.). (1998). *The later Foucault*. London: Sage Publications.

Nehamas, A. (1998). *The art of living*. Berkeley: University of California Press.

Nietzsche, F. (1969). *Thus spoke Zarathustra*. Harmondsworth, UK: The Penguin Press.

___. (1974). *The gay science*. New York: Vintage Books.

___. (2004). *Ecce Homo*. Mineola and New York: Dover Publications.

O'Leary, T. (2002). *Foucault and the art of ethics*. London: Continuum.

Owen. D. (1995) Nietzsche, Politics and Modernity. London: Sage Publications.

Rabinow. P. (1984). *The Foucault reader*. London: Penguin Books.

___. (1997) (ed.) *Michel Foucault ethics: the essential works 1*. London: Alien Lane, The Penguin Press.

Rorty, R. (1980). *Philosophy and the mirror of nature*. Oxford, UK: Basil Blackwell.

___. (1989). *Contingency, irony, and solidarity*. Cambridge: Cambridge University Press.

___. (1990). 'Education without dogma'. *Dialogue*, No. 2. 44-47.

Saatkamp, H.J. (Ed.). (1995). *Rorty and pragmatism*. Nashville: Vanderbilt University Press.

Wain, K. (2004). *The learning society in a postmodern world*. New York: Peter Lang.

Capítulo
12

Pesquisa educacional: os "jogos da verdade" e a ética da subjetividade

Michael A. Peters

> De nós mesmos não somos
> "conhecedores"... (Nietzsche, 1956)

INTRODUÇÃO: FOUCAULT E A PESQUISA EDUCACIONAL[1]

A influência de Foucault sobre a pesquisa educacional é inegável e está crescendo rapidamente, tanto em termos de um pensador descrito sob o rótulo mais amplo de "pós-estruturalista" (Peters e Wain, 2002) quanto como um filósofo singular que transcendeu sua própria época (Peters, 2000a). Em particular, suas genealogias do sujeito humano, suas histórias de subjetividades e sua análise de como as relações de poder e os discursos moldam os processos de autoconstituição ética têm provado ser abordagens poderosas para o estabelecimento de histórias críticas da infância, dos estudantes e das escolas, e também para o auxílio a pesquisadores na problematização de conceitos, categorias e instituições educacionais. O impacto de Foucault sobre a pesquisa educacional está ainda no processo de desenvolvimento e avaliação (ver Peters, 2003a; Peters e Burbules, 2004), mas está claro que sua influência, cerca de 20 anos depois de sua morte, é extensa e sua abordagem oferece aos pesquisadores na área de educação uma perspectiva *crítica* baseada em uma teoria original de poder que nada deve ao pensamento liberal ou marxista. Foucault também oferece um conjunto de metodologias históricas (arqueologia e genealogia) e um refinamento das ferramentas de análise que capacitam as epistemologias social e espacial dos regimes discursivo e institucional.

Ainda assim, dados esses desdobramentos, não acho que o uso e desenvolvimento da obra de Foucault estejam bem-estabelecidos na pesquisa educacional para que se comece a falar sobre diferenças ou orientações claras nos países de língua inglesa de forma que se possa distinguir entre as várias leituras nacionais ou distintas de Foucault em sociologia, história ou política. Podemos, acredito, falar dos foucauldianos franceses, por exemplo, compostos por alunos de Foucault, incluindo Jacques Donzelot e François Ewald ou poderíamos falar do grupo de governamentalidade anglo-australasiático baseado na publicação *Economy and society* e estabelecido por Nikolas Rose, incluindo Barry Hindess, Vikki Bell, Mitchell Dean, Ian Hunter, Pat O'Malley e Barbara Cruikshank, entre outros.[2] Poderíamos também mencionar especialmente os historiadores foucauldianos, muito embora não constituam um grupo, tais como Hayden White e Mark Poster, ou sociólogos foucauldianos como Barry Smart, Alan Hunt e Clare O'Farrell. Seria importante mencionar nesse aspecto as feministas norte-americanas, francesas e australianas (cuja complexidade repele uma classificação fácil, ver, por exemplo, Lois McNay).

Mesmo assim, é importante notar que um grupo de estudiosos norte-americanos organizou várias pré-conferências na American Educational Research Association (AERA), estabelecendo na metade da década de 1990 um "Foucault SIG (Special Interest Group)" "Dedicado aos estudos históricos e filosóficos de educação que se ocupam dos escritos de Michel Foucault".[3] Na literatura educacional, pelo menos no mundo de língua inglesa, podemos começar a traçar algumas das linhas da pesquisa foucauldiana na educação.

Na Grã-Bretanha, durante a década de 1980, a psicologia crítica de Valerie Walkerdine para o desenvolvimento da criança exerceu uma forte influência sobre os círculos educacionais britânicos. A partir de então, o uso de Foucault tem sido dominado pela orientação etno-sociológica de Stephen Ball (1990, 1994), embora a obra de David Hoskin (1979) também tenha exercido uma importante influência, assim como a de Norman Fairclough (1995, 2000), cuja análise do discurso baseada em Foucault tem sido aplicada à compreensão da política educacional. Mais recentemente, uma edição especial do *Journal of Education Policy* foi dedicada ao pós-estruturalismo e à pesquisa educacional em que Foucault figura de maneira proeminente (Peters e Humes, 2003). Na América do Norte uma apropriação mais epistemológica e feminista de sua obra pode ser vista nos escritos de Tom Popkewitz (Popkewitz e Brennan, 1997), Bernadette Baker (2001), St Pierre e Pillow (2000) e Maureen Ford (1995). Na Nova Zelândia, a apropriação filosófica da obra de Foucault por Jim Marshall (1995a, 1995b, 1996a, 1998) exerceu um direcionamento filosófico e crítico forte não só sobre seus alunos em seu próprio país, mas também internacionalmente.

Os neozelandeses trabalharam Foucault de diversas maneiras: a interpretação materialista de Mark Olssen (1999, 2003) busca vê-lo em íntima relação com Gramsci; Tina (A. C.) Besley (2002, 2003) trabalhou Foucault na compreensão do significado das relações de poder na orientação educacional e, mais amplamente, na construção do eu e das culturas juvenis; Sue Middleton (1998), como feminista, apropriou-se, não sem crítica, de sua obra sobre sexualidade, enquanto eu tenho buscado entender Foucault no âmbito de um contexto mais amplo do "pós-estruturalismo", focalizando temas de governança, subjetividade e ética em relação à política educacional (Peters, 1988, 1996, 2000a, 2001a, 2001b, 2003c).

Tenho descrito as muitas faces da pesquisa educacional de Foucault em termos de oito direções superpostas, que não exaurem a pesquisa educacional que utiliza Foucault, mas que aparecem entre as correntes mais significativas (Peters, 2003d).

Quadro 12.1. O multifacetado Foucault na pesquisa educacional anglo-americana

Foucault como kantiano naturalizado: J. D. Marshall
Foucault como crítico etno-sociólogo: Stephen Ball
Foucault como genealogista nietzschiano: Tina Besley
Foucault como historiador de sistemas de pensamento: Bernadette Baker
Foucault como materialista histórico (e democrata): Mark Olssen
Foucault como epistemólogo social: Tom Popkewitz e Marie Brennan
Foucault como cripto-feminista: Sue Middleton
Foucault como pós-estruturalista: Michael A. Peters

Estas oito direções na pesquisa educacional foucauldiana distinguem-se em termos de livros, e não de artigos. Isso é, naturalmente, o que considero serem as maiores ou mais interessantes direções e confesso que a seleção é tendenciosa em termos do meu país de origem e posição teórica própria. Há muitos estudiosos escrevendo sobre educação no mundo de língua inglesa – por exemplo, aqueles que contribuíram para os grupos Foucault SIG na AERA ao longo dos anos e aqueles que contribuem para várias conferências sobre educação e Foucault e para periódicos científicos.[4]

Os estudos sobre Foucault na educação oferecem ferramentas para análise que acabaram por inspirar abordagens históricas, sociológicas e filosóficas que cobrem uma gama desconcertante de tópicos: genealogias de alunos, estudantes, professores e orientadores; as construções sociais das crianças, adolescentes e jovens; epistemologias sociais da escola em sua forma institucional em mudança, e estudos sobre a emergência das disciplinas; estudos filosóficos dos conceitos educacionais que cresceram com o humanismo europeu, especialmente nas suas formações do Iluminismo e especificamente kantianas, focalizando os conceitos-chave: homem, liberdade, autonomia, punição, governo e autoridade. Em todos os casos, o arquivo foucauldiano oferece uma abordagem para a problematização de conceitos e práticas que pareciam resistentes a uma análise mais profunda *antes* de Foucault – em outras palavras, que pareciam institucionalizadas, ossificadas e destinadas a uma repetição interminável na compreensão e na interpretação acadêmicas. *Depois* de Foucault, é como se devêssemos revisitar a maior parte das questões importantes relacionadas a poder, conhecimento, subjetividade e liberdade na educação.

Meu interesse por Foucault teve duas direções principais: política social e educacional, por um lado, e uma abordagem mais estritamente filosófica ao sujeito ou a si mesmo, por outro. Em relação à primeira direção, concentrei-me na compreensão de Foucault de espaço e de sua significação para a compreensão da pós-modernidade educacional (Peters, 1996, 2003b), aplicações da noção de governamentalidade ao paradigma neoliberal da política educacional (Peters, 2001a), ao gerencialismo e a autogovernança na educação (Peters et al., 2000) e à cultura empreendedora e ao eu empreendedor (Peters, 2001b). Também busquei indicar como Foucault, sendo parte do movimento pós-estruturalista mais amplo, poderia ser útil para os pesquisadores educacionais (Peters, 1999; Peters e Humes, 2003; Peters e Burbules, 2004). Em relação à segunda direção, tentei localizar Foucault no contexto mais amplo da filosofia do sujeito (Peters, 2000a), especialmente no que diz respeito à "escrita do eu" (Peters, 2000b) e em relação a Wittgenstein (Peters e Marshall, 1999). É essa conexão entre as genealogias do sujeito de Foucault e da governamentalidade que oferece a área mais fértil a ser cultivada: o falar a verdade como uma prática educacional do eu (Peters, 2003b), por um lado, e o que chamo de "novo 'prudencialismo' na educação" focalizando a noção de "racionalidade atuarial" na constituição do eu empreendedor, por outro (Peters, 2003c).

Este capítulo começa pelo exame da abordagem de Foucault ao falar a verdade (*parrhesia*) em relação à prática mutante da pesquisa educacional. Aplica-se a noção de Foucault de "jogos da verdade" à pesquisa educacional, usando-a para investigar a política do conhecimento e a ética da identidade do pesquisador.

FOUCAULT, JOGOS DA VERDADE E PESQUISA EDUCACIONAL

No início dos anos de 1980, Denis Huisman (1993) pediu a François Ewald para reeditar um novo verbete sobre Foucault para uma nova edição do *Dictionnaire des philosophes*. Como observa o tradutor Robert Hurley em nota de rodapé ao texto "Foucault": "O texto submetido a Huisman foi escrito quase que inteiramente pelo próprio Foucault, e assinado pseudo-anonimamente por 'Maurice Florence'" (Foucault, 1998, p. 458). Foucault começa tal texto com as seguintes palavras: "No que diz respeito ao quanto Foucault se insere na tradição filosófica, essa tradição é a tradição *crítica* de Kant, e seu projeto poderia ser chamado de *Uma história crítica do pensamento*" (p. 459). Mais tarde, ele define uma história crítica do pensamento como:

> uma análise das condições sob as quais certas relações do sujeito para com o objeto são formadas ou modificadas, na medida em que tais relações constituem um conhecimento [*savoir*] possível... Em poucas palavras, é uma questão de determinar seu modo de "subjetivação"... e objetivação... Quais são os processos de subjetivação e objetivação que tornam possível para o sujeito como sujeito tornar-se um objeto do conhecimento [*connaissance*] como sujeito? (Foucault, 1998, p. 450-460).

Ele se descreve como alguém que se ocupa da constituição do sujeito tanto como um objeto de conhecimento dentro de certos discursos científicos ou jogos da verdade que chamamos de "ciências humanas" (tanto empíricas quanto normativas) quanto como um objeto para si mesmo, que é a história da subjetividade na medida que ela envolve "a maneira pela qual o sujeito experimenta a si mesmo em um jogo de verdade que se refere a ele mesmo" (p. 461), tal como na história da sexualidade. É o tipo de autodescrição que Foucault dá em outro lugar. Como observamos na Introdução deste livro, em um texto escrito um ano antes de sua morte, Foucault (2001a) declarou que sua busca real *não* era uma investigação do poder, mas a história das maneiras pelas quais os seres humanos são constituídos como sujeitos.

A história do sujeito humano para Foucault estava intimamente atrelada ao desenvolvimento das ciências humanas em relação ao conhecimento e à verdade. Em sua obra inicial, Foucault tratava a verdade como um produto da *arregimentação* de frases em discursos que haviam progredido ou estavam em processo de progressão para o estágio de disciplina científica. Nessa concepção, o sujeito, historicizado em relação às práticas sociais, tem sua liberdade ou ação efetivamente negada. Essa primeira concepção de Foucault deve ser contrastada com sua noção tardia do sujeito, em que liberdade e falar a verdade é visto como um aspecto essencial de sua constituição como no conceito de "governamentalidade" e em seus estudos da história da sexualidade. Para o primeiro Foucault, "A verdade deve ser entendida como um sistema de procedimentos ordenados para a produção, regulação, distribuição, circulação e operação de frases" (Foucault, 1980, p. 133).

Foucault dá uma virada, dos "regimes de verdade" para os "jogos de verdade", o que reflete uma mudança em seu pensamento relativo à agência do sujeito e também à sua noção de verdade. Foucault diz em uma entrevista com Gauthier (1988):

> Tentei descobrir como o sujeito humano entrou nos jogos de verdade, sejam eles jogos da verdade que tomam a forma de ciência ou que se

refiram a um modelo científico, sejam jogos de verdade como aqueles que podem ser encontrados nas instituições ou práticas de controle (p. 3).

Gauthier (1988), então, elabora o conceito de "jogo" da seguinte maneira:

> Quando digo "jogo", falo de um conjunto de regras para a produção da verdade... trata-se de um conjunto de procedimentos que levam a um certo resultado, que pode ser considerado em função de seus princípios e regras de procedimento como válido ou não, como vencedor ou perdedor (p. 15).

Em um texto pouco conhecido apresentado a uma audiência japonesa em 1978, Foucault adota o conceito de jogo em relação à filosofia analítica (e provavelmente à influente noção de "jogos de linguagem" de Wittgenstein, embora seu nome não seja mencionado) para criticar seu emprego sem uma noção de poder que o acompanhasse. Arnold Davidson (1997) menciona uma palestra, *"La philosophie analytique de la politique"*, na qual Foucault (1978) faz uma referência explícita à filosofia analítica anglo-americana:

> Para a filosofia analítica anglo-saxônica, trata-se de uma questão de fazer uma análise crítica do pensamento com base na maneira pela qual se dizem as coisas. Eu acho que se pode imaginar, da mesma forma, uma filosofia que teria como sua tarefa analisar o que acontece todo o dia nas relações de poder. Uma filosofia que, de acordo com isso, estaria calcada mais nas relações de poder do que em jogos de linguagem, uma filosofia que traria em si todas essas relações que atravessam o corpo social mais do que traria em si os efeitos da linguagem que atravessam o pensamento e subjazem a ele (citado em Davidson, 1997, p. 3).

A linguagem na concepção de Foucault "nunca engana ou revela", mas o autor declara: "A linguagem, ela é jogada. Daí, portanto, a importância da noção de jogo". Mais adiante, faz a comparação: "As relações de poder, também, elas são jogadas; são esses jogos de poder que se deve estudar em termos de tática e estratégia, em termos de ordem e acaso, em termos de riscos e objetivos" (citado em Davidson, 1997, p. 4). Como ele tentou indicar, o discurso considerado como fala, como emprego de palavras, poderia ser estudado como estratégias no âmbito de contextos históricos genuínos, focalizando-se, por exemplo, a história das práticas judiciais ou "mesmo o discurso da verdade, como procedimentos retóricos, como maneiras de conquistar, de produzir eventos, de produzir decisões, de produzir batalhas, de produzir vitórias. A fim de "retoricizar" e filosofia" (citado em Davidson, 1997, p. 5).

"Jogos de verdade", então, significam um sentido modificado de agenciamento por parte de Foucault, que, investigando práticas do eu, tornou-se interessado em questões da autoconstituição ética do sujeito e de autodomínio, especialmente em sua análise de textos clássicos. Assim, diferentemente de Habermas que postula uma situação de discurso ideal em que os jogos de verdade teriam a melhor chance de sucesso, Foucault é um realista... Em vez de uma comunidade discursiva absolutamente livre, o melhor que se pode conseguir é uma comunidade em que se comandam as regras requisitadas dos procedimentos, tanto quanto a "ética, o *ethos*, a prática do eu, que permitiriam que esses jogos de poder fossem jogados com um mínimo de dominação" (Gauthier, 1988, p .12).

Paul Veyne (1997) comentou, depois da morte de Foucault, que em sua primeira palestra no Collège de France

> Foucault contrastou uma "filosofia analítica da verdade em geral" com sua própria preferência "por um pensamento crítico que tomaria a forma de uma ontologia de nós mesmos, de uma ontologia do presente"; ele chegou, naquele dia, a relacionar seu trabalho à "forma de reflexão que se estende de Hegel à Escola de Frankfurt via Nietzsche e Max Weber" (p. 226).

Veyne recomenda que não levemos essa analogia circunstancial longe demais, e nos coloca em um rumo que conecta Foucault mais fortemente a Nietzsche e Heidegger, corretamente no meu ponto de vista.

A preferência de Foucault por uma forma de pensamento crítico relacionado a "jogos de verdade" mais do que à filosofia da verdade, ele descobre em nossa herança clássica grega: as duas – a analítica e a crítica – surgiram lado a lado. É claro que Foucault, pelo menos no final de sua vida, nem negava o ideal clássico de verdade como correspondência a um mundo existente de maneira independente nem a "analítica da verdade". A inovação de Foucault foi historicizar a "verdade", primeiro, materialmente, no discurso como "regimes de verdade" e, segundo, em práticas de "jogos de verdade".

Em uma brilhante série de palestras intitulada *Discurso e verdade: a problematização da parrhesia*, em Berkeley durante os meses de outubro-novembro de 1983 e mais tarde publicadas em inglês como *Fearless speech* (2001b), Foucault delineia os significados e a evolução da palavra grega "*parrhesia*" e de seus cognatos, no modo pelo qual eles entram na sociedade grega e exemplificam as mudanças nas práticas de falar a verdade. Em especial, Foucault investiga o uso de *parrhesia* em tipos específicos de relações humanas e os procedimentos e técnicas empregados em tais relações. Central para sua análise é a importância da educação e de suas relações com o "cuidado de si", a vida pública e a crise das instituições democráticas (ver Peters, 2003a).

Com Foucault, podemos distinguir pelo menos dois grandes modelos para o entendimento da pesquisa educacional. Primeiro, juntamente com o primeiro Foucault podemos criar a hipótese de que a pesquisa educacional é um conjunto de práticas que são fortemente influenciadas por formações culturais epistêmicas mais gerais e códigos que modelam as condições de possibilidade para o conhecimento educacional e determinam as "regras de formação" para as racionalidades discursivas que operam além do nível da consciência subjetiva do pesquisador. Essas regras Foucault chama de *o histórico a priori* que opera como um "inconsciente positivo" e constitui todo um campo epistemológico, ou *episteme*. As regras da formação discursiva não são a invenção do pesquisador, mas, antes, o *histórico a priori* de uma comunidade de pesquisa dinâmica. Podemos expandir esse *insight* epistemológico para falarmos de tipos diferentes e competidores de pesquisa educacional e de seus diferentes fundamentos epistemológicos (ver, por exemplo, Pring, 2000), embora um relato foucauldiano, mesmo um arqueológico, necessitaria ser uma história crítica de sistemas de práticas de pesquisa emergentes em cujo âmbito os pesquisadores encontrar-se-iam socialmente engastados. Sobre esse "modelo estruturalista ou arqueológico de educação como uma das "ciências do homem" tanto o pesquisador quando o pesquisado estão localizados na moderna episteme baseada nos discursos do "homem". Tanto pesquisador quanto pesquisado são seres constituídos, efeitos do discurso e dos regimes de verdade.

Em seu trabalho tardio, Foucault passa dos "regimes da verdade" aos "jogos da verdade" e a ênfase, em concordância, cai sobre como o sujeito humano se constitui por meio da entrada estratégica em tais jogos e por jogá-los para obter melhor vantagem. Formas de pesquisa educacional historicamente engastadas em seus vários contextos institucionais (associações de pesquisa, conferências, revistas científicas, regimes de treinamento) assim constituem "jogos de verdade" em que os pesquisadores se constituem e constituem o pesquisado. O modelo genealógico abre espaço para a ação humana nos processos de constituição do sujeito que atendem aos conhecimentos locais e "subjugados", que tanto as ciências positivistas quanto o marxismo marginalizam. Nesse contexto, as genealogias são "anticiências" porque contestam "os efeitos [coercivos] dos poderes centralizadores que são conectados à instituição e ao funcionamento de um discurso científico organizado" (Foucault, 1980, p. 84). Como Best (1994) observa: "A genealogia, portanto, busca justificar as formas locais, desordenadas e fragmentárias do discurso e lutas e batalhar contra as operações de poder no âmbito dos discursos científicos modernos que tentam assimilar ou desqualificar os conhecimentos locais" (p. 36).

Em termos de subjetividade do pesquisador educacional, podemos talvez melhor destacar a noção foucauldiana de "práticas do eu por meio do exame rápido da pesquisa qualitativa e do modo pelo qual o agora tradicional conceito de "observador participante" já começa tacitamente o processo de "retirar de dentro dos parênteses" a subjetividade do pesquisador – isto é, desafiando a ideologia objetivista associada ao fato de se colocar entre parênteses as crenças, premissas, gostos e preferências – a fim de reconhecer o quão profundamente ela penetra a sua construção de conhecimento. Foucault também nos oferece os meios para começar a questionar a relação entre pesquisador como autor e texto, entre *fazer* pesquisa e *reportá-la*. Há diversos modos de reportar, nenhum dos quais tem privilégio sobre a verdade. A pesquisa educacional qualitativa, que se baseia no "entendimento" do pesquisador mais do que no diálogo construído que ocorre entre os participantes – embora com diferentes papéis e responsabilidades – não pode mais ser sustentada. No último Foucault, encontramos uma maior ênfase da autoconscientização do pesquisador, da identidade do pesquisador e da ética da auto-constituição, que desafia e põe em destaque novamente o pesquisador/sujeito e suas representações discursivas e metodológicas.

NOTAS

1 Este ensaio faz uso de Peters (2003a, 2003c).

2 O livro de Ian Hunter (1998) sobre reescolarização é digno de menção em relação a esse grupo.

3 Sites úteis com propostas estão disponíveis, pelo menos para a sessão de 2001 da AERA. Ver as mesas-redondas "Foucault and Education: How do we know what we know?" (liderada por Katharina Heyning com a participação de Andréa Allard, Colin Green, Ruth Gustafson, Michael Ferrari & Rosa Lynn Pinkius, Stephen Thorpe, Cathy Toll, Kevin Vinson, Huey-li Li) e "Tinkering with Foucault's Tool-kit Down Under" (liderada por Stephen Ball, com a participação de Elizabeth McKinley, Mary Hill, Nesta Devine, Michael Peters, James Marshall, Sue Middleton).

4 Ver, por exemplo, Broadhead & Howard (2001), Covaleskie (1993), McDonough (1993), and Mayo (1997).

REFERÊNCIAS

Baker, B. (2001). *In perpetual motion: Theories of power, educational history, and the child*. New York: Peter Lang.

Ball, S. J. (1990). (Ed.) *Foucault and education*. London: Routledge.

___. (1994). *Education reform: A critical and post-structural approach*. Buckingham: Open University Press.

___. (2002). *Counseling youth: Foucault, power and the ethics of subjectivity*. Westport, CT: Praeger.

___. (2003, August). Truth-telling (Parrhesia) – A risky business in education. Paper presented at the 21st World Congress of Philosophy, Istanbul, Turkey.

Best, S. (1994). Foucault, postmodernism and social theory. In D. R. Dickens & A. Fontana (Eds.), *Postmodernism and Social Inquiry* (pp. 25-52). London: UCL Press.

Broadhead, L. A. & Howard, S. (2001). The Art of Punishing: The research assessment exercise and the ritualisation of power in higher education. *Educational Policy Analysis*, 6 (8), [retrieved on July 6th, 2006 from] http://epaa.asu.edu/epaa/v6n8.html

Covaleskie, J.F. (1993). Power goes to school: Teachers, students, and discipline. Philosophy of Edu-cation Yearbook, [retrieved on July 6, 2006 from] http://www.ed.uiuc.edu/EPS/PES-Yearbook/93_docs/COVALESK.HTM

Davidson, A. (1997) (Ed.) *Foucault and His Interlocutors*. Chicago, University of Chicago Press.

Fairclough, N. (1995) *Critical Discourse Analysis*, London: Longman.

___. (2000) *New Labour, New Language?* London: Routledge.

Ford, M. (1995). 'Willed' to choose: Educational reform and Busno-power (Response to Marshall). *Philosophy of Education Yearbook* [retrieved on July 6, 2006 from] http://www.ed.uiuc.edu/EPS/PES-Yearbook/95Jocs/Ford.html

Foucault, M. (1978) La philosophie analytique de la politique. In D. Defert & F. Ewart with J. Lagrange (Eds.), *Dits et écrits, 1954-1988*, Vol. 4. (pp. 540-541). Paris: Gallimard.

___. (1980). *Power/knowledge: Selected interviews and other writings 1972-1977*. London: Harvester.

___. (1998) Michel Foucault: Aesthetics, Method, and Epistemology: Essential Works of Focault, 1954-1984 Volume 2, James Faubion, (Ed.; Paul Rainbow Series Ed.; Robert Hurley and Others, Trs).

___. (2001 a) The Subject and Power. *Michel Foucault: Power*. In P. Rabinow (Ed.), *The Essential Works of Michel Foucault* 1954-1984, Vol 3 (pp. 326-348). London: Allen Lane and The Penguin Press. (Original work published in 1983)

___. (2001b) *Fearless Speech*. LA, Semiotext(e).

Gauthier, J. D. (1988). The ethic of the care of the self as a practice of freedom. In J. Bernauer & D. Rasmussen (Eds.), *The Final Foucault (pp.* 1-20). Cambridge, MA: MIT Press.

Hoskin, K. (1979). The examination, disciplinary power and rational schooling. *History of Education* 8(2) 135-146.

Hunter, I. (1998) *Rethinking the School: Subjectivity, Bureaucracy, Criticism*. Sydney: Allen & Unwin. Huisman, D. (1993) *Dictionnaire des philosophes, 2* vol. Paris: PUF.

Huisman, D. (1993). *Dictionnaire des philosophes*, 2 vol. Paris: PUF.

Marshall, J.D. (1995a). Foucault and neo-liberalism: Biopower and Busno-Power. *Philosophy of Education Yearbook* [retrieved on July 6th, 2006 from] http:/ww.ed.uiuc.edu/EPS/PES-Yearbook/95_docs/marshall.html

___. (1995b). Skills, information and quality for the autonomous chooser. In M. Olssen & K. Morris Matthews (Eds.), *Education, democracy and reforms* (pp. 63—76). Auckland: NZARE.

___. (1996a). *Michel Foucault: Personal autonomy and education*. London: Kluwer Academic.

___. (1996b). Education in the mode of information: Some philosophical considerations. *Philosophy of Education Yearbook* [retrieved on July 6th, 2006 from] http://vmw.ed.uiuc.edu/EPS/PES-Yearbook/96_docs/marshall.html

Mayo, C. (1997). Foucauldian cautions on the subject and the educative implications of contin-gent identity. *Philosophy of Education Yearbook* [retrieved on July 6th 2006, from] http:// nmw.ed.uiuc.edu/EPS/PES-Yearbook/97_docs/mayo.html

McDonough, K. (1993). Overcoming ambivalence about Foucault's relevance for education (Response to Covaleskie). *Philosophy of Education Yearbook* [retrieved on July 6th, 2006 from] *http://www.ed.uiuc.edu/'EPS'/PES-Yearbook/93_docs/MCDONOUG.HTM*

Middleton, S. (1998). *Disciplining sexuality: Foucault, life histories, and education.* New York, London: Teachers College.

Nietzsche, F. (1956). *The Birth of tragedy and the genealogy of morals.* (F. Golffing, Transl.). New York: Anchor Books.

Olssen, M. (1999). *Michel Foucault: Materialism and education.* Westport, CT and London: Bergin & Garvey.

___. (2003). Invoking democracy: Foucault's conception (with insights from Hobbes). *Policy Futures in Education,* 1(3), [retrieved on July 6th, 2006 from] *http://www.triangle.co.uk/ PFIE.*

Peters, M. A. (1996). *Poststructuralism, politics and education.* Westport, CT and London: Bergin & Garvey.

___. (Ed.). (1999). *After the disciplines? The emergence of cultural studies,* Westport, CT.and London: Bergin & Garvey.

___. (2000a). Michel Foucault 1926-1984. In J. Palmer & D. Cooper (Eds.), *100 Key Thinkers on Education* (pp. 170-174). London, Routledge.

___.(2000b). Writing the self: Wittgenstein, confession and pedagogy. *Journal of Philosophy of Education,* 34(2), 353-368.

___. (2001a). Foucault and governmentality: Understanding the neoliberal paradigm of education policy. *TheSchool Field* XII (5-6), 61-72.

___. (2001b). Education, enterprise culture and the entrepreneurial self: A Foucauldian perspective. *Journal of Educational Enquiry,* 2 (1), [Retrieved on 27th August, 2006 from] *(http://www.education.unisa.edu.au/JEE/).*

___. (2003a). Truthtelling as an educational practice of the self: Foucault, *parrhesia* and the ethics of subjectivity. *Oxford Review of Education,* 29(2), 207-223.

___. (2003b). Heidegger and Foucault on space and bodies: Geographies of resistance in critical pedagogic practices. In R. Edwards & R. Usher (Eds.), *Spatiality, Curriculum and Learning* (pp. 184-196). International Perspectives on Curriculum Series. Buckingham: Open University Press.

___. (2003c, August). The new prudentialism in education: Actuarial rationality and the entrepreneurial self. Paper presented at the Roundtable on Education and Risk at the World Congress of Philosophy, Istanbul.

___. (2003d). Why Foucault? New directions in Anglo-American educational research. Key-note address presented at the "After Foucault: perspectives of the Analysis of Discourse and Power in Education", 29-31 October, The University of Dortmund.

Peters, M. A., Fitzsimons, P., & Marshall, J. D. (2000). Managerialism and education policy in a global context: Neoliberalism, Foucault and the doctrine of self-management. In N. Burbules & C. Torres (Eds.), *Globalization and education: Critical perspectives* (pp. 109-132). New York and London: Routledge.

Peters, M. A. & Wain, K. (2002). Postmodernism/Poststructuralism. In N. Blake, P. Smeyers, R. Smith & P. Standish (Eds.), *The Blackwell guide to the philosophy of education* (pp. 57-72). Oxford: Blackwell.

Peters, M. A., & Humes, W. (Eds.). (2003). Poststructuralism and educational research. Special issue *of Journal of Educational Policy.*

Peters, M. A., & Burbules, N. (2004). *Poststructuralism and educational research*. Lanham & Oxford, UK: Rowman & Littlefield.

Popkewitz, T., & Brennan, M. (Eds.). (1997). *Foucault's challenge: Discourse, knowledge and power in education.* New York: Teachers College Press.

Pring, R. (2000). *Philosophy of educational research.* London and NewYork: Continuum.

St. Pierre, E. A. & Pillow W. S. (Eds.). (2000J. *Working the ruins: Feminist poststructural theory and methods in education.* New York: Routledge.

Veyne, P. (1997). The final Foucault and his ethics (C. Porter & A. I. Davidson, Transl.) In A. I. Davidson (Ed.), *Foucault and his interlocutors* (pp. 225-42). Chicago: University of Chicago Press.

Walkerdine, V. (1984). Developmental psychology and child centered pedagogy. In J. Henriques et al., Changing the Subject (pp. 157-174). London: Methuen:.

___. (1988). *The mastery of reason: Cognitive development and the production of rationality*. London: Routledge.

Capítulo 13

Uma política educacional criticamente formativa: Foucault, discurso e governamentalidade

Robert A. Doherty

A análise da política* é um campo diverso e interdisciplinar que envolve muitos pesquisadores e especialistas, em vários ambientes institucionais, trabalhando sob bandeiras tais como defesa de política, pesquisa de política e desenvolvimento de política. Um setor do campo da análise da política de ação, "a análise crítica da política", surgiu ao redor de um foco e de um comprometimento de desmascarar ou decodificar as dimensões ideológicas, valores e premissas das políticas públicas. Uma característica da política da educação na modernidade tardia é a sua predisposição incansável para ajustar os limites e horizontes dos projetos nacionais de educação em todos os níveis. Tal produção de políticas agora ocorre em uma atmosfera inspirada pelos efeitos econômicos, políticos sociais e culturais da globalização. Como conseqüência, a política da educação está agora lançada em moldes que refletem essa "nova complexidade" do ambiente da criação de políticas, uma complexidade compreendida pela inter-relação entre o supranacional, o estado-nação e o regional.

Ao abordar a análise da política no contexto da nova complexidade, este capítulo assume uma dimensão político-social em relação ao fenômeno da política educacional. A política educacional é tomada como uma expressão da racionalidade política, e como um elemento constituinte da preparação

---

* N. de T. O conceito aqui não se volta a aspectos de política partidária; trata-se, em nível geral, de "política" no sentido de "conduta", "orientação", "objetivo" ou, mais especificamente, de "conduta geral de um indivíduo adotada em apoio a outros objetivos e desejos"(cf. Agenor S. dos Santos, *Guia prático de tradução inglesa*. São Paulo: Cultrix, 1981, p. 348). No contexto específico, pode referir-se também a uma declaração das intenções do governo.

dos andaimes que sustentam e mantêm determinados projetos hegemônicos. Este capítulo considera duas idéias: "governamentalidade" e "discurso", e a teorização a elas relacionada, oferecida pelo pensamento e pelas abordagens analíticas do filósofo e historiador francês Michel Foucault. Discurso e governamentalidade oferecem-nos a possibilidade de marcar uma abordagem analítica distintiva e penetrante com a qual se pode realizar a tarefa de ler criticamente a política educacional. O principal foco deste capítulo será a governamentalidade, mas parece inoportuno no que diz respeito às abordagens voltadas à análise crítica da política não destacar a utilidade do tratamento dispensado por Foucault ao discurso.

DISCURSO

Discurso, sob uma perspectiva central das ciências sociais, poderia talvez ser pensado como um corpo de idéias, conceitos e crenças que se estabeleceram como conhecimento, ou como uma maneira aceitável de olhar o mundo. Tais discursos formam um conjunto de lentes que têm uma influência profunda em nossa compreensão e ação no mundo social. Os textos poderiam ser pensados como algo que estabelece, incorpora, simboliza e expressa tais discursos. Uma variedade de abordagens ao estudo de textos, ao longo de diferentes disciplinas, entenderia e identificaria suas técnicas em termos de ser análise do discurso. Contudo, não há uma definição comumente aceita sobre a idéia de discurso ou sobre a natureza e escopo da análise do discurso – essa é uma área marcada por debates teóricos contínuos e complexos. Uma hipótese comum subjacente a várias abordagens à análise do discurso é o empenho intelectual para a compreensão do discurso como algo que "constrói" o mundo social, rejeitando-se uma perspectiva realista sobre a linguagem como meio neutro que permite a descrição e a categorização desse mundo. A obra de Foucault tem sido uma grande inspiração para o crescimento do interesse pela idéia de discurso nas humanidades e nas ciências sociais. A centralidade do discurso na obra de Foucault é ilustrada por sua predominância no manifesto intelectual que ele põe em jogo em sua palestra inaugural no Collège de France quando lá assume sua cátedra:

> Aqui está a hipótese que gostaria de apresentar hoje para estabelecer o terreno – ou talvez um teatro muito provisório – da obra que estou fazendo: que em toda sociedade a produção de discurso é de uma só vez controlada, selecionada, organizada e redistribuída por um certo número de procedimentos cujo papel é o de precaver-se contra seus poderes e perigos, de ganhar domínio sobre eventos do acaso e de evadir sua materialidade ponderada e formidável (Foucault, 1984, p. 109).

A "declaração" é um constituinte central da analítica de Foucault sobre o discurso. As frases ou atos de fala, ou partes de textos, não têm interesse em termos de uma análise textual detalhada, mas em discernir as regras pelas quais determinadas declarações, ou alegações de verdade, em contraposição a outras, podem surgir, operar e vir a formar um sistema discursivo: "...o termo discurso pode ser definido como o grupo de frases que pertencem a um só sistema de formação; assim, posso falar de um discurso clínico, de um discurso econômico, de um discurso da história natural, de um discurso psiquiátrico" (Foucault, 1969, p. 121).

Central para a compreensão de Foucault é um compromisso para com a concepção materialista da linguagem; isso vai além da atenção aos sinais e significado da linguagem, passando a envolver suas influências no mundo social. Olssen (2004) aponta para a formulação de Foucault do discurso como algo que funciona como uma concepção alternativa para o que entenderíamos como ideologia. Essa formulação de ideologia opera não em um sentido marxista de falsa consciência, mas como um sistema mais ou menos coerente de idéias compartilhadas por um determinado grupo no âmbito da ordem social. Tal ideologia tenta estabelecer e manter a normalização, a naturalização, dos valores, hipóteses e prescrições de ação compartilhadas por quem a ela adere ou a apóia. Os discursos não são simplesmente textos, são uma forma de poder. Para Foucault, as relações de poder não podem ser estabelecidas, mantidas, ampliadas, resistidas ou mobilizadas, ou receberem forma material, sem a mediação do discurso. O que é dito pode ser moldado em formações discursivas de acordo com conjuntos de regras, mas tais formações têm uma influência tangível e concreta na estruturação de práticas, relações de poder e de subjetividade, daí a materialidade da linguagem. Essa relação de poder, ideologia, linguagem e discurso marca o território de interesse e envolvimento para a análise crítica da política de ação. Os discursos são os recursos, a própria matéria a partir da qual os textos em que se faz referência à política são produzidos. Discursos dominantes, complementares, persuasivos, legitimadores, contrastantes e discordantes formam o tecido dos textos das políticas. A amplitude desse tecido alarga-se, incluindo documentos, declarações, legislação, falas, eventos, materiais de treinamento, sites e uma ampla gama de locações políticas que incorporam declarações autoritárias de valores, prescrições, futuros, prioridades e obrigações.

Os textos das políticas e seu contexto de produção na incubação do aparato estatal ou do contexto institucional formam um lócus fundamental para a análise retórica de sua forma, ambições ideológicas, componentes e identidade. O trabalho de descoberta das influências ideológicas e ambições dos textos, do desmascaramento das relações sociais de poder e da dominação que elas ocultam, é uma preocupação central para a análise crítica da política. O desenvolvimento do discurso por Foucault oferece uma poderosa orientação crítica e uma linha de análise, e tem sido uma grande inspiração para quem desenvolve e amplia a teoria do discurso (Fairlough, 1989, 1995,

2003; Luke, 1995). Comumente, os discursos engastados nos textos referentes à política operam para constituir, posicionar, tornar produtivo, regular, moralizar e governar o cidadão. Tais textos são também indelevelmente marcados por concepções de governo, pela tarefa de governar e pelas tecnologias a elas associadas. Foucault entendeu a atividade de governo como sendo apenas possível por meio do desenvolvimento, equipamento, incorporação e uso ativo do discurso.

GOVERNAMENTALIDADE

A idéia de governamentalidade, conforme foi manifesta em Foucault (1991), oferece um segundo horizonte em relação aos estudos da política de ação educacional. Um certo número de pesquisadores percebeu a natureza fragmentária e confusa da escrita de Foucault sobre a governamentalidade, linha de investigação que surgiu no último período de sua obra. Sua investigação dessa questão de governo informou uma série de palestras no *Collège de France* em 1978. A abordagem de Foucault para o conceito de governo não foi problematizada no âmbito de termos convencionais do estado, da teoria constitucional ou da filosofia política, mas em um sentido amplo da "conduta da conduta", abarcando todos os procedimentos, invenções, cálculos, táticas e instituições aplicadas nessa "forma de poder particular e complexa". Nesse sentido, "governar" leva à consideração da profusão de técnicas, esquemas, estruturas e idéias deliberadamente mobilizadas na tentativa de direcionar ou influenciar a conduta dos outros. Para Foucault, a família, o local de trabalho, a profissão, a população, são apenas alguns dos muitos locais nos quais a operação de "governar" se encontra. Em relação ao estado, Foucault volta-se para o desvelamento das racionalidades em desenvolvimento do "governo", ilustrada por sua identificação do movimento para além da problemática de Maquiavel sobre o fortalecimento do poder do príncipe, para uma nova racionalidade para o estado em relação a si mesmo e a seu próprio florescimento.

Mas o "governo" não é apenas um poder que precisa ser domado ou uma autoridade que precisa ser legitimada. É uma atividade e uma arte que importa a todos e que toca a cada um de nós. E é uma arte que pressupõe o pensamento. O sentido e objeto dos atos de governo não caem do céu ou surgem prontos, formados a partir da prática social. São coisas que têm de ser – e que foram – inventadas (Burchell et al., 1991, p. x).

A governamentalidade é um prisma que ilumina um estrato particular de investigação, uma perspectiva que examina, com um olhar histórico, o governar, como uma atividade deliberada, propositada e técnica, dirigida ao sujeito, à sociedade ou a alguma subdivisão categorizada do corpo social. Essa atividade reside e opera em um meio conflituoso, complicada pelo que é contingente, inesperado e continuamente desequilibrado pelo funcionamento das lutas discursivas. A governamentalidade é uma perspectiva que resiste à sistematização ou a um ordenamento explicativo e teórico organizado do governo ou da política-partidária, mas que tende à complexidade, delineando uma matriz multidimensional que reflete a intersecção de problemas, ambições, protagonistas, lutas, aparatos técnicos e estruturas discursivas. Para Foucault o principal labor ao redor do qual tal matriz se forma, sob a mentalidade liberal de governo, se dirige à constituição do eu, à configuração do sujeito sob a ação do governo.

Um exame do poder político a partir do ponto de vista privilegiado de uma história da governamentalidade focaliza tais estratégias, técnicas, métodos e tecnologias que foram deliberadamente empregadas ou incorporadas pelo estado na maximização de seus recursos (crucialmente, de sua população). A atenção de Foucault se volta à tarefa de relatar a "razão do governo", sua natureza evolutiva, incrementos históricos, períodos de ascendência, suas mudanças e descontinuidades. Essa análise é particularmente sensível a padrões de intervenção do estado nas vidas dos cidadãos. Para Foucault, o estado na modernidade é caracterizado por um aumento da governamentalização da ordem social, já que o estado intervém em nome do que percebe ser seu próprio interesse. A chegada do liberalismo marca o advento de uma forma de governo distintamente moderna. O liberalismo é identificado por Foucault como o propagador de uma forma singular da arte de governar, emergindo da ruptura das restrições do feudalismo e da aurora de uma sociedade capitalista de mercado.

Fundamental para esse processo é a "liberdade" do cidadão do estado liberal, já que ele internaliza normas e direções para regular seu próprio comportamento. A liberdade, portanto, torna-se um recurso para o governo. Essa é uma nova compreensão da operação de liberdade na teorização de como o estado pode ser governado. Essa teoria de governar surge como reação à percepção de que o estado enfrenta limites para saber, ver e governar por meio de uma observação penetrante, da mensuração e regulação de todos os detalhes da vida. O estado liberal pressupõe um certo tipo de cidadão, um cidadão responsabilizado e socializado, que no âmbito de seu arco de liberdade, e por causa dele, serve ao bem-estar do estado. A governamentalidade diz respeito tanto ao que os sujeitos fazem para si mesmos quanto ao que lhes é feito. Como Peters (2001) aponta, "...governo nesse sentido apenas se torna possível no ponto em que a elaboração de políticas e a administração param; no ponto em que o governo e o auto-governo coincidem e crescem juntos" (p. 1).

A TRADIÇÃO LIBERAL

O liberalismo tornou-se a tradição política dominante da idade moderna. Tem tanto batalhado quanto se desenvolvido em relação a seus oponentes, o marxismo socialista e o conservadorismo. O liberalismo define o espaço problemático do governar de uma maneira distinta: o estado sob a insígnia liberal é encarregado da manutenção das condições nas quais dois setores vitais, o mercado e a sociedade civil, podem operar e prosperar. Foucault, criticamente, localiza o surgimento da "sociedade" no advento do liberalismo e de seu estabelecimento como a cultura do governo. Um fator constituinte da arquitetura intelectual da arte liberal de governar é a identificação do estado como a causa potencial e agente de um governo nocivo. No que diz respeito ao governo dessa esfera do social, o estado liberal faz um grande esforço para governar no âmbito do que ele entende como a lógica dos próprios sistemas internos de regulação e ordem da sociedade civil. A esfera social, juntamente com o mercado, o espaço livre da atividade econômica, requer um governar sensível, de forma que não haja um desequilíbrio de seus mecanismos intrínsecos de ordem, sucesso e manutenção. Burchell (1996) descreve o primeiro ou clássico liberalismo em termos de "naturalismo":

> É em relação a essa esfera dinâmica, histórico-natural, tanto econômica quanto não-econômica, que o governo como exercício da soberania política nacionalmente unificada passa a definir suas tarefas. A razão governamental liberal não estabelece tanto em um determinado caso qual a política de governo deve ser, mas define o espaço problemático essencial do governo, e o define de tal forma que o faz uma arte definida de governo tanto pensável quanto praticável. O primeiro liberalismo determina as questões de como governar em relação a um objeto-domínio que é um tipo de quase-natureza com seus próprios e particulares princípios e dinâmicas auto-reguladores. Esse espaço natural é tanto o que deve ser governado e o que o governo deve produzir ou, pelo menos, manter na condição ótima do que naturalmente é. A sociedade civil se torna ao mesmo tempo tanto objeto quanto fim de um governo (p. 24).

O final do século XIX testemunhou o surgimento do liberalismo social, ou do "novo liberalismo" em resposta ao que talvez possa ser descrito como as falhas do liberalismo clássico em cumprir suas promessas no campo do social. Foi a fé das "massas" sob a demanda do capitalismo industrial que começou a minar a formulação clássica do liberalismo. Tornou-se óbvio que a posse da "liberdade" não compensava a pobreza, a restrição econômica e a desintegração social. As velhas práticas liberais da filantropia e da regulação falharam como resposta à condição do "pobre urbano pauperizado". Esse novo procedimento da razão estatal foi marcado por uma visão mais "positiva" da liberdade. Em defesa dessa noção de liberdade, sob a ameaça de uma variedade de males sociais, seguiu-se uma renegociação da arte liberal de governar. Esse liberalismo do "bem-estar", caracterizado por um estado mais intervencionista, durou até o início do século XX e ecoou mais longe. O ressurgimento, na década de 1980, de poderosas correntes do pensamento do liberalismo clássico na razão governamental marca a mais recente aparição do pensamento liberal na orientação da racionalidade para o governar. Esse surgimento e ressurgimento da tradição do liberalismo caracteriza-se em um aspecto por meio da agenda, e de maneira importante, pela não-agenda do estado. Esse pano de fundo, da mudança na racionalidade política, pode formar um contexto para a consideração da política pública como uma expressão da governamentalidade.

POLÍTICA EDUCACIONAL

A política é comumente definida como uma declaração das intenções do governo. Trata-se de algo que tem um propósito, que é dirigido a um problema, necessidade ou aspiração, especificando princípios e ações projetadas para cumprir as metas desejadas. O processo de criação de políticas pode ser modelado de diferentes maneiras, privilegiando, por exemplo, os processos, a razão ou conhecimento de especialistas. Este artigo apoiaria uma visão de elaboração de políticas como sendo essencialmente conflituosas. Olssen e colaboradores (2004) definem a política em termos de "qualquer linha de ação (ou falta de ação) que se relaciona com a seleção de metas, a definição de valores ou alocação de recursos" (p. 71). A política está, portanto, ligada ao exercício do poder político. Isso provoca a contestação, o conflito, interesses distintos e visões competitivas, refletindo assimetrias no poder, na representação e na voz, em um meio político fraturado por divisões de classe, raça e gênero. Há uma conexão inextrincável entre política, elaboração de uma política, e a política como arte de governo. A elaboração de políticas públicas, em essência, é a máquina do estado moderno, o próprio tecido da fisiologia do estado. Envolver-se com o estudo da política pública, tanto em relação ao processo de elaboração de políticas de ação ou de políticas de ação específicas, implica algum conhecimento do estado. A tarefa da análise de políticas é possível pela abordagem da questão da natureza e função do estado por meio do recurso de uma variedade de problematizações teóricas e do reconhecimento de políticas de ação como expressão da racionalidade política.

Na formação da conduta, o poder é exercido por meio da construção ativa de representações dos sistemas econômicos e sociais e por meio da edição de conjuntos complementares de instruções, exigências e orientação sobre como os sujeitos deveriam comportar-se e responder. O estado educacional está incorporado em tais representações e é simultaneamente persuadido a entender sua identidade em relação a tais narrativas. Abordar a análise de um campo como a política educacional a partir de uma perspectiva da "governamentalidade" pode abrir um espaço crítico, um espaço que está centrado sobre "... aquela dimensão de nossa história composta pela intervenção, contestação, operacionalização e transformação de esquemas, programas, técnicas e dispositivos mais ou menos racionalizados que buscam moldar a conduta de forma a atingir determinados fins" (Rose, 1999, p. 20).

Quero apontar para uma *crítica bidirecional* oferecida por uma análise da governamentalidade como algo que se aplica à política pública. Se considerarmos a aplicação de uma leitura da governamentalidade à política educacional, as políticas individuais e os setores relacionados podem ser analisados de trás para a frente em busca de ambições específicas e de objetivos deliberados. A política pode ser examinada para a frente, em busca de formas técnicas, arranjos organizacionais, práticas e formas de conhecimento que são mobilizadas para tornar a razão política operacional e material. A partir desse ponto de vista, a política é lida como uma intervenção, como uma iniciação e legitimação de um conjunto de práticas, como a implantação e cultivo de certos modos de subjetividade, e como uma demonstração retrospectiva da "razão do estado". A política é exposta, dentro de um quadro da governamentalidade, como uma expressão direta e nua da racionalidade do estado, torna-se o teatro por excelência a partir do qual se pode ver o drama do viver, do respirar e do evoluir da compreensão que o governo tem do ato de governar. A política, em uma leitura auto-consciente da governamentalidade, oferece uma janela para a problemática e ambiciosa alma da "razão do estado".

> De maneira bem ampla, poderíamos dizer que os governos tentam representar o interesse de curto prazo da coalizão dominante e temporária de forças no âmbito de uma formação social; essas coalizões são representadas por partidos políticos e a linha de ação de um partido reflete, por um lado, as mudanças de interesse e a influência entre os grupos que formam a coalizão e, por outro, suas concepções do que se requer para garantir o maior apoio eleitoral. De certa forma, então, os atos de governo para mediar o estado e seus sujeitos entre si (Dale, 1989, p. 53).

Ao pensar em "governo" e estado, é útil posicionar o executivo em relação às estruturas dispersas, burocracias, instituições e aparatos da infraestrutura do estado. O executivo pode, de certa forma, estar no leme dessa grande embarcação, mas a máquina estatal é uma matriz de instituições e atores sociais com sua própria economia política, contestações, rivalidades, contradições e nós operacionais. A gravidade ao redor de tais nós cria ambientes intelectuais e linhas de ação diferentes por meio das quais o executivo deve prevalecer em seu projeto de governo. Nesse contexto, talvez seja instrutivo fazer uma importante questão em relação à governamentalidade e a política pública. Onde, poderíamos refletir, reside a governamentalidade? Onde, ou dentro de quem, está a razão do estado e as racionalidades da arte de governo incorporadas?

Podemos afirmar que o conhecimento que faz uma arte do governo moderno possível está amplamente distribuída em uma elite política e administrativa. No estado liberal há um legado de conhecimento e de aparatos técnicos que fazem, para usar a frase de Burchill, "uma arte definida de governo tanto pensável quanto praticável". Não obstante, primeiramente devemos olhar para o executivo do projeto político corrente como sendo a encarnação menos ambígua da razão do estado. Os componentes-chave dessa mentalidade de governo incluem uma articulação do que o estado próspero, seguro e influente é, juntamente com um conjunto de idéias e convicções de como o governo deve ser representado e operacionalizado em busca desse propósito. Talvez seja possível tentar responder a essa questão mais amplamente, se apontarmos para as hierarquias de atores e redes dentro e ao redor da estrutura organizacional do estado. Esse fermento de atividade intelectual e ideológica é tanto um recurso para o executivo, um fornecedor de inovações intelectuais e técnicas que buscam seus objetivos, quanto um lobista e influenciador de seu projeto.

Neste nível, o que talvez pudéssemos pensar como o nível intermediário da razão do estado, os estudos da política desenvolveram uma variedade de abordagens para a conceitualização desses espaços onde a racionalidade governamental reside. Pareceria haver um campo comum conceitual entre o foco de uma analítica da governamentalidade e tais concepções como o contexto, o clima e a cultura da política, teorias de estabelecimento e controle de agenda, grupo de especialistas no assunto, redes de influência, coalizões de defesa e comunidades epistêmicas. Ao aplicar uma dimensão de nossas duas análises, podemos então olhar para trás, em relação a um evento da política, para seus antecedentes, buscando revelar a intencionalidade deliberada e propositada que está por trás dessa expressão de racionalidade política. A trajetória da intenção pode ser traçada por meio do nível intermediário ao nível principal do quadro ideológico. Esse setor, composto de uma elite política e administrativa juntamente com variadas redes de especialistas, profissionais, pesquisadores, conselheiros que administram e cercam o aparato do governo, é o principal depósito da razão governamental. É aqui, nesta altitude, que novas mutações e seleções da razão governamental, e seus meios técnicos de efeito, desenvolvem-se e evoluem.

A outra dimensão de nossa análise se volta a descobrir o caráter técnico da política, disciplinas, práticas, técnicas, convenções e formas de conhecimento arranjadas e mobilizadas para dar forma concreta ao pensamento político. Uma leitura da governamentalidade considera criticamente os resultados, implicações, distribuições, subversões, erros de cálculo e alterações desse pensamento político operacionalizado.

A política, em diferentes níveis de criação, transmissão e implementação, pode ser abordada por meio de uma análise da governamentalidade. As dimensões do pensamento do governo ficam à vista sob a aplicação dessa crítica bi-direcional. No nível da iniciação à política, "invenção" ou criação, há uma busca de uma "racionalidade" que defina uma trajetória da política e que se volte para uma busca de uma *techne*[1] de implementação. No nível intermediário da produção de políticas, vemos a reprodução da dinâmica do nível acima. Esse é um nível de refinamento, operacionalização, um nível de consideração prática, de proclamação de discurso, de produção de texto, uma superfície de surgimento e de transmissão. No nível micro de implementação, de arranjos, de técnicas, todos os tipos de práticas (administrativas, burocráticas, de monitoramento, de auditoria, de treinamento, de gerenciamento de *performance*) são desempenhadas. Discursos, linhas de raciocínio e formas de conhecimento sustentam esses arranjos socialmente mediados. Novamente, a crítica bidirecional pode ser aplicada. Lembrando-nos da concepção foucauldiana de que o poder é flexível, exercitado, mais do que possuído, produtivo tanto quanto repressivo, uma leitura da governamentalidade tem uma preocupação insaciável pela resistência, subversão, penetração, falhas e conflitos da política operacionalizada.

NEOLIBERALISMO

A política da parte final do século XX foi marcada pela última materialização do pensamento liberal, o surgimento do neoliberalismo. Peters (2001), com base no trabalho dos neofoucauldianos britânicos, oferece uma anatomia muito concisa da governamentalidade neoliberal. Ele mapeia entre suas características essenciais elementos como: manutenção do comprometimento liberal com uma crítica perpétua do estado; o movimento do naturalismo rumo à compreensão do mercado como um artefato moldado pela evolução cultural e uma focalização da moldura legal e reguladora da esfera econômica; a extensão da racionalidade econômica como base para o político; um reviver do racional, do auto-interesse, da maximização da utilidade do tema da economia clássica; a liberação das técnicas e da racionalidade dos negócios, do comercial, do privado, nos serviços públicos e nas operações do estado.

As democracias liberais agora subsistem em um terreno mais ou menos neoliberal, um regime que continuamente busca ampliar seu alcance. Vivemos em uma era em que um neoliberalismo hegemônico é "... a coisa mais próxima de uma metanarrativa global que nós experimentamos no início do século XXI" (Peters, 2001, p. viii). Somos todos neoliberais agora, ou pelo menos vivemos e nos movimentamos em um mundo cuja geografia está sendo remodelada pelo projeto crescente de um neoliberalismo imperioso. Temos o estado de mercado, cujo arco de preocupação, ou mais precisamente, seu papel, conforme alocado por esse discurso hegemônico e suas mediações e compromissos de cálculos eleitorais, tornou-se a face reconhecível da razão governamental contemporânea. O estado liberal democrático, fechado nos limites alocados pelos emissários globais do neoliberalismo, desenvolve uma arte de governo restrita pelas opções limitadas pelo autointeresse que se desdobra no âmbito das possibilidades operacionais de seu campo de ação. Esse "estado posicionado" é um marcador contextual para a propagação de certas formas de razão estatal. Tal mapa das prerrogativas do estado aloca zonas para o privado, para o público e para novas combinações e junções do público, do privado e do terceiro setor.

O capitalismo tardio tem uma relutância inerente em conceder ao estado qualquer coisa que não seja uma área restrita de movimento, de função ou setor de controle. Ao mesmo tempo, busca cooptar, persuadir e criar lobbies no estado para que coloque seus recursos atrás e ao redor de um apoio a essas zonas, dentro das quais é considerado um invasor ou alienígena. O estado é projetado como regulador, descontaminador, cuidador, segurador, atuário, mantenedor e curador da infraestrutura dos mercados. É no âmbito do terreno dessa construção ideologicamente demarcada que as alavancas do estado são montadas, conectadas e alocadas para executar uma função de controle. A máquina do estado é configurada e projetada a pressionar, criar tensões e a ser conspicuamente desmobilizada dentro dos campos de ação designados. Essa é a incubadora mecânica que sustenta o crescimento de novas correntes da racionalidade estatal, desenvolvendo esquemas para a atividades do governo que têm como seu objeto a "conduta da conduta".

O clima global da política das nações desenvolvidas e em desenvolvimento está agora impregnado pelos princípios, teses, ambições e tecnologias operacionais de um ethos neoliberal de governo. Quando Tony Blair,[2] em seu discurso de maior destaque sobre o calendário político, dirige-se aos governados como *"consumidores e cidadãos"*, então o estudioso da governamentalidade não pode ser nada mais do que sacudido pelas implicações dessa poderosa declaração. Tal observação, no clima da política, tem uma aplicação particular para a construção de política educacional, já que ela tem se deslocado para uma posição mais central no pensamento estratégico dos estados-nação. Esse movimento pode ser atribuído a um número de fatores, mas a razão principal para sua proeminência pode ser atribuída à pressão exercida pelo guru da política da economia neoliberal.

A análise da governamentalidade parece oferecer aos estudos das políticas um modelo potente e interrogativo a partir do qual se pode examinar a mudança e a reforma educacional. Uma leitura da política educacional a partir de uma perspectiva da governamentalidade centraliza o uso da liberdade como um recurso do estado, da constituição e regulação do eu, do desenvolvimento de subjetividades e da ativa formação do cidadão. Ela também coloca nossa atenção na reforma do cidadão, na modernização do cidadão de antigos projetos, na reengenharia do cidadão para harmonizá-lo com os projetos atuais da razão estatal.

NOTAS

1 Termo grego para arte, ofício ou habilidade envolvida em produzir deliberadamente algo.

2 O discurso dos líderes para a conferência anual do partido; um evento discursivo investido de significação e autoridade cultural. Conferência do Partido Trabalhista, Winter Gardens, Blackpool, terça-feira, 1º de outubro de 2002.

REFERÊNCIAS

Burchell, G., Gordon, C, & Miller, P. (Eds.) (1991). *The Foucault effect*. Chicago: The University of Chicago Press.

___. (1996). Liberal government and techniques of the self. In A. Barry, T. Osborne, T & N. Rose (Eds.), *Foucault and political reason* (pp. 19—36). London: Routledge.

Dale, R. (1989). *The state and education policy*. Milton Keynes [England] Open University Press.

Fairclough, N. (1989). *Language and power*. Harlow (England] Longman.

___. (1995). *Critical discourse analysis*. London: Longman.

___. (2003). *Analysing discourse: Textual analysis for social research*. London: Longman.

Foucault, M. (1969). *The archaeology of knowledge*. London: Routledge.

___. (1984). The order of discourse. In M. Shapiro (Ed.), *Language and politics* (pp. 108-138). Oxford: Blackwell.

___. (1991). Governmentality. In G. Burchell, C. Gordon & P. Miller (Eds.), *The Foucault effect* (pp. 87-104). Chicago: The University of Chicago Press.

Luke, A. (1995). Text and discourse in education: An introduction to critical discourse analysis. In M. W. Apple (Ed.), *Review of research in education*, Vol. 21 (pp. 194-210). Washington; American Educational Research Association.

Olssen, M., Codd, J., & O'Neill, A. (2004). *Education policy: Globalization, citizenship and democracy*. London: Sage.

Peters, M. A. (2001a). *Foucault and governmentality*: Understanding the neoliberal paradigm of education policy, *The School Field*, XII (5/6), 61-72.

___.(2001b). *Poststructuralism, Marxism and Neoliberalism*. Maryland: Rowman and Littlefield.

Rose, N. (1999). *Powers of freedom: Reframing political thought*. Cambridge: University of Cambridge Press.

Capítulo

14

Invocando a democracia: a concepção de Foucault (com *insights* retirados de Hobbes)

Mark Olssen

William Connolly (1998) sugeriu que:

> Foucault não articula uma visão de democracia. Suas primeiras objeções contra ideais políticos, tais como as prisões, vão contra isso; e sua afirmação mais tardia e cautelosa de uma imaginação política positiva nunca toma essa forma. Mas numerosos comentários relativos ao contexto de sua participação em protestos públicos e em passeatas são sugestivos. Parece-me que uma série de correspondências pode ser *delineada* entre a sensibilidade ética cultivada por Foucault e um *ethos* de democracia que ela invoca (p. 120).

É nesse espírito do *ethos* da democracia invocada por Foucault que meu artigo se enraíza. Como Connolly, acrescentarei idéias e pensamentos a Foucault, indo além dele, até que eu crie um quadro suficientemente coerente. Farei naturalmente a diferença entre o pensamento de Foucault e aquilo que for suplementado e acrescentado por mim. Já que Foucault não desenvolveu uma teoria abrangente da democracia, a questão torna qual de suas idéias e formulações são relevantes para uma teoria da democracia: como ele poderia ter problematizado as concepções e formulações existentes, e que linhas de argumentação poderia sugerir para estudos futuros. Minha abordagem tem como premissa o fato de que apesar de Foucault ter demonstrado pouco interesse e até alguma aversão pela teorização política normativa, não tenho tais inibições.[1] Minha tática é reunir os fragmentos de uma teoria da democracia como um conjunto de práticas historicamente contingentes e de revelar as concepções e sugestões latentemente normativas em seus textos. Minhas argumentações e conclusão serão a de que Foucault *sugere* uma teoria da democracia e uma série de concepções de democracia que nos levam além de nossos modelos e práticas atuais.² Empenho-me em delinear o que tal concepção seria. A base para tal argumento deriva dos últimos escritos de Foucault sobre ética e auto-criação, liberdade, autonomia e direitos. Mais especificamente, considerarei as seguintes áreas de seu pensamento.

✳ Uma concepção relacional e dialógica da ética com implicações para agência (ação), liberdade, autonomia e interdependência.

✳ Uma concepção de liberdade como não-dominação ou como algo que envolve uma equalização de relações de poder.

✳ Um princípio político pragmático que necessariamente oporia as políticas do governo que conflituam com o cultivo do eu ou que o inibem.

✳ Uma crítica do monismo filosófico e político e um argumento para o pluralismo político.

✳ Um discurso histórico-político sobre direitos.

✳ *Insights* derivados de seus escritos sobre poder e resistência.

✳ Uma defesa da *parrhesia* ou falar a verdade ao poder.

LIBERDADE, ÉTICA E DOMINAÇÃO

As concepções de Foucault sobre liberdade e ética podem ser vistas como pressupostos de um contexto democrático. Embora historicamente a democracia tenha sido associada, como defende Weber, a uma burocracia hierárquica que se expande e como uma forma de conhecimento especializado técnico como fins em si mesmos, Foucault consideraria essas tendências como episódios históricos contingentes e como desafios a serem suplantados mais do que como as conseqüências necessárias da expansão do processo democrático.

As concepções de Foucault sobre liberdade, ética e mais amplamente relacionadas aos seus escritos sobre o cultivo e a constituição do eu pressupõem vários temas normativos relacionados à democracia. Em seus últimos dois volumes de *The history of sexuality** e em uma variedade de artigos e entrevistas, Foucault desenvolve uma concepção do eu que, ao mesmo tempo que evita a concepção humanista liberal daquele que escolhe autonomamente, incorpora um sentido de ação e de liberdade. Nesta nova preocupação com um sujeito ativo, há, na superfície, uma virada em relação ao interesse de Foucault, que se distancia do conhecimento como prática coercitiva de sujeição e se aproxima de uma prática da autoformação do sujeito. Ainda assim, essa proposta de um sujeito mais ativo e volitivo não envolve uma

---

*N. de R. Ver nota da p. 16.

ruptura radical com sua obra anterior e nem está em desacordo com ela. Como Foucault afirma em seu ensaio "The Concern for Truth" (1989, p. 296), enquanto em *Madness and civilisation** se tratava de saber como se "governava" "os loucos", em suas duas últimas obras, trata-se de uma questão de como se governa a si mesmo. Além disso, em outro ensaio, ele diz:

> Se agora estou interessado... na maneira pela qual o sujeito se constitui a si mesmo de maneira ativa, pelas práticas do eu, essas práticas são, não obstante, não algo que o indivíduo inventa por si mesmo. São padrões que ele encontra em sua cultura e que são propostos, sugeridos e impostos por sua cultura, sua sociedade e seu grupo social (Foucault, 1991, p. 11).

Cultivar o eu é base do trabalho ético. O trabalho ético, diz Foucault, é o trabalho que se executa na tentativa de transformar-se a si mesmo em um sujeito ético de seu próprio comportamento, os meios pelos quais mudamos a nós mesmos a fim de nos tornarmos sujeitos éticos. Tal história da ética é a história da estética. Em sua entrevista *On the genealogy of ethics*, Foucault (1984b) explica que há:

> outro lado das prescrições morais, que na maior parte do tempo não é isolado como tal, mas é, penso eu, muito importante: o tipo de relação que você deveria ter consigo mesmo, *rapport à soi*, que eu chamo de ética, e que determina como o indivíduo deve constituir-se como sujeito moral de suas próprias ações (p. 352).

A ética, como tal, é parte da moralidade, mas enfoca exclusivamente códigos de comportamento moral. Ela concentra-se na relação do eu consigo mesmo, pois o modo com que nos relacionamos conosco mesmos contribui para a maneira pela qual nos construímos e formamos nossas identidades, tanto quanto pela maneira que levamos nossas vidas e governamos nossa conduta.

A compreensão de Foucault sobre a ética e a liberdade invoca uma forma particular de comunidade. Portanto, a concepção de ética de Foucault não é a concepção estreita e individualista da modernidade ocidental. Em vez disso, refere-se ao que Kant chamava de *Sitten* – costumes ou práticas. Portanto, a ética para Foucault não pretende ter o sentido kantiano, como Ian Hacking (1986) a coloca, como "algo completamente interno, o dever privado da razão" (p. 239), mas mais no sentido da Grécia Antiga, em que a ética estava voltada à vida justa. Como diz Foucault (1991):

> Os gregos...consideraram essa liberdade como um problema e a liberdade do indivíduo como um problema ético. Mas ético no sentido que os gregos podiam entender. *Ethos* era a postura e a maneira de comportar-se. Era o modo de o sujeito ser e uma certa maneira de agir visível aos outros. O

---

* N. de T. Publicado em língua portuguesa sob o título: *História da loucura*. São Paulo: Perspectiva, 1978.

ethos de alguém era visto em sua roupa, no modo de andar, pelo equilíbrio e estabilidade com que reagia aos eventos, etc. Para eles, essa é a completa expressão da liberdade (p. 6).

A compreensão de Foucault do cuidado de si implica um sujeito politicamente ativo atuando em uma comunidade de sujeitos, envolvendo práticas do eu que requerem o governar tanto quanto os problemas da política prática. Foucault fala, por exemplo, da liberdade como algo que implica relações complexas com os outros e com o eu. A ação ética não é para Foucault um evento individual, mas pressupõe uma certa estrutura política e social com respeito à liberdade. Para a liberdade ou a liberdade cívica existirem, deve haver um certo nível de liberação concebido como a ausência de dominação. Assim, a atividade do sujeito está intrinsecamente mediada pelo poder, que coexiste com a liberdade no fato de que as relações de poder são mutáveis e podem modificar-se. Mas onde os estados de dominação resultam em relações de poder fixadas "de tal maneira que são perpetuamente assimétricas, [então a] margem de liberdade é extremamente limitada" (Foucault, 1991, p. 12). Foucault (1991) dá o exemplo da relação conjugal tradicional nos séculos XVIII e XIX:

> Não podemos dizer que havia apenas o poder masculino, a própria mulher podia fazer muitas coisas: ser infiel a ele, extrair dinheiro dele, recusá-lo sexualmente. Ela era, contudo, sujeita a um estado de dominação, na medida em que tudo aquilo não era no final das contas mais do que um número de truques que jamais traziam à baila a reversão da situação (p. 12).

Invocando a democracia, a inferência normativa é a resistência contrafactual: a resistência deveria ser algo que se opusesse à dominação onde quer que ela a encontrasse. Tal inferência sugere que a dominação é um desequilíbrio do poder, é uma de muitas estruturações do poder, e o que a resistência busca é uma "equalização"; e mais do que uma concentração, sugere uma dispersão. A ênfase sobre a "minimização da dominação" aparece novamente em suas observações sobre Habermas. Criticar Habermas por advogar uma forma de pensamento "utópico", pelo qual a ação comunicativa opera é cair em um vácuo impotente, diz Foucault:

> Não acredito que possa haver uma sociedade sem relações de poder... O problema não é tentar dissolvê-las na utopia de uma comunicação perfeitamente transparente, mas dar a si mesmo as regras da lei, as técnicas de gerenciamento, mas também a ética, o *ethos*, a prática de si, o que permitiria que esses jogos de poder fossem jogados com um mínimo de dominação (p. 18).

Nesse sentido,

> a própria liberdade é política. E então ela tem um modelo político, na medida em que estar livre significa não ser uma escravo do eu e de seus

apetites, o que pressupõe que se estabeleça sobre si mesmo uma certa relação de dominação, de domínio, que era chamada de *arché* – poder, autoridade (p. 6).

Quando se pratica a liberdade, estamos envolvidos em uma conduta moral, o que é dizer que a liberdade deve ser praticada eticamente. Como Foucault (1991) afirma: "A liberdade é a condição ontológica da ética. Mas a ética é a forma deliberada assumida pela liberdade" (p. 4). Isso significa que o "cuidado de si' implica a liberdade e a ética, o que presume uma certa forma de estrutura social: um certo grau de liberação.

Nesse sentido, a ação ética também ocorre em uma comunidade, no fato de que o cuidado de si envolve cuidar dos outros. Nas palavras de Foucault:

> O cuidado de si sempre objetiva o bem dos outros... Isso implica também uma relação com os outros na medida em que o cuidado de si considera alguém competente para ocupar um lugar na cidade, na comunidade ou nas relações interindividuais... Acho que a tese de toda essa moralidade era a de que aquele que cuidava de si corretamente encontrava-se, pelo próprio fato, em uma medida de comportar-se corretamente em relação aos outros e para os outros. Uma cidade em que todos estivessem corretamente voltados a si mesmos seria uma cidade que estaria bem, e encontraria nisso o princípio ético de sua estabilidade (1991, p. 7).

Tal comunidade é tanto *sem fronteiras* quanto *diferenciada de maneira complexa*. Essas são as duas condições essenciais do que eu chamei em outro lugar de "comunidade adelgaçada" (Olssen, 2002). Em tal concepção, diferença e unidade estão equilibrados. As comunidades delgadas ligam-se a outras comunidades e à ordem global. A rejeição de parte de Foucault do hegelianismo e das formas de comunitarismo monistas estabelecem a diferença como um importante princípio político, que garante e salvaguarda o pluralismo, o globalismo, a democracia e a inclusão. Em tal concepção, a democracia é a proteção da diferença. Para Foucault, o princípio da diferença sustenta sua abordagem do político tanto quanto sua concepção global de cidadania. É a teoria da diferença que estabelece a relação e a diversidade como atributos sociais e políticos fundamentais. É também sua concepção de diferença que estabelece o caráter particular do comunitarismo de Foucault como "adelgaçado", e que regula a esfera legítima do estado e das ações de grupo face a face com os critérios individuais e de grupo.

A tática democrática da volúpia compromete uma variedade multifacetada de mecanismos e processos. Sua vantagem para uma política foucauldiana não é simplesmente que ela capacita a participação e aprovação de preocupações por toda a coletividade e de todos os grandes grupos que estão em seu âmbito, mas, mais importante que isso, permite o debate continuado, a modificação, a rejeição ou revisão de decisões sobre as quais já houve acordo enquanto ativa um máximo de liberdade e autonomia, uma possibilidade contínua de negociação e diálogo, e a mais efetiva oposição possível aos abusos do poder. O governo é importante para Foucault, como diz Mitchell Dean (1999a), "de acordo com o fato de ele permitir mais do que inibir "o uso autodirigido e o desenvolvimento de capacidades" (p. 184). Há um sentido óbvio no qual a democracia é a forma de governo mais adequada para esses fins.

Em sua "interpretação antiquada de Michel Foucault",[3] James Johnson (1997) sustenta que o compromisso de Foucault aos conceitos e princípios tais como os apontados nas citações acima sugerem uma análise normativa do poder contra as interpretações mais atuais e pós-modernas de sua obra. Johnson também sustenta sua tese ao traçar referências similares a obras canônicas tais como *Discipline and punish*[*] e também aos artigos e entrevistas de Foucault. Em *Discipline and punish*, Foucault (1977, p. 222) fala de instituições tais como as prisões e as escolas como tendo o papel de "introduzir insuperáveis assimetrias e excluir reciprocidades". Aqui Foucault fala das disciplinas como sendo "essencialmente não igualitárias e assimétricas" (p. 222). Johnson aceita a visão contrária às interpretações pós-modernas de Foucault de "que o poder disciplinador é *normativamente censurável* [para Foucault] precisamente *porque* impõe relações desiguais, assimétricas, nãorecíprocas e *porque*, ao fazê-lo, oblitera os tipos de relações comunicativas existentes que, potencialmente, pelo menos, poderiam produzir relações sociais caracterizadas pela igualdade, pela simetria e pela reciprocidade" (1997, p. 572). Portanto, diz Johnson, as relações de poder para Foucault são "censuráveis porque subvertem as relações de comunicação, relações do tipo que – se fossem mais inteiramente especificadas – poderiam sustentar a visão de agenciamento político que está implícita em seu comprometimento com a resistência ou com a ética dialógica" (572).

Como contrária a abordagens totalizantes, tais como o Marxismo, o Hegelianismo e o Liberalismo, a ênfase da posição de Foucault é a de que todas as relações de poder devem ser caracterizadas pela *abertura* (isto é, não devem ser "estabelecidas, "congeladas", "não igualitárias", "assimétricas" ou "não recíprocas"). Como conseqüência, tais princípios dão uma base normativa a uma concepção de justiça democrática, enquanto ao mesmo tempo reconhecem que a justiça exigirá diferentes coisas em tempos e lugares diferentes. Embora princípios de vários graus de importância e peso relacionem-se com todos os aspectos de conflitos em situações locais, tais princípios sempre determinarão de maneira subjacente qualquer dilema atual e ético, e portanto nunca resolvem questões internas a tais conflitos. Embora as relações de poder sempre se mantenham dialogicamente abertas e sejam normativamente distorcidas em direção à equalização do poder,[4] elas

---

*N. de R. Ver nota da p. 16.

devem sempre ser sensíveis ao contexto para as contingências específicas das circunstâncias históricas.

DIREITOS COMO UM DISCURSO HISTÓRICO-POLÍTICO

Quero agora voltar-me às três práticas de democracia, ou às melhores táticas ou estratégias que podem ser chamadas *democráticas*: direitos; contestação; e deliberação. Uma genealogia da democracia traçaria uma descida e um surgimento dos múltiplos processos, estratégias, mecanismos e táticas que as sociedades põem como discursos de proteção contra a guerra e a conquista. Isto é, traçaria as concepções contingentes historicamente mutantes do que constituiu a democracia em diferentes sociedades e em diferentes épocas. Mais do que o governo "do povo", em qualquer sentido direto no não mediado da democracia "pura",[5] como na sociedade grega, ou na Europa e na América do Norte do século XVIII, ou como nas últimas tradições "representativas", Foucault veria as práticas de democracia mais amplamente como representantes de discursos "histórico-políticos", abrangendo uma variedade de táticas, estratégias e mecanismos.

A que tais táticas, estratégias e mecanismos se voltam? Na visão de Foucault, o discurso de direitos é um "discurso histórico-político" voltado à proteção das vidas. Como ele afirma (2003):

> Os juristas do século XVII e especialmente do século XVIII estavam, compreenda-se, já fazendo essa questão sobre o direito da vida e da morte. Os juristas perguntavam: quando é que participamos de um contrato, o que os indivíduos estão fazendo no nível do contrato social, quando eles se reúnem para constituir um soberano, para delegar poder absoluto a um soberano? Eles o fazem porque são forçados por alguma ameaça ou necessidade. Eles, portanto, o fazem a fim de proteger suas vidas (p. 241).

Assim, considerando o desenvolvimento de direitos em relação aos "mecanismos, técnicas e tecnologias de poder" (p. 241), eles assumem proeminência porque "nos séculos XVII e XVIII vimos o surgimento de técnicas de poder que eram essencialmente centradas no corpo" (p. 241). Nisso, os direitos eram um dispositivo,

> dispositivos que eram usados para garantir a distribuição espacial de corpos individuais (sua separação, seu alinhamento, sua serialização e sua vigilância) e a organização, ao redor desses indivíduos, de um campo inteiro de visibilidade. Eram também uma técnica que seria usada para controlar os corpos (p. 241).

Os direitos são parte da tecnologia "individualizadora-totalizadora" da tecnologia disciplinar. São tecnologias jurídicas encarregadas da proteção do *pluribus* enquanto promovem o *unum*. Embora os direitos constituam as tecnologias individualizadoras de poder, uma nova forma surgiu no final do século XVIII, o que também se aplicava aos direitos, no sentido de que possibilitava que os indivíduos fossem monitorados, contados, comparados, processados e tratados de maneira equânime.

Essa tecnologia de poder não exclui a anterior, não exclui a tecnologia disciplinar, mas de fato se encaixa perfeitamente nela, integrando-a, modificando-a em certo grau e, acima de tudo, usando-a por meio de infiltração, engastando-se nas tecnologias disciplinares existentes... Então, depois de um primeiro ataque de poder sobre o corpo de um modo individualizador, temos um segundo ataque de poder que não é individualizador, mas, se se quiser, massificador, que é dirigido não ao homem como corpo, mas ao homem como espécie... O que eu chamaria de biopolítica da raça humana (p. 242).

Hobbes é, nesse sentido, o pai dos direitos, pois ele percebeu que a questão era segurança. Como observa Foucault (2003):

> O oponente estratégico ao Leviatã é, penso eu, o uso político que estava sendo feito nas lutas políticas de um certo conhecimento histórico pertencente a guerras, invasões, pilhagem, desapropriações, confiscos, roubos, extorsões e os efeitos de tudo isso, os efeitos de todos esses atos de guerra, de todas esses feitos de uma batalha, e das lutas reais que ocorrem nas leis e nas instituições que aparentemente regulam o poder... O adversário invisível do Leviatã é a Conquista (p. 98).

Foi o medo da Conquista que levou Hobbes a enfatizar o papel do Estado:

> Hobbes pode muito bem parecer chocar, mas ele está de fato sendo um tranqüilizador: ele sempre fala o discurso de contratos e soberania, ou em outras palavras, o discurso do Estado. No final das contas, filosofia e direito, ou o discurso filosófico-jurídico, preferiria dar ao Estado muito mais poder do que um poder não suficiente, e embora eles de fato critiquem Hobbes por dar ao Estado um poder excessivo, são secretamente gratos a ele por ter repelido um inimigo de certa forma insidioso e bárbaro (p. 98-99).

Os direitos cristalizam qualquer desequilíbrio dado de poder e riqueza existente na sociedade. No século XVII, as teorias do direito natural foram desenvolvidas por pensadores conservadores em defesa da propriedade e da competição e de outros valores burgueses. Um sistema de direitos era parte de um *ambiente* histórico-político. No sentido de Rawls (1996), esse ambiente pode ser representado como um *modus vivendi*, o que é o mesmo que um tratado, ou aliança de interesses diversos, o que pode constituir um consenso superposto. Em situações de guerra, o ambiente entra em colapso e os direitos nada significam. Nesse sentido, o conceito de ambiente, embora não usado explicitamente por Foucault, é útil pois atesta o caráter histórico dos direitos conforme são incorporados em um arranjo discursivo de uma determinada época.[6] Os direitos são uma estratégia para *impedir a guerra*. Eles constituem um sistema de regulação universal do que se atribui a alguém e do que lhe é devido.

Nesse sentido, o que deve ser feito com a defesa de Hart (1955) de que os direitos são naturais? E, se não há direitos naturais, o discurso dos direitos torna-se redundante? O que Hart não conseguiu perceber foi o fato de que os direitos morais podem ser construídos em um ambiente historicamente constituído, e de que eles refletirão as injustiças e iniquidades presentes em tal ambiente. Nesse sentido, a existência de direitos morais não significa que deva haver um direito natural de liberdade entre os homens.[7] Para Foucault, os sistemas de direito ocorrem como um ambiente contra a guerra. São uma tecnologia, uma maneira de fixar a relação do indivíduo com a sociedade; eles diferenciam; são uma das "práticas que dividem". Foucault (2003) cita e apóia a visão de Boulainvilliers, que defende a idéia de que um direito natural "não é mais do que uma abstração inútil" (p. 156). Na visão de Boulainvilliers você pode estudar história pelo tempo que quiser, mas jamais descobrirá nenhum direito natural. Por trás das divisões existentes entre os grupos ou estratos da sociedade estão as guerras e as lutas. A liberdade, especificamente, não é natural, pois a liberdade é apenas concebível se não houver relações de dominação entre os indivíduos envolvidos. A liberdade para Boulainvilliers é essencialmente a liberdade de pisar sobre a liberdade dos outros. Nesse sentido, a liberdade é exatamente o oposto da igualdade. Qualquer que seja a relação entre ambas, é algo que se decide e que se aproveita de acordo com a "diferença, dominação e guerra, graças a um sistema completo de relações de força" (p. 157). Nessas relações, quaisquer leis da natureza, se é que elas de fato existem, são mais fracas do que a "não igualitária lei da história":

> É portanto natural que a lei igualitária da natureza tenha cedido espaço – de maneira permanente – à lei não igualitária da história. Foi assim porque era óbvio que o direito natural não era, como alegam os juristas, fundamental; estava impedido pelo maior vigor da história. A lei da história é sempre mais forte do que a lei da natureza. É isso que Boulainvilliers está defendendo quando diz que a história finalmente criou uma lei natural que tornou a liberdade e a igualdade antitéticas, e que essa lei natural é mais forte do que a lei inscrita no que se conhece como direito natural. O fato de que a história seja mais forte do que a natureza explica em última análise por que a história tem ocultado completamente a natureza. Quando a história começa, a natureza não pode mais falar porque na guerra entre história e natureza, a história sempre tem o controle. Há uma relação de forças entre a natureza e a história, e a história definitivamente leva vantagem. Assim, o direito natural não existe, ou existe so-

mente na medida em que foi derrotado: é sempre aquele que perde para a história, é "o outro" (2003, p. 157-158).

Outro ponto sugerido por Boulainvillies é o de que "a guerra é tanto o ponto de partida para uma análise da sociedade quanto o fator decisivo para a organização social" (Foucault, 2003, p.158). O que se quer dizer aqui é que as guerras e as lutas determinam a forma particular da relação de força entre a liberdade e a igualdade nos ambientes ou nos acordos que separam as guerras e contêm as lutas. A natureza das instituições militares, ou o problema de "quem tem as armas" é crucial para a manutenção da ordem entre as guerras. O "problema de quem tem as armas" está ligado, diz Foucault (2003) a certos problemas técnicos, e é nesse sentido que pode oferecer o ponto de partida para uma análise geral da sociedade" (p. 159). Ele continua:

> A história parece agora essencialmente com um cálculo de forças...Uma vez que os fortes se tornam fracos e os fracos, fortes, haverá novas oposições, novas divisões e uma nova distribuição de forças: os fracos formarão alianças entre si, e os fortes tentarão formar alianças com alguém e contra os outros...De sua parte, Boulainvilliers torna a relação de guerra parte de toda relação social, subdivide-a em mil diferentes canais e revela que a guerra é uma espécie de estado permanente que existe entre os grupos, *fronts* e unidades táticas, já que eles em certo sentido civilizam-se mutuamente, entram em conflito ou, ao contrário, formam alianças. Não há mais massas múltiplas e estáveis, mas há uma guerra múltipla. Em certo sentido, é uma guerra de todo homem contra outro homem, mas não é obviamente uma guerra contra todo homem no sentido abstrato e – penso eu – irreal que Hobbes falava da guerra de todos contra todos quando tentava demonstrar que não é a guerra de todo homem contra todo homem que está em funcionamento no corpo social. Com Bouilainvilliers, em contraste, temos uma guerra generalizada que permeia todo o corpo social e a história total do corpo social; não é obviamente o tipo de guerra na qual os indivíduos lutam contra indivíduos, mas uma guerra em que grupos lutam contra grupos (p. 161).

A conclusão dessa concepção é a de que a guerra é uma "ruptura do direito" (p. 163). Aqui, diz Foucault:

> A guerra torna-se a própria ruptura do direito em uma grade de inteligibilidade, e torna possível determinar a relação de força que sempre sustenta uma certa relação de direito. Boulainvilliers pode assim integrar eventos tais como guerras, invasões e mudanças – que sempre foram vistos como simples e puros atos de violência – em uma gama completa de conteúdos e profecias que cobriam a sociedade inteiramente...Uma história que toma como seu ponto de partida o fato da guerra em si e que faz sua análise em termos de guerra, pode relacionar todas essas coisas – guerra,

religião, política, modos de agir e personalidades – e pode, portanto, agir como um princípio que nos permite entender a história (p. 163).

Citar e resumir Foucault aqui em seu relato de Boulainvilliers traz à baila as funções das práticas e táticas democráticas – não só os direitos, mas também as outras – contestação, deliberação, a regra da lei, eleições parlamentares, formas de representação – como parte do *ambiente* contrário à guerra e ao caos.[8] Nesse sentido, os direitos podem reconhecer, preservar e legitimar a relação desigual de forças existente na sociedade, como fizeram no século XVII, ao consolidar as relações burguesas de propriedade e classe.[9] Ou podem, em outros períodos, talvez passar do domínio político para o econômico, buscando pôr em questão relações e forças desiguais. Nesse sentido, os direitos à vida, a um determinado nível mínimo de sustentação e propriedade, caminhar pelas ruas durante o dia ou à noite, falar, contestar, pode ser endossados, intercambiados, rendidos ou dispensados. O que está claro, contudo, é que, para Foucault, a democracia não é nada mais do que a tática adotada para resolver conflitos, garantir transições mais ou menos pacíficas de poder e permitir a cada indivíduo sua arena ou espaço legítimo, pelo qual os direitos – tanto os passivos quanto os ativos – podem ser exercitados e mantidos. Nesse sentido, pela invocação do normativo em Foucault, podemos ver que a democracia é o refreamento e o gerenciamento da guerra. A democracia é a política, e "política", como diz Foucault (2003), invertendo o famoso aforismo de Clausewitz, "é a continuação da guerra por outros meios" (p. 15).

Hobbes, mais do que Locke, é o ponto de partida inicial para uma concepção social dos direitos, pois a tradição jurídica que passa por meio de Hobbes é mais compatível com a prioridade do social sobre a natureza e, nesse sentido, do "triunfo da vontade" (Rials, 1994, p. 168). Para Locke, a lei restabelece o direito natural e é subserviente a ele, o que é a base, enfim, segundo Locke, para dar aos cidadãos o direito de rebelar-se. Para Hobbes, a situação é mais complexa. Contudo, em *Leviatã* (1885, p. 65-66), há um "direito da natureza" (*jus naturale*) que reside na "liberdade que cada homem tinha de usar seu próprio poder, como ele o fará, para a preservação de sua própria natureza, isto é, de sua própria vida", um estado em que "todo homem tem o direito a tudo", daí em um estado em que "não há segurança" (p. 66) seria um erro confundir esse "direito natural" abstrato e desqualificado com a noção moderna de direitos subjetivos baseados na idéia de um poder individual. Como Rials (1994) observa:

> Hobbes não pensa que o "direito da natureza" se dissolva, apesar da ambigüidade de sua escrita, nos "direitos naturais" dos indivíduos. O direito é constituído apenas quando os "poderes" ou "forças" individuais reúnem-se para constituir uma máquina social, o "homem artificial" (Leviatã)

cuja força é a soma de todas as forças individuais anteriores que o tornaram soberanos. Essa é a diferença entre Hobbes e os professores da escola moderna do direito natural. Se não há direitos naturais enquanto o contrato social está sendo elaborado, não há certamente nenhum direito quando ele já está. No contrato, o "direito da natureza" dá espaço inteiramente ao "direito civil", que é o fruto da exaltação da lei. Com Hobbes já se tem um positivismo voluntarista (p. 168).

CONTESTAÇÃO E DELIBERAÇÃO

Os textos de Foucault sobre os direitos, conforme foi resumido acima a partir de sua palestra no *Collège de France* em 11 de fevereiro de 1976, demonstram sua consideração séria dos temas de guerra, paz e segurança. Tais considerações também dão substância a seu trabalho político em defesa de prisioneiros e de outros grupos marginalizados. Em junho de 1984, o *Liberation* trazia seu breve artigo *Confronting Governments: Human Rights*, em que declara:

> Existe uma cidadania existencial que tem seus direitos e deveres e que obriga a falar contra qualquer abuso de poder, independentemente de seu autor, independentemente de suas vítimas. Afinal de contas, somos todos membros da comunidade dos governados, e portanto obrigados a demonstrar solidariedade mútua.

A concepção de direitos aqui invocada parece estar além da soberania e da disciplina, algo que Foucault (1980) apontava ao final da segunda palestra sobre poder (14 de janeiro de 1976), em que disse:

> Quando se quer buscar uma forma de poder não disciplinar, ou mais do que isso, lutar contra as disciplinas e o poder disciplinar, não é para o antigo direito à soberania que devemos nos voltar, mas para a possibilidade de uma nova forma de direito, que deve na verdade ser antidisciplinar, mas ao mesmo tempo liberada do princípio da soberania (p. 108).

Uma concepção de direito não sujeita à normalização e que não legitima os interesses do monarca poderá então existir como contestação, segundo o que decorre das discussões de Foucault sobre resistência ao poder. Tal resistência ocorre onde quer que a dominação ocorra. Está presente também em suas últimas discussões sobre a *parrhesia*, termo que tem uma variedade de significados e usos, sendo o principal deles o que funciona em relação às instituições democráticas, e significa essencialmente falar a verdade ao poder. Foucault (2001a) aponta para uma tradição antiga que gira em torno do discurso livre, conforme incorporado na *parrhesia*, que ele define como "franqueza ao falar a verdade" (p. 11).[10] Traduzido comumente para o inglês como "fala livre", *parrhesiazomai* ou *parrhesiazesthai* é usar *parrhesia*, e o *parrhesiastes* é aquele que usa a *parrhesia* (i. e., aquele que fala a verdade). Mas se diz que alguém usa a *parrhesia* "apenas quando há um risco ou perigo para ele ao falar a verdade... o *parrhesiastes* é alguém que corre riscos" (2001a, p. 16). Além disso:

> A função da *parrhesia*...tem a função de crítica...*Parrhesia* é uma forma de crítica, seja em direção a outra pessoa, seja em direção a si, mas sempre em uma situação em que o falante ou confessor está em uma posição de inferioridade no que diz respeito ao interlocutor. O *parrhesiastes* tem sempre menos poder do que aquele com quem fala. (p. 16).

Finalmente, "*em parrhesia*, falar a verdade é um dever" (p. 16). Foucault (2001a) coloca os vários elementos juntos. Assim,

> *parrhesia* é um tipo de atividade verbal em que o falante tem uma relação específica com a verdade por meio da franqueza, uma certa relação com sua própria vida por meio do perigo, um certo tipo de relação consigo mesmo ou com outras pessoas por meio da crítica... e uma relação específica com a lei moral por meio da liberdade e do dever. Mais precisamente, *parrhesia* é a atividade verbal na qual o falante expressa sua relação pessoal com a verdade, e arrisca sua vida porque reconhece o falar a verdade como um dever de melhorar ou ajudar outras pessoas (tanto quanto a si mesmo). Na *parrhesia*, o falante usa sua liberdade e escolhe a franqueza em vez da persuasão, a verdade em vez da falsidade e do silêncio, o risco de morte em vez da vida e da segurança, a crítica em vez da lisonja, e o dever moral em vez do interesse próprio e da apatia moral. Esse é, então, em termos bastante gerais, o sentido positivo da palavra *parrhesia* na maioria dos textos gregos...do século V a.C. ao século V d.C. (p. 19-20).

Em relação aos usos gregos do termo, *parrhesia* era potencialmente visto como algo perigoso à democracia. Conforme explica Foucault:

> O problema, colocado de maneira muito grosseira, é o seguinte. A democracia funda-se na *politeia*, uma constituição em que o *demos*, o povo, exerce o poder e em que todos são iguais perante a lei. Tal constituição, contudo, está condenada a dar um lugar igual a todas as formas de *parrhesia*, mesmo às piores. Pelo fato de a *parrhesia* estar dada mesmo aos piores cidadãos, a influência avassaladora de falantes maus, imorais ou ignorantes pode levar todos os cidadãos à tirania, ou então colocar a cidade em perigo. Portanto, *parrhesia* pode ser algo perigoso para a própria democracia.

Assim, Foucault cita o terceiro livro da República de Platão [Livro VIII, 557a-b], em que Sócrates diz a Adimanto que: "Quando os pobres vencem o resultado é a democracia. Eles matam alguns do partido oposto, banem outros e garantem ao resto uma fatia igual de direitos civis e de governo, sendo os funcionários apontados ao acaso" (p. 83-84).

Sócrates continua, perguntando sobre como as pessoas são em uma democracia: em primeiro lugar, elas são livres. Liberdade e discurso livre [*parrhesia*] estão em todo o lugar; toda pessoa pode fazer o que quer...Sendo assim, todo homem fará com que seu modo de viver esteja de acordo com seu prazer.

A preocupação de Platão aqui, diz Foucault (2001a), é a de que em uma democracia:

> não há um *logos* comum; não há unidade possível, para a cidade. Seguindo o princípio platônico segundo o qual há uma relação análoga entre o modo pelo qual um ser humano se comporta e o modo pelo qual a cidade é governada, entre a organização hierárquica das faculdades do ser humano e da constituição da *polis*, pode-se ver muito bem que se alguém na cidade se comporta precisamente do jeito que quer, quando cada pessoa segue sua própria opinião, sua própria vontade ou desejo, então haverá na cidade tantas constituições, tantas cidades autônomas quanto há cidadãos fazendo o que bem entendam. E você pode também entender que Platão também considera *parrhesia* não apenas a liberdade de dizer o que quer que se queira dizer, mas algo que se liga com a liberdade de *fazer* o que quer que se queira. É um tipo de anarquia que envolve a liberdade de escolher seu próprio estilo de vida sem limitações (p. 84).

O tratamento de Platão está fechado à diferença, ou falha em permitir a diferença no âmbito da unidade. A *parrhesia* não é condenada porque todos os cidadãos recebem os direitos de influenciar a cidade, ou de ter um espaço para manifestarem-se. Para Platão, é por causa dessa qualidade mesma que ela recebe oposição. Ainda assim, dentro do contexto da segurança e da guerra, esse direito democrático (*parrhesia*) torna-se a condição pela qual se mantém a paz. *Parrhesia* é algo que contribui para o ambiente democrático contra a guerra que constantemente ameaça surgir, ou tornar-se algo que não se pode conter. Tais *insights* são potencialmente contínuos na tradição republicana da teoria política, em que os direitos de contestação são anteriores ao consentimento, e onde as decisões públicas são legítimas até o ponto em que são capazes de contrariar a contestação do grupo ou do indivíduo sob procedimentos em que há acordo geral. Nesse sentido, a contestação é uma cerca contra a arbitrariedade na tomada de decisões. Essencialmente, a contestação introduz a idéia fundamental de democracia como um "auto-regramento".

Se a *parrhesia* pudesse contribuir para um ideal de democracia no âmbito da lei, de acordo com regras constitucionais que limitam seu escopo, ao falar sobre ir além da soberania e da disciplina, Foucault parece reconhecer um direito mais fundamental à *resistência* quando o poder se torna amaldiçoado, resultando em dominação. Assim, em sua entrevista em "Truth and Power", ele (1980a) fala de *estratégias de resistência* que têm efeito quando a vigilância e a opressão se tornam "insuportáveis" (p. 122). Nesse sentido, constituir-se-ia um direito, não porque se faça referência à natureza, mas porque se torna a condição sobre a qual a guerra e o caos são evitados e a sobrevivência garantida. Embora tais estratégias não garantam que se evite a guerra, elas se tornam sua maior esperança, e sua condição mínima. Digamos que, sem tal direito, a guerra, que é de fato a suspensão de todos os direitos, de toda segurança, torna-se quase certa. A resistência – sem a guerra – torna-se uma condição da democracia pluralista, que é em si mesma uma estratégia para que se evite a guerra.

As estratégias de contestação estão ligadas à deliberação, o que requer o fomento de instituições em que a ação política, com todas as suas limitações, possa ser buscada. A democracia deliberativa reconhece que os pontos de vista e as preferências entrarão em conflito, e permite um contexto não coercivo ou aberto como algo essencial à chegada a um resultado acordado. Tais estratégias para Foucault são essencialmente baseadas em grupos em que as visões de indivíduos são transformadas no processo. A democracia deliberativa assim conta para garantir uma posição contrária ao conflito aberto.

No sentido foucauldiano, a deliberação reconhece e tolera diferenças em um sentido muito maior do que o que está na compreensão de Habermas. A concepção pós-kantiana de Habermas de um consenso comunicativo transcendente, incorporado por meio de uma situação de discurso ideal é substituída por um contexto muito mais frouxo de acordos compartilhados, mais no sentido do *modus vivendi* de Rawls (1996) do que em um consenso atingido com base em fundamentos epistemológicos da força do melhor argumento por si só. Como um *modus vivendi* é apenas uma espécie de tratado mais frouxo, ou de acordo, ele se baseia às vezes em nada mais do que em um interesse compartilhado pela sobrevivência. A meta da deliberação não é o consenso epistêmico, como em Habermas, mas antes uma nova concordância, ou ambiente, baseada em um equilíbrio praticável entre diferentes visões, baseado em fatores epistêmicos, concepções de justiça, tanto quanto em uma variedade de fatores pragmáticos, tais como as prioridade de paz e de estabilidade em um dado momento do tempo.

AMPLIANDO FOUCAULT E A DEMOCRACIA DEPOIS DO 11 DE SETEMBRO

Se um ambiente é um acordo historicamente contingente que constitui um sistema de regras cuja função é conter o conflito e impedir hostilidades abertas, no sentido hobbesiano, é motivado pela busca de segurança. Em seus ensaios em *Society must be defended*, Foucault aceita claramente tal visão, mas se ele aceitou ou não o ceticismo de Hobbes nas relações internacionais é algo mais duvidoso. A visão padrão de relações internacionais está de acordo com o modelo da Westphalia de estados livres e independentes, organizados e administrados com base na autonomia e na não-interferência.

Tal visão representa uma extrapolação das visões de Hobbes sobre os indivíduos no estado da natureza para o ceticismo ético concernente às relações entre os estados na arena internacional. Para Hobbes, não havia princípios morais *eficazes* no estado da natureza.[11] O fato de que um indivíduo não possa confiar em outro indivíduo para dar continuidade a uma regra ou norma moral faz com que não tenha sentido agir de tal maneira – e é por isso que a vida no estado natural é "solitária, torpe, bruta e curta". No sistema internacional de estados, o ceticismo ético quer dizer que não há restrições morais sobre a interpretação de um estado acerca de seus próprios interesses. Assim, como as regras morais seriam inapro-priadas, o sistema é visto como "anárquico".

Kant rejeitou tal concepção, como fizeram Grotius e Pufendorf antes dele. Em vez de apoiar uma concepção anárquica de relações internacionais sobre os interesses do estado individual, eles sustentavam uma visão ética do papel do estado agindo de acordo com uma regra moral objetiva.[12] A plausibilidade inicial de tal visão pode ser vista na existência dos acordos de direitos humanos, licenças internacionais e iniciativas que visam à paz internacional, o que poderia sugerir que alguma concepção de moralidade internacional de fato existe e de fato influencia os estados em suas ações em relação a outros estados. Antes da paz de Westphalia, Grotius definiu as relações internacionais como um comunidade moral de estados.[13] Pufendorf também desenvolveu uma concepção de "moralidade dos estados", interpretando as relações internacionais a partir de uma tradição da lei natural.[14]

A globalização, o terrorismo e as armas de destruição em massa fazem tal modelo, baseado em uma concepção ética da ordem global, mais uma necessidade do que uma opção plausível no século XXI. O surgimento do terrorismo internacional e as armas de destruição em massa, assim como fenômenos como a mudança de clima, SARS, AIDS e gripe aviária alteram a "equação", pois tornam a sobrevivência coletiva e individual uma importante preocupação ética. As possibilidades de terrorismo nuclear, juntamente com a democratização do conhecimento e do acesso ao conhecimento nuclear e a tecnologia, fazem ainda mais formidáveis os desafios que a humanidade tem de enfrentar. Nessa situação, a sobrevivência constitui um novo imperativo, um "ambiente final", para justificar uma lei global de moralidade entre as nações. Agir de acordo com os princípios torna-se algo obrigatório se por meio disso os atos de terrorismo forem *minimizados* e as possibilidades de sobrevivência forem *ampliadas*. Da mesma forma, a possibilidade de atos de terror ou de violência ou de desdobramentos não pretendidos, como a mudança climática, a AIDS ou a gripe aviária, aumentam a necessidade de um discurso de segurança e seguridade. Podemos não concordar inteiramente com Hobbes, mas a prioridade da *segurança* sobre a *liberdade* foi de fato um *insight* profundo. A globalização e o terrorismo trazem à baila a questão da "sobrevivência", tanto para os indivíduos quanto para as nações.

Tal tese colocaria em questão o fato de que dadas essas novas realidades de atos de terror e de armas de destruição em massa, o *interesse próprio* dos estados, como o dos indivíduos, seja uma base fraca para a ação e para a ética. De fato, as ações calculadas em termos de interesses de curto prazo não podem ser realizadas como nos interesses de longo prazo de ambos. Os interesses de sobrevivência são normativos no fato de que impõem exigências de ação segundo o interesse de todos. Os interesses próprios da humanidade não podem, contudo, ser calculados com base nos interesses de cada um, mas devem envolver uma consideração coletiva. Isso necessita de uma concepção de democracia, como Beitz (1979) a coloca, que expresse um "ponto de vista moral":

> O ponto de vista moral exige que consideremos o mundo da perspectiva de uma pessoa entre muitas, mais do que da perspectiva de um eu determinado com interesses particulares, e que escolhamos cursos de ação, políticas, regras e instituições com base no que seria aceitável para qualquer agente que seja imparcial entre os interesses em competição envolvidos... Do ponto de vista moral... vê-se o próprio interesse como um conjunto de interesses entre muitos e pesa-se todo o espectro de interesses de acordo com algum esquema imparcial (p. 58).

Esse princípio de democracia é *não-fundante* mas *universal*. Não se baseia em qualquer concepção fixa de natureza humana, ou de uma premissa, como em Habermas, de uma racionalidade universal, mas antes puramente em um princípio de um *interesse mútuo pela sobrevivência universal. Em uma época de terrorismo, a democracia é a condição sobre a qual a sobrevivência pode ser garantida.* Tal concepção é universal na medida em que é *desejada*. A inspiração é nietzschiana mais do que kantiana. É também, eu penso, foucauldiana, no sentido de que constitui *um universalismo da democracia como um discurso contingente de proteção aberta e de facilitação em um mundo de perigos.*[15]

Embora a sobrevivência possa justificar a democracia, como fim ou meta ela é singela demais para estar completamente adequada, é claro, pois a mera sobrevivência não pode satisfazer um relato completo dos fins e objetivos da vida. E não pode ser algo sobre o qual haja um acordo universal, se entendemos "universal" como "acordado por todos", pois há, sem dúvida, pessoas, como os terroristas suicidas, para quem ela não tem influência nenhuma. Em última análise, essa é a escolha de um caminho, e com certeza ele atrai a concentração. Pois se a democracia é a *precondição* da sobrevivência, então ela requer um mandato democrático para ser eficaz.

Além disso, é possível construir uma concepção muito mais rica de democracia nessa base. Se a sobrevivência é uma justificação final, e que focaliza nossa atenção sobre o porquê de a democracia ser importante, a sobrevivência com dignidade ecoa uma preocupação mais tradicional com os *fins*. Essa, é claro, é a concepção de democracia como doutrina baseada no valor e na dignidade primeira do ser humano, conforme se encontra na tradição republicana. Assim, não é a teoria "realista" estreita de democracia que foi articulada e advogada pela ciência política americana do pós-guerra, comumente associada com os escritos de Joseph Schumpeter (1976) *Capitalism, socialism and democracy*, que se referem a um sistema limitado de governo representativo e a uma maneira de mudar os governos por meio de um sistema de eleições. Em vez disso, se a segurança, a dignidade e a sobrevivência tiverem de ser possíveis, ela deve ser mais uma vez aprofundada para referir-se a um fim substantivo que é algo mais do que uma mera utilidade, mas que engloba o bem-estar e a segurança "de cada um e de todos". Tal concepção deve uma vez mais acarretar uma certa idéia de participação, igualdade, inclusão, justiça social e liberdade também. A democracia deve, nesse aspecto, ser vista como um discurso abrangente de (1) segurança e proteção, (2) liberdade e autonomia, (3) inclusão, (4) probidade e justiça, (5) igualdade de recursos e capacidades. Em uma época de terrorismo, em que *se teme* um *leviatã* global, *um discurso abrangente de democracia torna-se a melhor resposta ao problema hobbesiano da ordem*.

Embora alguns teóricos políticos possam sentir uma reminiscência da vontade geral de Rousseau aqui, isso seria um erro. O modelo sugerido aqui é, no sentido de Foucault, não um modelo totalizador, que pressupõe unidade entre o individual e coletivo, mas um modelo *destotalizador*[*] que é baseado na noção de um bem-estar geral, sem deixar de reconhecer a diversidade e as diferenças entre culturas e pessoas. Em termos de ontologia social tal concepção poderia possivelmente ser reconciliada com a "concepção grosseira e vaga" (p. 456) de Martha Nussbaum (1995) do bem. Nussbaum apresenta uma "versão leve de essencialismo aristotélico" (p. 450) que incorpora um "relato determinado do ser humano, do funcionamento humano e do florescimento humano" (p. 450). Enquanto em termos formais reconhece que todos os indivíduos e culturas tem certas necessidades de desenvolvimento e de estilos de vida, esse "essencialismo interno" [é] "um essencialismo empírico de base histórica" (p. 451). Como tal, é puramente formal, pois no âmbito desse fim amplo, e sujeito aos limites necessários para sua realização e continuidade, ele permite e reconhece uma miríade de identidades e projetos e modos de vida.

É claro que, naquilo que Nussbaum diz ser influenciada por Aristóteles, há uma diferença clara em relação a Foucault, que foi mais influenciado por Nietzsche. Assim, Foucault rejeitaria a concepção essencialista teleológica de sujeito como "realizador" de seus *fins* ou *destino*, preferindo uma ênfase nietzschiana mais construtivista da "autoconstituição". Mas além disso, pode-se alegar que a auto-constituição pressupõe certas "capacidades" nos modos defendidos por Nussbaum. Além disso, os modelos de relações sociais, e

---

[*] N. de T. No original, *detotalizing*.

especificamente da prioridade ontológica do social ao individual, são similares em ambas as tradições. Deve-se também notar que Nussbaum foi questionada no que diz respeito à sua dependência de Aristóteles (ver Arneson, 2000; Mulgan, 2000). Em defesa de sua posição na tradição aristotélica, ela sustenta ser inspirada pelos postulados ontológicos básicos, mas não pelos argumentos detalhados de Aristóteles, e admite que sua identificação como "aristotélica" tem muito a ver com sua própria biografia e comprometimentos e treinamentos filosóficos anteriores (ver Nussbaum, 2000).

A concepção do bem de Nussbaum está voltada "ao formato total e ao conteúdo da forma humana de vida" (p. 456). Tal concepção, diz ela, é "vaga, e o é deliberadamente... pois admite múltiplas especificações de acordo com concepções variadas e pessoais. A idéia é a de que é melhor estar vagamente certo do que precisamente errado" (p. 456). Tal concepção não é metafísica no fato de que ela não diz ser derivada de uma fonte exterior aos seres humanos na história. Em vez disso, é tão "universal quanto possível" e visa a "mapear o formato geral da forma humana de vida, aquelas características que constituem a vida como humana onde quer que seja" (p. 457). Nussbaum chama isso "grosseira e vaga concepção... da forma humana de vida" (p. 457). Portanto, sua lista de fatores constituem uma lista formal sem conteúdo substantivo, permitindo que haja diferença ou variação dentro de tal categoria. Entre os fatores, estão (1) a mortalidade: todos os seres humanos deparam-se com a morte; (2) as várias características invariantes do corpo humano, tais como "exigências nutricionais e outras a elas relacionadas" no que diz respeito à fome, sede, necessidade de comida, bebida e abrigo; (3) os fatores cognitivos: "todos os seres humanos têm percepção sensorial... capacidade de pensar"; (4) o primeiro desenvolvimento; (5) a razão prática; (6) o desejo sexual; (7) a associação a outros seres humanos e (8) a relação com outras espécies e com a natureza (p. 457-460).

Como fatores puramente formais ou características genéricas da espécie, que podem admitir variação cultural e histórica, Foucault, no meu ponto de vista, poderia ser considerado compatível com o caráter geral da lista de Nussbaum, embora ele possa querer inserir qualificações ou advertências acerca de características específicas (desejo sexual?). O próprio Foucault diz que as formas universais podem muito bem existir. Em *What is enlightenment? O que é o Iluminismo?*, Foucault (1984) sugere que pode haver tendências universalizantes na raiz da civilização ocidental, o que inclui coisas como "a aquisição de capacidades e a luta pela liberdade" como "elementos permanentes" (p. 47-48). Mais diretamente, no prefácio à *History of sexuality vol. 2**, Foucault (1984a) diz que não nega a possibilidade de estruturas universais:

> Formas singulares de experiência podem muito bem comportar estruturas universais; elas podem muito bem não ser independentes das determina-

---
*N. de R. Ver nota da p. 16.

ções concretas de existência social...esse pensamento tem a historicidade que é própria a ele. O fato de que tenha essa historicidade não significa que esteja destituído de toda forma universal, mas que, ao contrário, colocar em jogo essas formas universais é ela mesma histórica (p. 335).

Como Nussbaum, os fatores que ele reconhece como invariante não derivam de qualquer "concepção metafísica extra-histórica" (Nussbaum, 1995, p. 460). Também a concepção de Foucault tem muita relação com a "grosseira e vaga concepção" de Nussbaum no sentido de que ela está preocupada em identificar "componentes que são fundamentais para a vida humana" (p. 461). É claro que as características reconhecidas da vida humana devem ser vistas como algo amplamente relacionado à *forma* mais do que à *substância*, pois Foucault seria cético quanto ao fato de que as propriedades *essenciais substanciais* de um ser humano possam ser distinguidas das propriedades *acidentais*, no sentido de que o ser humano é historicamente constituído no processo da história.[16]

Richard Bernstein (1994) menciona a crítica de Habermas, segundo a qual quando a crítica é totalizada é apanhada em contradição já que não tem um padrão. Assim, como Habermas (1987) coloca, a genealogia "é ultrapassada por um destino similar ao que Foucault havia visto nas ciências humanas" (p. 275-276). Ainda assim, Bernstein busca defender a posição de Foucault relacionando a crítica às exigências do ambiente, não em termos de verdade, mas em termos dos perigos sempre-presentes que as pessoas na história enfrentam. O que é perigoso é que "tudo se torna um alvo para a normalização."[17] O que é perigoso é que a guerra e a violência destruam as possibilidades de *qualquer* forma de ordem humana de vida. O que está em questão é a própria sobrevivência. Nesse sentido, as "análises arqueológico-genealógicas de Foucault das problemáticas têm a intenção de especificar as mudanças da constelação de perigos" (Bernstein, 1994, p. 227). Pois como disse Foucault (1984b), "tudo é perigoso", e "se tudo é perigoso, então nós temos sempre algo a fazer" (p. 343).

NOTAS

1 Não estou sugerindo que Foucault não poderia ter justificado sua própria posição, mas simplesmente indico que meu próprio interesse está em derivar as inferências normativas a partir dessa análise. As razões de Foucault para rejeitar a teoria normativa, embora interessantes, estão além do escopo deste artigo.

2 Ao alegar que Foucault "sugere" uma teoria da democracia, eu busco apenas relacionar seletivamente alguns fragmentos sociais e ontológicos do pensamento de Foucault para avaliar as implicações para uma concepção normativa de democracia. Minhas afirmações são de uma natureza distintamente limitada e exploratória em relação tanto aos estudos foucauldianos, quanto à teoria democrática. Estou bastante ciente de que estou pegando seletivamente certos temas e ênfases em Foucault para montar minha própria concepção, e de que a concepção oferecida é de alguma forma especulativa e longe de estar completa. Reconhece-se também que o próprio Foucault oferece apenas valores

limitados no que diz respeito a gerar princípios normativos de democracia e de que *insights* de escritores como Heidegger, Nietzsche e Spinoza são necessários para dar forma à figura e torná-la coerente. Tal perspectiva ampliada está além do escopo desta investigação, porém.

3 Este é o subtítulo de seu artigo em *Political Theory* (1997).

4 Tal ênfase sobre a equalização ou equilíbrio de poderes tem potencialmente afinidades interessantes com a teoria de Montesquieu em *The spirit of the laws (O espírito das leis)*. O jurista Charles Eisenmann (1933) sustenta a idéia de que a representação da tese de Montesquieu como uma tese de "separação de poderes" é um mito, e que Montesquieu estava de fato desdobrando uma tese referente ao equilíbrio de forças, em que a preocupação relacionava-se com o "equilíbrio" ou com a "combinação" mais do que com a separação. Embora interessantes como futura área de investigação, não é possível explorar tais afinidades neste artigo.

5 Termo usado por Tom Paine, 1989, p. 170.

6 O conceito de "ambiente" no que sugere um conjunto de elementos de uma época particular está de acordo com as teorias historicistas como as de Foucault. Constituiria uma forma de "aparato discursivo". Já que Foucault não usou o conceito ele próprio, fico feliz por estar "ampliando" o quadro de referência foucauldiano de alguma forma.

7 Hart diz: "se há ainda alguns direitos morais, segue-se daí apenas um direito natural, o direito que todos os homens têm de ser livres" (1955, p. 175). Para Hart, os direitos naturais são claramente não-convencionais e pré-políticos.

8 Embora ele não necessariamente concorra com tudo o que autores como Hobbes ou Boulainvilliers dizem, é a função de direitos como estratégia historicamente específica contra a guerra e o caos que Foucault extrai de seus escritos como tema central.

9 A tese de Foucault aqui parece ser a de que o discurso de direitos possa servir tanto para proteger indivíduos quanto para cristalizar o poder e a riqueza simultaneamente. Nesse sentido, os direitos podem ter funções múltiplas.

10 Escritores como Nancy Fraser (1989) e Jurgen Habermas (1987) acusam Foucault de "criptonormativismo" pelo que em parte eles querem dizer que ele invoca os argumentos liberais enquanto critica o liberalismo. O conceito de *parrhesia* pode contar nesse sentido, sendo indistinguível do direito ao discurso livre. Mas Foucault responderia facilmente a tal acusação, pois apesar de concordar claramente com muitos ideais e valores liberais, ele sustentaria que a base ontológica e epistemológica do liberalismo é incapaz de sustentá-los. Parte dessa busca pode ser vista como a procura por um tipo diferente de sustentação filosófica para tais ideais.

11 Hobbes de fato defendeu a idéia de que havia princípios naturais e propôs dezenove leis da natureza (ver Hobbes, *Leviatã*, Capítulos 14 e 15). O problema nas relações internacionais, como no estado da natureza, é a dificuldade em estar certo de que os outros agiriam de acordo com elas.

12 Para a obra contemporânea acerca dessa tradição, veja English School of Martin Wright (1992) e Hedley Bull (1977).

13 A concepção de Grotius era "pré-liberal" e, notavelmente, colocava-se contra o princípio de "não-interferência", argumentando que ele às vezes é justificável (ver Beitz, 1979, p. 71).

14 Embora coloque-se contra Hobbes, como Beitz (1979, p. 60) observa, ele produz conclusões similares sobre a fraqueza das regras morais nas relações internacionais.

15 Minha visão é a de que a sobrevivência é uma base melhor para justificar a democracia do que a idéia de um "contrato social" fundante ou original. A sobrevivência é um fim

que abrange dois aspectos: autopreservação (individualmente e coletivamente) e bem-estar. Não está baseada na natureza humana, mas constitui uma escolha que deve ser realizada. A inspiração aqui é mais spinoziana que foucauldiana, embora eu não possa deixar de dizer que haja incongruências para com a abordagem de Foucault.

16 Essa reconciliação entre Foucault e Nussbaum exigiria um esforço muito maior do que o que é possível fazer aqui. Há algum ponto favorável ao argumento de que o foco de Nussbaum sobre a sobrevivência e o bem-estar daria frutos apenas se reapresentado em uma quadro de referência mais construtivista influenciado por Nietzsche e Spinoza.

17 Bernstein está citando Hiley (1988, p .103).

REFERÊNCIAS

Arneson, R.J. (2000). Perfectionism and politics. *Ethics*, *111*(I), 37-63.

Beitz, C. (1979). *Political theory and international relations*. Princeton, NJ: Princeton University Press.

Bernstein, R. J. (1994). Foucault: Critique as a philosophical *ethos*. In M. Kelly (Ed.), *Critique and power: Recasting the Foucault/ Habermas debate* (pp 211-242). Cambridge, Mass.: MIT Press.

Bull, H. (1977). *The anarchical society*. New York: Columbia University Press.

Connolly, W. (1998). Beyond good and evil: The ethical sensibility of Michel Foucault. In J. Moss (Ed.), *The later Foucault: Politics and philosophy* (pp. 108-128). London: Sage Publications.

Dean, M. (1999). Governmentality: *Power and rule in modern society*. London: Sage.

Eisenmann, C. (1933). *L'Esprit des Lois et la séparation des Pouvoirs*. Paris: Mélanges Carré de Malberg, pp. 163-192.

Foucault, M. (1977) *Discipline and punish*. (trans. A. Sheridan) New York: Pantheon.

___. (1980). Two Lectures. In C. Gordon (Ed.), *Power/knowledge: Selected interviews and other Writings, 1972-1977* (K. Soper, Transl.) (pp. 78-108). Brighton: Harvester Press.

___. (1980a). Truth and power. In C. Gordon (Ed.), *Power/knowledge: Selected interviews and other Writings, 1972-1977* (K. Soper, Transl.) (pp. 109-133). Brighton: Harvester Press.

___. (1984). What is enlightenment? (C. Porter, Transl.). In P. Rabinow (Ed.), *The Foucault reader* (pp. 31-50). New York: Pantheon.

___. (1984a). Politics and ethics: An interview (C. Porter, Transl.). In P. Rabinow (Ed.), *The Foucault reader* (pp. 373-380). New York: Pantheon.

___. (1984b). On the genealogy of ethics: An interview of work in progress. In P. Rabinow (Ed.), *The Foucault reader* (pp. 340-372). New York: Pantheon.

___. (1989). The concern for truth. In S. Lotringer (Ed.), *Foucault live: Interviews, 1966-84* (pp. 293-308). New York: Semiotext(e).

___. (1991). The ethic of care for the self as a practice of freedom: An interview. J. Bernauer & D. Rassmussen (Ed.), The Final Foucault (J. D. Gauthier, Transl.) [p. 1-20]. Cambridge, Mass.: The MIT Press.

___. (2001). Confronting governments: Human rights. In J. D. Faubion (Ed.), *Michel Foucault Power (the essential works 3)* (R. Hurley, Transl.) (pp. 474-476). Allen Lane: The Penguin Press.

___. (2001a). *Fearless speech*. J. Pearson (Ed.), Los Angeles: Semiotext(e).

___. (2003). *Society must be defended: Lectures at the College de France*, 1975-76. (D. Macey, Transl). Alien Lane: The Penguin Press.

Fraser, N. (1989) *Unruly Practices: Power, Discourse and Gender in Contemporary Social Theory*. Cambridge: Polity Press.

Habermas, J. (1987). *The philosophical discourse of modernity* (F. Lawrence, Transl). Cambridge: MIT Press.

Hacking, I. (1986) Self-Improvement. In David Couzens Hoy, *Foucault: A Critical Reader* (pp. 235-240). Oxford: Basil Blackwell.

Hart, H.L.A. (1955). Are there any natural rights? *The Philosophical Review*, 64 (2), 175-191.

Hiley, D. (1988). *Philosophy in question: Essays on a Pyrrohonian theme*. Chicago: Chicago University Press.

Hobbes, T. (1885). *Leviathan*. London: George Routledge and Sons.

Johnson, J. (1997) Communication, criticism, and the postmodern consensus: An unfashionable interpretation of Michel Foucault. *Political Theory*, 25 (4): 559-583.

Mulgan, R. (2000). Was Aristotle an "Aristotelian Social Democrat". *Ethics*, 111(1), 79-101.

Nussbaum, M. (1995). Human functioning and social justice: In defence of Aristotelian essentialism. In D. Tallack (Ed.), *Critical theory: A reader* (pp. 449-472). New York: Harves-tor/Wheatsheaf.

___. (2000). Aristotle, politics, and human capabilities: A response to Antony, Arneson, Charlesworth, and Mulgan. *Ethics* 111(1), 102-140.

Olssen, M. (2002). Michel Foucault as "thin" communitarian: Difference, community, democracy. *Cultural Studies-Critical Methodologies*, 2(4), 483-513.

___. (2003). Structuralism, post-structuralism, neo-liberalism: Assessing Foucault's legacy. *Journal of Education Policy*, 18(2), 189-202.

Paine, T. (1989). *Thomas Paine: Political writings*. Cambridge: Cambridge University Press.

Rawls, J. (1996) *Political Liberalism*, New York: Columbia University Press.

Rials, S. (1994). Rights and modern law. In M. Lilla (Ed.), *New French thought: Political philosophy* (pp. 164-177). Princeton, New Jersey: Princeton University Press.

Schumpeter, J. (1976). *Capitalism, socialism, democracy*. London: Alien and Unwin.

Wright, M. (1992). *International theory: The three traditions*. New York: Holmes and Meier.

ÍNDICE

Acadêmicos, *ver também* Intelectuais; Universidade
   como sujeitos, 157-158
   no domínio público, 149-150
   e sociedade, 156-157
Ação afirmativa para mulheres, 110-111, 129-131
Aculturação, 173-174, 177-178, 182-183
A Crítica da Razão Pura (Kant), 82-83
Adkins, Lisa, 140-141
After Theory (Eagleton), 11-12
A gaia ciência (Nietzsche), 178-179
Agência, ação
   e o eu, 214-215
   e jogos de verdade, 194-195
   vs. constituição do sujeito, 196-197
Ajustes para o bem-estar, 104-105
Alcoff, Linda, 88-89
Alemanha
   ação afirmativa para as mulheres na, 110-111
   classe trabalhadora na, 136-139
   lei do bem-estar infantil, 105-106
   movimento feminista, 136-139
   movimentos sociais, 135-140
   mudança na, 135-137
   trabalho social, 105-107, 135-140
   universidades na, 149-150
Assistência pública juvenil, 105-106
Alteridade, 157-158
Ambiente, 220-223, 225-227, 233-234
Aluno, 44-45, 61-63
Análise
   da política de ação, 201-204, 207-208
   de poder, 217-218
   do discurso, 112-113, 202-203
Antigüidade, *ver também* Grécia Antiga
   autopreocupação na, 54-55
   conhecimento de si na, 70-71
   cuidado de si na, 70-72
   estudo de Foucault sobre a, 70-71
   moralidade na, 185-186
   pedagogia na, 54-55
   relação mestre-aluno na, 61-63
   técnicas do eu, 71-72
Aprendizagem, 124-27
   disciplina da, 44-45
   como um direito, 128
   e rede, 125-126
   e sujeito que visa a melhorar-se, 121-122
   por toda a vida, 121-122
Archard, David, 89-91
Arendt, Hannah, 167-168
Ariés, Phillippe, 90-91
Aristóteles, 230-231
Artistas, 179-180, *ver também* poetas
Ascese, 37-38, *ver também* Askésis
Ascetismo, 26-27, 161-163, 184-186
   práticas ascéticas, 69-70, 73-74
Askésis, 72-74
Assimetria interpretativa, 13-14
Assistência
   pública, 103-104
   pública juvenil, 105-106
Assistência social, 100-101
   como normalização, 103-106
   como memória da sociedade, 141-144
   debates de língua alemã sobre, 103-105

e análise do poder, 106-107
e crianças, 105-106
e neoliberalismo, 139-140
e política de memória/lembrança, 143-144
e poder, 142-143
e transformação, 134-135
feminista, 138-139
na Alemanha imperial, 135-140
radical, 134-135, 139-140
Aurora (Nietzsche), 178-180
Autonomia, 123-124, 173-174
Autor, 15-16
Autoconhecimento, 26-27, 74-75, *ver também* Cuidado de si
autoconhecimento como, 176-177
autoconstituição, 82-84, 175-176, 181-182
autocontrole e ética, 185-186
autocriação, 174-175, 175-176
como autocriação, 176-177
como masculina, 181-182
e aculturação, 177-178
e autopreocupação, 57-59
e ciências humanas, 27-28
e educação, 177-178, 180-184
e ética do cuidado, 183-187
e imoralismo, 177-184
educação como, 184-185
ética da, 181-182
Foucault sobre a, 182-184
Glover e, 181-183
na Antigüidade, 70-71
Autodomínio, 73-74, 184-187
Autoformação, 69-70
Auto-indulgência, 185-186
Auto-interesse, 228-230
Autopreocupação, 54-55, 57-63
Auto-organização, 122-124
Auto-recusa, 174-175
Auto-renúncia, 70-75

Bachelard, Gaston, 102-103
Baker, Bernadette, 18-19, 190-192
Ball, Stephen, 17-18, 190-192
Baudelaire, Charles, 184-185
Baumann, Zygmunt, 140-141

Beck, Lewis White, 82-83
Beck, U., 114-115
Beitz, C, 229-230
Bem, o, 231-232
Benevolência, 179-180
Benhabib, Seyla, 144-145
Bergson, Henri, 26-28
Bernstein, Richard, 232-233
Besley, Tina, 18-19, 190-192
Blair, Tony, 210-211
Boulainvilliers, Henri de, 220-223
Brennan, Marie, 191-192
Brumlik, Micha, 100-101
Burchell, G., 205-206, 208-209
Burocracia, 111-112, 118-119
estrutura organizacional da, 115-117
iniciativa em, 115-117
mulheres na, 120-121, 129-131
sujeito na, 120-121
vs. mercado, 117-118

Capacidade e poder, 83-84
Capitalismo
da máquina a vapor, 136-137
industrial, 206-207
tardio, 210-211
Capra, F., 124-126
Castel, Robert, 104-105
Centuries of Childhood (Ariés), 90-91
Chambers, Robert, 92-93
Ciência, 155-158
educacional, 54-55
Ciências humanas, 26-28, 193-194
Ciências psi
e confissão, 75-76
e juventude, 66-67
raízes das, 71-72
Clã, 118-121, 130-131
Classe trabalhadora, 135-136
Competências, 125-126
Competição, 118-119
Complexidade, aumento da, 113-117
Comportamento, 30-31, 68-69, 85-86, 207-208
Comunidade, 216-218
acadêmica, 165-167

Comunitarismo, 217-218
Confiança, 123-125
Confissão, 55-57, 65-67, 73-77, 128
Confronting Governments (Foucault), 223-224
Conheça-te a ti mesmo, 70-71, 77-78, 121-122, 174-175
Conhecimento
 de seres humanos, 25-27
 discurso como, 201-202
 e desenvolvimento infantil, 91-96
 educacional, 110-112, 120-123
 e história do sujeito humano, 193-194
 e governo moderno, 208-209
 e poder, 54-55, 87-89, 112-113
 e relações de poder, 87-88
 e o eu, 26-27
 Oriëntierungswissen, 155-156
 Verfügungswissen, 155-156
Connolly, William, 213-214
Conquista, 219-221
Contestação, 225-227
Contingency, Irony and Solidarity (Rorty), 176-177
Controle, 114-117, 121-122
 suave, 47-52, 124-125, 127-29
Convenção das Nações Unidas sobre Direitos Civis e Políticos, 33-35
Corpo, o 219-220
Crianças, 89-91, 105-106
Crimes Act [lei] (New Zealand), 33, 35
Criptonormativismo, 233-234
Cristianismo
 abertura do eu, 74-75
 confissões no, 74-75
 e auto-renúncia, 70-71, 73-75
 e moralidade, 185-186
 e o eu, 73-74
 e verdade, 59-60
 psicagogia no, 57-58
 técnicas do eu no, 71-72
Crítica, 144-145, *ver também* Movimentos sociais
 do poder, 112-113
 permanente, 82-84
Cuidado, 182-183
 de si, ver si, cuidado de Castel, Robert, 104-105
 pelos outros, 71-73, 182-183, 186-187, 216-218
Cultura
 armadilhas, 102-105
 moderna e moralidade, 174-175

Davidson, Arnold, 194-195
Dean, Mitchell, 217-218
Deliberação, 226-227
Democracia, 213-233
 como alternativa à guerra, 222-223
 concepções historicamente contingentes de, 218-219
 como discursos histórico-políticos, 218-219
 como proteção da diferença, 217-218
 como universal, 229-230
 deliberativa, 226-227
 direitos, 218-224
 e contestação, 225-227
 e disciplina, 40-41
 e dominação, 216-217
 e resistência, 225-227
 e sobrevivência, 229-231, 233-234
 e terrorismo, 230-231
 ethos da, 213-214
 Foucault e, 232-233
 parrhesia como perigo para a, 224-226
 Platão e, 225-226
Derrida, Jacques, 156-157, 167-168
Descartes, René, 26-27
Desempenho, 140-141
Desenvolvimento
 e ética, 95
 infantil, 91-96, 190-191
Desenvolvimento organizacional
 burocracia, 118-119
 modelo de clã, 119-120
 rede, 116-117
 sistemas livremente associados, 127-128
Detel, Wolfgang, 101-102
Detenção, punição como, 34-35
Dewey, John, 176-177
Diferença, 129-131, 217-218, 225-226
Dilthey, Wilhelm, 49-50
Direitos naturais, 220-224, 233-234
Disciplina, *ver também* punição; controle suave

e democracia, 40-41
prática educacional como, 55-56
e liberdade, 41-42, 47-48
Discipline and Punish/Vigiar e punir (Foucault), 15-16, 29-30, 55-56, 100-101, 217-218
crítica de, 68-69
conhecimento profundo, 30-31
sociedade de aprendizagem em, 171-172
Discurso, 201-204
científico, 156-157
dirigido, 150-151, 157-158
experimental, 164-165
mundial, 164-165
não-dirigido, 163-166
Dispositivo
da rede, 111-113, 122-123, 128
de poder, 111-112, 122-123
Diversidade, 131, *ver também* Diferença
Dominação
e democracia, 216-217
e liberdade, 215-217
e resistência, 216-217
na confissão, 73-74
poder e, 224-225
resistência a, 225-227
tecnologias de *ver* tecnologias de dominação sonhos, interpretações de, 71-72
vs. relações de poder, 85-86
Doutrinamento, 173-174
Dreyfus, Hubert, 15-17, 67-68, 101-102

Eagleton, Terry, 11-12,
Edificação (elevação espiritual), 148-149, 156-157, 176-177
Educação, 136-137
Bergson e, 37-38
e cuidado de si, 72-73
baseada em disciplina, 157-158
e aculturação, 173-174, 177-178
perda da, 174-175
Nietzsche e, 180-181
parrhesia na, 72-73
como possível, 158-159
substituindo a prisão, 103-104
Rorty e, 176-177

científica, 149-150
autoconstituição, 181-182
autocriação, 177-178, 180-182, 184-185
como auto-educação, 175-176
treinamento de profissionais de pesquisa, 151-152
na universidade, 148-149, 161-162
uso de Foucault, 13-14
vs. aculturação, 173-174
vs. doutrinamento, 173-174, *ver também* Edificação
Educadores e desenvolvimento infantil, 91-93
Eisenmann, Charles, 232-233
Elaboração de políticas de ação, 206-208
Emancipação, 86-87, 139-140
Emílio (Rousseau), 90-91
Emotivismo, 174-175, 187n13-14
Empreendedor de si, 122-123
Empreendedores, 117-119, *ver também* Intra-empreendedores, 130-131
Ensino, 44-45
Epimeleia beautou, ver também Auto-preocupação
Equalização, 232-233
Equipes, 123-125
Escolas
e cuidado de si, 78-79
como instituições disciplinares, 44-47
tarefas das, 174-175
e tecnologias da dominação, 78-79
Escolaridade/bolsas, lei, 148-149
Esquerda Britânica, 12-13
Espaço, público, 129-130
Estado
compreensão do, 207-208
de auto-interesse, 228-231
e capitalismo tardio, 210-211
e conquista, 220-221
e liberalismo do bem-estar, 206-207
educacional, 207-208
liberal, 205-206
na modernidade, 204-205
Esteticismo, 184-185, 215-216
Estóicos, 71-72, 74-75

Estudos culturais, 22,
Estruturalista, Foucault caracterizado como, 14-15, 38
  ativo, 214-215
  auto-melhoria, 120-123
  constituição do, 193-194, 196-197
  e tecnologia, 67-68
  e verdade, 38, 57-58, 69-70
  em modelos organizacionais diferentes, 120-122
  genealogia do, 28-29
  história do, 193-194
  humanos como, 16-17
  filosofia do, 27-28
Ética, 156-157, 171-178
  anônima, 173-174
  aspecto estético da, 184-185
  da autocriação, 181-182
  da modernidade, 184-185
  desenvolvimento infantil e, 95
  e autocontrole, 185-186
  e cultivo de si, 214-216
  e liberdade, 171-172
  e moralidade, 185-186, 215-216
  e Nietzsche, 174-176, 181-182
  e práticas do eu, 185-186
  e tecnologias de poder, 172-173
  jogo da linguagem da, 172-173
  na esfera provada, 175-178
  na Grécia Antiga, 183-185, 215-216
  vs. moralidade, 172-174
Eu, 67-68
  agência (ação), 214-215
  constituição do, 78-79, 82-84
  cultivo, 214-216
  desvelamento do, 74-75
  e ascetismo, 26-27
  e ciências humanas, 26-27
  e confissão, 75-76
  e conhecimento, 26-27
  e cristianismo, 73-74
  e ética, 214-216
  e moralidade, 70-71
  e orientação escolar, 77-78
  e verdade, 72-74
  flexível, 122-123
  noção de Foucault de, 66-70, 214-215
  liberdade, 214-215
  técnicas de, 71-72
  tecnologias, *ver também* Tecnologias do eu
Excelência, 152-154, 156-159, 165-166
Exercício corporal, 44-47
Experiência, 160-166
Exposição, 164-165
Ewald, Francois, 15-16, 28-29, 192-193

Fairclough, Norman, 18-19, 190-191
Fala
  científica, 156-157
  direcionada, 150-151, 157-158
  experimental, 164-165
  jurídica, 156-158
  não-direcionada, 163-168
  mundana, 164-165
Falar a verdade
  como discurso dirigido, 150-151, 157-158
  como fala jurídica, 157-158
  como fala pedagógica, 150-151
  como mestre, 58-60
  como prática, 160-161
  científico, 149-151, 160-161
  e experiência, 162-164
  e julgamento, 150-152
  e o eu, 160-161
  e tecnologias do eu, 69-74
  e universidade, 157-159
  ethos da, 160-161
  na universidade mundial, 163-164, ver também *parrhesia*
  na universidade reformulada de Mittelstrass, 156-157
  nas escolas, 65-67
  mundano, 163-164, 166-167
Famílias, 113-116
Faubion, James, 14-15
Fearless Speech (Foucault), 195-196
Feminino, *ver* mulheres
  movimento feminista, 135-139
Filosofia, 77-78
  crítica, 82-83, 192-193
  do sujeito, 27-28
  francesa, 27-28
  ocidental, 72-73
Filósofo, 186-187

Flexibilidade, 117-118
Fobia do estado, 12-14
Fontana, A., 28-29, 101-102
Ford, Maureen, 18-19, 190-191
Fórum, o, 34-35
Foucault, Michel
  caixa de ferramentas, 102-103
  caracterizado como estruturalista, 14-15
  como figura da discursividade, 13-14
  como pesquisador, 28-30
  estágios da obra, 15-16
  incapacidade de classificar, 101-102
  interpretações de, 13-14
  morte de, 11-12
  recepção alemã de, 13-14
  recepção britânica de, 12-13
  recepção de Foucault no mundo de língua inglesa, 11-14, 17-19
  rótulos de, 14-16, 38
  sonho de, 167-168
Francke, August Hermann, 42-43
Fraser, Nancy, 233-234n21

Gaudig, Hugo, 48-49
Gerenciamento, 117-119, 121-122
Globalização e política da educação, 201-202
Glover, Jonathan, 181-183, 186-187
Gordon, Colin, 12-13
Governo, 204-205, 208-209, 217-218
Governamentalidade, 54-55, 67-68, 203-206
  e assistência social radical, 134-135
  e perspectivas de crítica, 144-145
  e política educacional, 207-208
  neoliberal, 209-211
Grécia Antiga, *ver também* Antigüidade
  ética na, 183-185, 215-216
  pederastia na, 61-63
Grotius, Hugo, 228-229
Grupo pedagógico, 49-50

Habermas, Jurgen, 11-12, 106-107, 148-149
  crítica de Foucault, a 84-85, 100-101, 216-217, 233-234
  ética *vs.* moralidade, 172-174

público educado, 175-176
sobre a crítica, 232-233
universidade, 150-151, 154-155
Hacking, Ian, 30-31, 215-216
Hall, G. Stanley, 92-93
Hart, H.L.A., 220-221, 233-234n17-18
Hegelianismo, 217-218
Heidegger, Martin, 17-18, 67-68, 195-196
Heydorn, Heinz-Joachim, 50-51, 103-104
Hierarquização dos indivíduos, 83-84
História, 221-223
Historiadores britânicos, 12-13
Hobbes, Thomas, 219-224, 226-227
Hoskin, David, 18-19, 190-191
Huisman, Denis, 15-16, 192-193
  seres humanos, 25-27
Humanidade, sobrevivência da, 228-230
Humboldt, Wilhelm von, 148-150
Hunter, Ian, 17-18
Hurley, Robert, 15-16, 192-193

Idéias, histórias das, 29-31
Identidade, 140-141
Ideologia *vs.* discurso, 202-203
Iluminismo, 41- 45, 82-83, 86-87
Imaturidade, 61-63
Imoralismo, 177-184
Individualidade, 178-179
Individualista, 178-179
Indivíduos, 83-85
Infância, 81-82, 88-97
Iniciativa na burocracia, 115-117
Instituições liberais, 177-178
Instrumentarium (Foucault), 42-43
Intelectuais, 149-152, *ver também* Acadêmicos
Intra-empreendedores, 117-118, 122-128

Jogos de verdade, *ver* Verdade, jogos
Johnson, James, 217-219
Julgamento, 150-152
Justiça, 156-158

Kant, Immanuel, 228-229

sobre disciplina, 41-42
sobre Iluminismo, 82-83, 86-87
Kost, F., 44-45, 47-48

Landahl, H., 48-50
Linguagem, 194-195, 202-203
  sistemas de aprendizagem, 44-45, 122-123
  sociedade de aprendizagem, 171-172
Leiter, B., 178-180
Lemke, Thomas, 102-103
Leviatã (Hobbes), 219-220, 222-224
Levinas, Emmanuel, 27-28
Liberalismo, 204-207
Liberação, 69-70, 86-87
Liberdade, 40-41, *ver também* Libertação,
  Boulainvilliers e, 220-222
  como contrário de igualdade, 220-222
  e auto-domínio, 184-185
  e disciplina, 41-42, 47-48
  e o eu, 214-215
  e pedagogia da reforma, 50-51
  e relações de poder, 171-172
  na sociedade de aprendizagem, 171-172
  no estado liberal, 205-206
  práticas de, 69-70
  relação com o poder, 173-174
Libertação
  como política, 216-217
  concepção de Foucault, 214-215
  e ética, 171-172, 216-217
  na Grécia Antiga, 215-216
Locke, John, 89-91, 222-223
Lury, Celia, 140-141
Lyotard, Jean-Francois, 150-151

MacIntyre, Alasdair, 174-176, 187
Mães, mulheres vistas como, 130-131
Mercado, 111-112, 117-118, 119-121
  modelo de clã, 119-120
  sujeito no, 120-121
  vs. burocracia, 117-118
  mulheres no, 112f, 130-132
Marshall, James, 18-19, 190-192
Mestre, 58-63
Maturidade, 61-63
Memória, assistência social como, 141-144

Messner, D., 114-115
Método elementar, 44-45
Middleton, Sue, 190-192
Mittelstrass, J., 155-157
Modelo de desenvolvimento da infância,
  81-82, 88-97
Modelos organizacionais
  burocracia, 115-119, 130-131
  clã, 118-120, 130-131
  poder nos, 120-121
  racionalidades por trás dos, 111-112
  redes competitivas, 111-112
  sujeito nos, 120-122
  mercado, 117-121, 130-131
  mulheres nos, 130-131
Modernidade, 41-42, 51-52, 184-185
Modernismo e auto-conhecimento, 58-59
Montesquieu, Baron de La Brède et de,
  232-233
Moralidade, *ver também* Imoralismo
  como instinto de rebanho, 178-179
  convencional, 172-175, 177-178
  de Foucault, 177-178
  e Cristianismo, 185-186
  e cuidado de si, 184-185
  e cultura modernista, 174-175
  e ética, 185-186, 215-216
  e imoralismo, 178-179
  e linguagem do governo, 177-178
  e o eu, 70-71
  e tecnologias de poder, 172-173
  e verdade, 172-173
  jogo da linguagem de, 172-173
  MacIntyre e, 174-175
  universal, 175-176
  vs. ética, 172-174
Movimento
  cooperativo, 139-140
  da classe trabalhadora, 135-139
Movimentos sociais, 134-138
  da classe trabalhadora, 135-139
  de emancipação, 139-142
  feminista, 135-139
  fundo histórico, 135-137
  na Alemanha imperial, 135-140
Mulheres
  ação afirmativa para, 110-111, 129-131

em clãs, 130-131
em diferentes modelos organizacionais, 120-122
exclusão das, 129-131
marginalização das, 130-131
no mercado, 130-132
negação das, 129-131
vistas como mães, 130-131
Mundo da vida e pesquisa, 154-155

Narcisismo, 180-181, 185-186
Naturalismo, 205-207
Natureza
  direito de, 222-224
  princípios morais, 228-229
  negócios e política pública, 114-115
  neoliberalismo, 139-142, 209-212
  networking, 125-126
  vs. história, 221-222
Nova Zelândia, 31-37
Nietzsche, Friedrich
  autocriação, 175-177
  autoconhecimento, 176-177
  benevolência, 179-180
  conexão com Foucault, 17-18, 195-196
  compreensão da ética, 174-175
  e moralidade, 178-180
  imoralismo, 177-184
  influência sobre Foucault, 17-18, 67-68, 70-71, 175-184, 230-231
  narcisismo, 180-181
  perspectivismo, 177-178
  poetas, 179-181
Nohl, Hermann, 105-106
Normalização, 83-84, 103-106, 110-112, 232-233
Normas, 172-173
  e crianças, 105-106
  e universidade, 152-153
  no desenvolvimento infantil, 91-92
Nussbaum, Martha, 230-232, 233-234n26-27

Objetificação, 16-17
Objetivação, 193-194
O'Leary, T., 172-175
Olssen, Mark, 18-19, 190-192, 202-203, 206-207

Ontologia, 69-70, 81-89
  crítica, 81-89
Ordem móveis, 134-135
Organizações
  autonomia nas, 123-124
  riscos nas, 113-114
Orientação escolar, 77-78
Oriëntierungswissen, 155-156
Outros, cuidado dos, 71-73, 182-183, 186-187, 216-218
Owen, David, 177-178

***P**aidagogos*, 55-56
Pais, 93-94
Panopticismo, 48-49
Parrhesia, 177-178, 233-234, ver também Falar a verdade
  como perigosa para a democracia, 224-226
  definição de, 187n16-17
  e ambiente, 225-226
  e guerra, 225-226
  e pedagogia, 59-61
  na educação, 72-73
  nas relações humanas, 195-196
  problematização da, 72-73
  tratamento de Platão da, 225-226
Pasquino, P., 19-20
Páthos, 162-163
Pedagogia
  contemporânea, 40-52
  crítica, 19-20
  descrição de Foucault da, 57-58
  e ciência educacional, 54-55
  e desenvolvimento infantil, 91-93
  e *parrhesia*, 59-61
  e verdade, 60-61
  iluminismo, 41-45
  importância da obra de Foucault, 62-63
  na Antigüidade, 54-55
  punição na, 40-52
  reforma, 47-51
  social, 136-137
  e, 55-56
Pederastia, 61-63
Pena, 179-180
Pensamento

crítico, 195-196
evolutivo, 92-93
história do, 29-30, 192-196
objeto do, 30-31, 38
Perspectivas de crítica, 144-147
Perspectivismo, 177-178, 181-182
Pesquisa
    abordagem de Foucault para a, 25-26
    científica, 149-150
    como possível, 158-159
    do presente, 15-161
    educacional, 17-19, 25-26, 189-193, 195-196
    e mundo da vida, 154-155
    na universidade, 148-149, 153-154
    orientação para o universal, 154-155
    problematização como, 37-38
    transdisciplinar, 155-157
Pesquisador
    educacional, 196-197
    e o presente, 160-161
    Foucault como, 28-30
    subjetividade do, 196-197
Pestalozzi, Johann Heinrich, 44-45
Peters, Michael A., 18-19, 72-73, 190-192, 205-206, 209-210
Petersen, Peter, 49-50
Peukert, Detlev, 103-104
Pillow, W.S., 190-191
Platão, 60-61, 70-71, 225-226
Poetas, 179-181
Política, 30-31, 114-115, 175-176, 206-208
    de ação, 206-210
    educacional, 201-202, 206-210
    textos de política de ação, 203-204
Profissionais de pesquisa, 151-152
Popkewitz, Tom, 18-19, 190-192
    interpretações pós-modernas da obra de Foucault, 217-218
Pós-estruturalismo, 12-13
Poder, 16-17, 139-140
    análise de, 100-101, 104-107, 217-218
    como jogos de estratégia, 69-70
    crítica do, 112-113
    definição de Foucault de, 68-70
    disciplinar, 217-219, 223-224

discurso como, 202-204
e capacidade, 83-84
e conhecimento, 54-55, 87-89
e desenvolvimento infantil, 93-94
e dominação, 224-225
e flexibilidade, 117-118
e memória, 142-143
e reforma escolar, 44-45
em modelos organizacionais, 112-113, 120-121
método elementar como parte do, 44-45
nas punições, 42-43
político, 204-205
punição como, 46-47
relações de, 85-88
relação com liberdade, 173-174
resistência ao, 224-225

Rabinow, Paul, 15-17, 28-29, 101-102, 186-187
Racionalidade, 67-68, 111-113
    de prevenção, 127
    de sistemas livremente associados, 127-128
    do empreendedor, 110-111
    do empreendedorismo, 110-111
    do gerenciamento, 117-118
    governamental, 208-209
    e punição, 41-42
    modelos organizacionais, 111-112
    na pesquisa científica, 155-156
Rauschenbach, Thomas, 100-101
Rawls, J., 220-221, 226-227
    força razoável, 33, 35
    pedagogia da reforma, ver pedagogia,
    regimes de verdade da reforma, 196-197
Rede, 116-118, 124-126
Redes de trabalho, 111-112, 116-117, 123-124, 140-141
Reforma escolar, 44-45
Regras morais, 228-229
Relações de poder, 194-195
    abertura, importância da, 218-219
    e discurso, 203-204
    e liberdade, 171-172
    e libertação, 215-217

ênfase normativa, 217-219
sociedade, importância para, 216-217
Relações internacionais, 226-229
A República (Platão), 225-226
Resistência, 216-217, 225-227
Responsabilidade de resposta, 186-187

Sanções, 46-47
Scherr, Ignaz Thomas, 44-45
Schumpeter, Joseph, 229-231
Segurança sistêmica, 128, 129-130
Seguridade, 219-221, 226-227
Si, cuidado de, 65-66
   e conheça-te a ti mesmo, 77-78
   e cuidado dos outros, 71-73, 186-187
   e educação, 72-73
   e escolas, 78-79
   e ética, 182-186, 216-218
   e libertação, 216-217
   e moralidade, 184-185
   na Antigüidade, 70-71
   na cultura ocidental moderna, 70-71
   noções gregas de, 71-72
   vs. auto-indulgência, 185-186
Sennett, Richard, 117-118, 120-121, 140-141
Serviço, 158-159
Serviços sociais à juventude, 105-106
Sexualidade e confissão, 74-75
Sistemas livremente conjugados, 127-129, 129-130
Sloterdijk, P., 161-162
Soberania, 223-224
Sobre a contradição da educação e do controle, 103-104
Sobrevivência, 228-234
Sociedade
   como sociedade de risco, 113-114
   do conhecimento, 153-154, 163-166
   emergência da, 205-206
   orientação para o universal, 150-151
Sócrates, 72-73
Stenson, Kevin, 106-107
Subjetivação, 172-174, 193-194
Subjetividade, 67-68
Suicídio, 31-32

Sully, James, 93-94

Técnicas de verbalização, 56-57, 73-74
Tecnologias, 67-69
   disciplinar, 219-220
   do eu, 67-74, 76-77
Tecnologias da dominação
   e escolas, 78-79
   e o eu, 67-68
Tecnologias do poder, 104-105
   e direitos, 219-220
   e ética, 172-173
Tempo, escola, 162-163
Terapia na cultura ocidental, 83-84
Terrorismo, 228-231
Textos, 202-105
The Order of Things (Foucault), 14-15
   pedagogia social, 136-137
   mundo social, 202-203
   razão do estado, 207-209
   teoria do estado, 12-14
Tiranos, 60-61
Transformações, 86-87
   e modelo de desenvolvimento da infância, 96-97
   e movimentos sociais, 134-136
Treptow, Rainer, 100-101
Tribunal, 149-150, 15-161, 163-164

Universais, 87-88, 150-151, 231-232
Université sans Condition (Derrida), 156-157
Universidade, 147-167
   competição com organizações externas, 153-154
   como instituição para a ciência, 148-149
   educação na, 148-149, 161-162, 167-168
   e economia do conhecimento, 151-152
   e edificação geral, 156-157
   e excelência, 158-159
   e normas, 152-153
   e o estado, 149-150
   e qualidade, 158-159
   e sociedade do conhecimento, 153-154
   e verdade, 148-149
   falar a verdade na, 156-161

falar na, 157-158
funções da, 153-155
na sociedade do conhecimento, 151-152, 165-166
mundial, 158-166
sentido para a sociedade, 149-150
reorientações propostas, 156-159
pesquisa na, 148-149
treinamento dos profissionais de pesquisa, 151-152
sem orientação, 158-160
Universidade moderna
orientação da, 148-152
Utopia, 216-217

Verdade
e autoconhecimento, 58-59
e história do sujeito humano, 193-194
e o eu, 72-74
e pedagogia, 60-61
e sujeito, 38, 56-57, 69-70
e universidade, 148-149
e verdade, 59-60
jogos da, 101-102, 193-197
passagem da, 57-58
problematização da, 72-73
procura científica da, 148-149
valor na cultura ocidental, 69-71
Truth and Power (Foucault), 226-227
Vida escolar, 48-49
Veyne, Paul, 16-18, 194-196
Vontade geral, 230-231

Walkerdine, Valerie, 17-18, 190-191
guerra, 220-223, 225-226, 232-233
estados de bem-estar, 134-135
Winkler, Michael, 103-104
Wittgenstein, Ludwig, 161-162

Zaratustra, 178-180
Ziller, T., 44-47

Gráfica
METRÓPOLE

www.graficametropole.com.br
comercial@graficametropole.com.br
tel./fax + 55 (51) 3318.6355